Carambola tre sponde: Intorno ai schema di tavolo del mondo

Dai tornei di campionato professionale

Mettiti alla prova contro i giocatori professionisti

Allan P. Sand
PBIA Istruttore di biliardo certificate

ISBN 978-1-62505-306-0
PRINT 7x10

ISBN 978-1-62505-460-9
PRINT 8.5x11

First edition

Copyright © 2019 Allan P. Sand

All rights reserved under International and Pan-American Copyright Conventions.

Published by Billiard Gods Productions.
Santa Clara, CA 95051
U.S.A.

For the latest information about books and videos, go to: http://www.billiardgods.com

Acknowledgements

Wei Chao created the software that was used to create these graphics.

Sommario

Introduzione 1
Informazioni sui layout della tabella 1
Istruzioni per la configurazione della tabella 2
Scopo dei layout 2
A: Gamba corta (sponde lungo) **3**
   A: Gruppo 1 3
   A: Gruppo 2 8
   A: Gruppo 3 13
   A: Gruppo 4 18
   A: Gruppo 5 23
   A: Gruppo 6 28
   A: Gruppo 7 33
B: All'interno al contrario **38**
   B: Gruppo 1 38
   B: Gruppo 2 44
   B: Gruppo 3 49
   B: Gruppo 4 54
C: Gamba estesa **59**
   C: Gruppo 1 59
   C: Gruppo 2 65
   C: Gruppo 3 70
D: Grande palla nell'angolo di casa **75**
   D: Gruppo 1 75
   D: Gruppo 2 80
   D: Gruppo 3 85
   D: Gruppo 4 90
   D: Gruppo 5 95
   D: Gruppo 6 100
   D: Gruppo 7 105
   D: Gruppo 8 110
   D: Gruppo 9 115
E: Segui in un angolo **120**
   E: Gruppo 1 120
   E: Gruppo 2 126
   E: Gruppo 3 131
F: Gamba corta (modificato) **136**
   F: Gruppo 1 136
   F: Gruppo 2 142

Other books by the author …

- 3 Cushion Billiards Championship Shots (a series)
- Carom Billiards: Some Riddles & Puzzles
- Carom Billiards: MORE Riddles & Puzzles
- Why Pool Hustlers Win
- Table Map Library
- Safety Toolbox
- Cue Ball Control Cheat Sheets
- Advanced Cue Ball Control Self-Testing Program
- Drills & Exercises for Pool & Pocket Billiards
- The Art of War versus The Art of Pool
- The Psychology of Losing – Tricks, Traps & Sharks
- The Art of Team Coaching
- The Art of Personal Competition
- The Art of Politics & Campaigning
- The Art of Marketing & Promotion
- Kitchen God's Guide for Single Guys

Introduzione

Questo è uno di una serie di libri di carambola 3 sponde che mostrano come i giocatori professionisti prendono decisioni, in base alla disposizione della tabella. Tutti questi layout provengono da competizioni internazionali.

Questi layout ti mettono dentro la testa del giocatore, cominciando dalle posizioni delle palle (mostrate nella prima tabella). La seconda tabella mostra ciò che il giocatore ha deciso di fare.

Informazioni sui layout della tabella

Queste sono le tre palle sul tavolo:

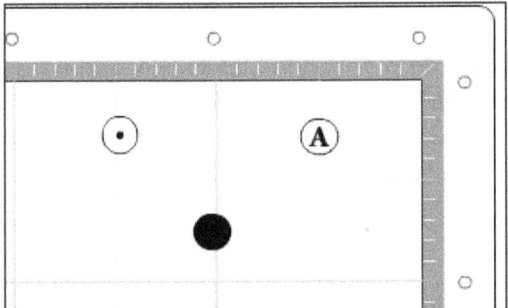

Ⓐ (CB) (la tua palla da biliardo)

⊙ (OB) (palla da biliardo dell'avversario)

● (OB) (palla da biliardo rossa)

Ogni configurazione ha due layout di tabella. La prima tabella è la posizione della palla. Il secondo tavolo è come le palle si muovono sul tavolo.

Istruzioni per la configurazione della tabella

Utilizzare anelli di rilegatura in carta per contrassegnare le posizioni della palla (acquistare presso qualsiasi negozio di forniture per ufficio).

Metti una moneta su ciascun cuscino del tavolo che la (CB) toccherà.

Confronta il tuo percorso (CB) con la configurazione della seconda tabella. Per imparare, potresti aver bisogno di diversi tentativi. Dopo ogni errore, effettuare la regolazione e riprovare finché non si ha successo.

Scopo dei layout

Questi layout sono forniti per due scopi.

- La tua analisi - A casa, puoi considerare come riprodurre la configurazione sul primo tavolo. Confronta le tue idee con il modello attuale sul secondo tavolo. Pensa alla tua soluzione e considera le opzioni. Dalla seconda tabella, puoi anche analizzare come seguire il modello. Mentalmente fai lo sparo e decidi come puoi avere successo.

- Esercitare la configurazione del tavolo - Posizionare le sfere in posizione, in base alla configurazione della prima tabella. Prova a scattare allo stesso modo del secondo modello di tavolo. Potresti aver bisogno di molti tentativi prima di trovare il modo corretto di giocare. È così che puoi imparare e giocare questi colpi durante le competizioni e i tornei.

La combinazione di analisi mentale e pratica pratica ti renderà un giocatore più intelligente.

A: Gamba corta (sponde lungo)

Su questa serie di configurazioni a sfera, i contatti (CB) prima (OB), che è molto vicino al sponde lungo. Il (CB) quindi entra nello standard attorno al modello del mondo.

Ⓐ (CB) (la tua palla) - ⊙ (OB) (palla dell'avversario) - ● (OB) (palla rossa)

A: Gruppo 1

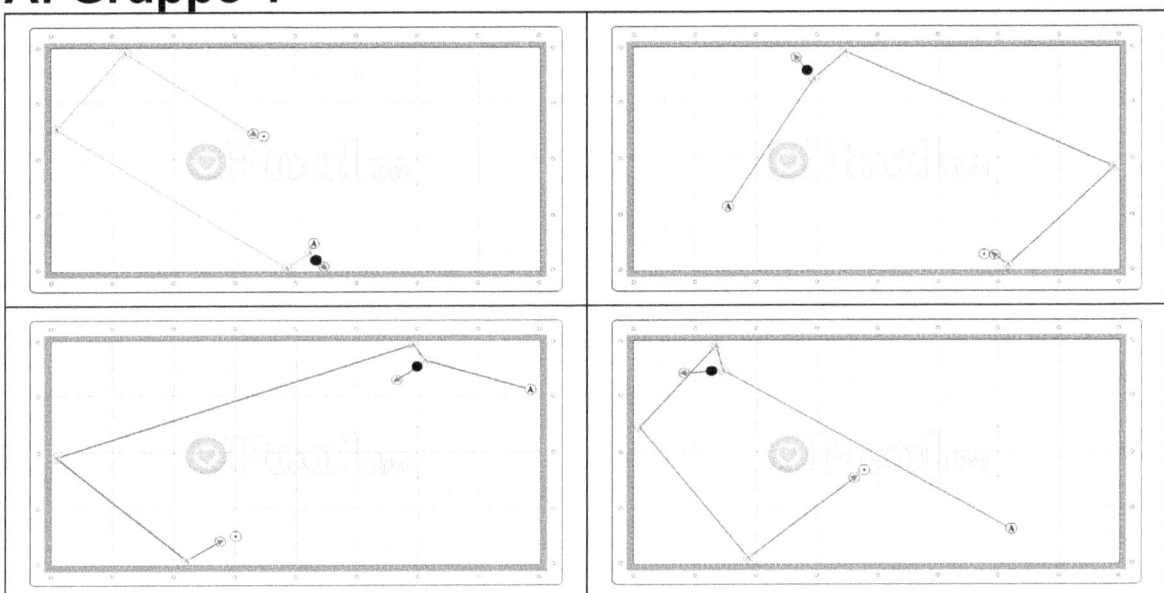

Analisi:

A:1a. _____

A:1b. _____

A:1c. _____

A:1d. _____

A:1a – Impostare

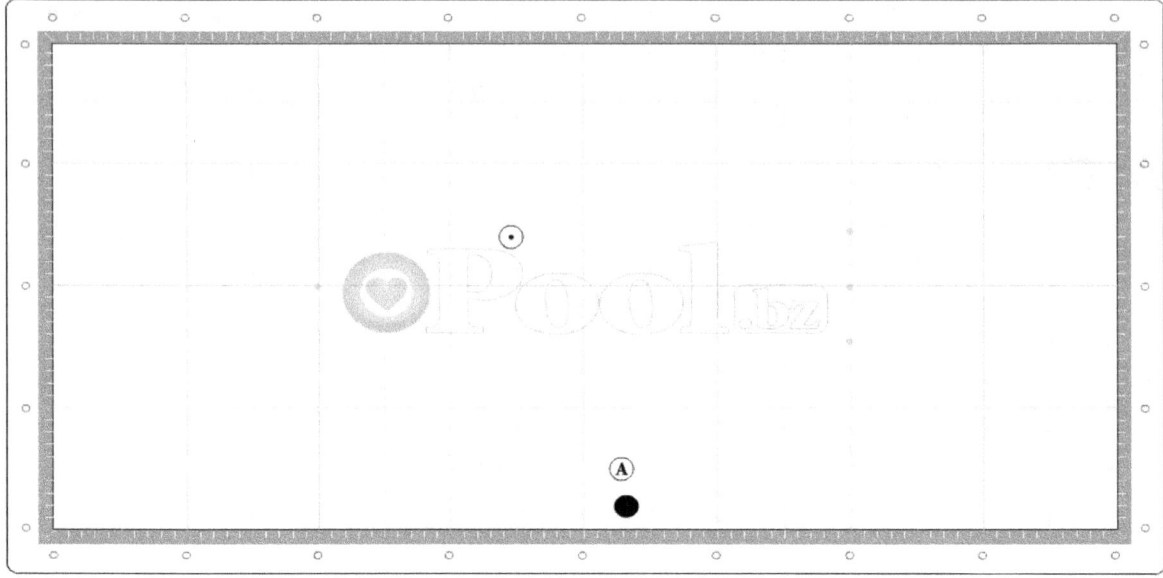

Note e idee:

Modello di colpo

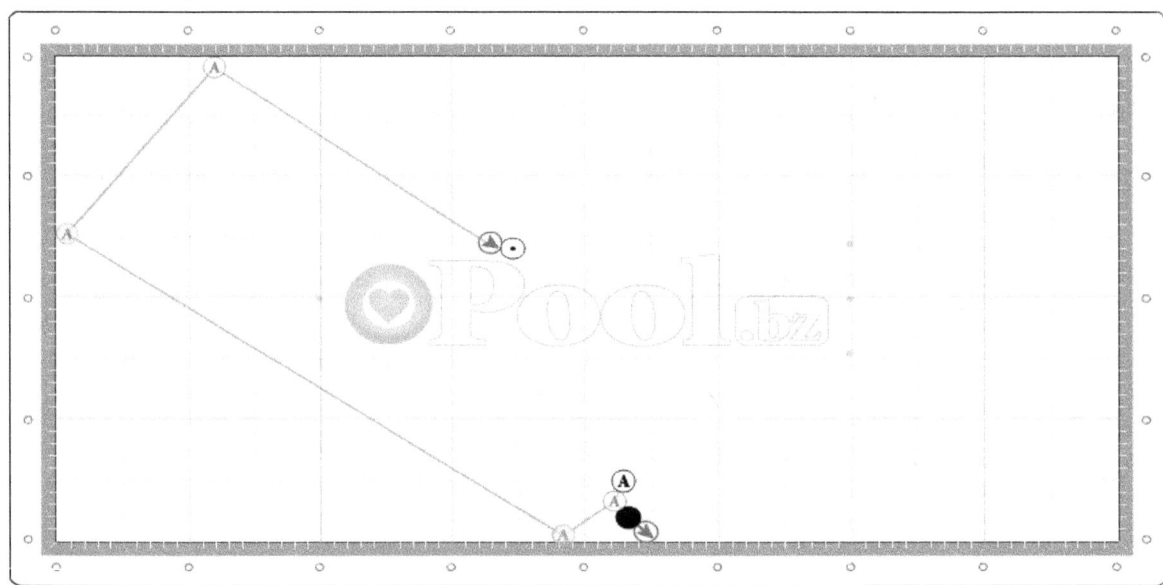

A:1b – Impostare

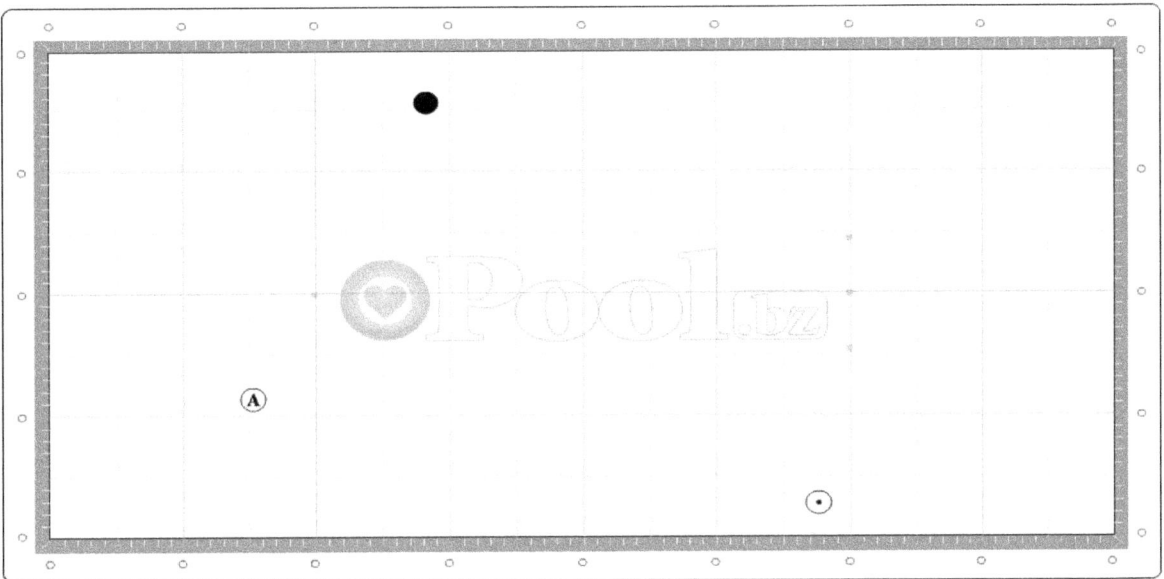

Note e idee:

Modello di colpo

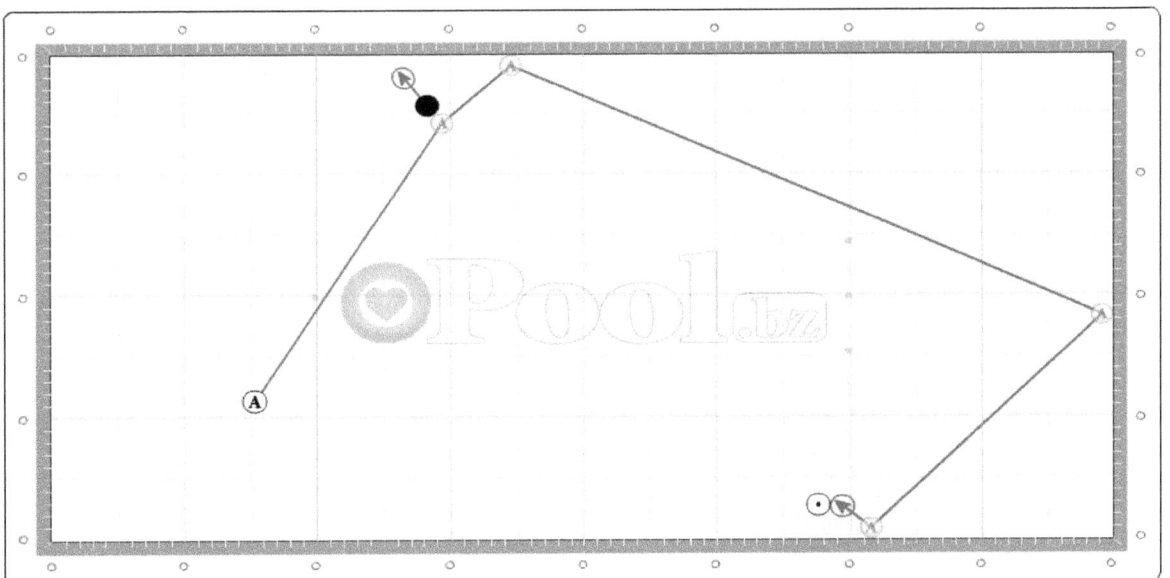

A:1c – Impostare

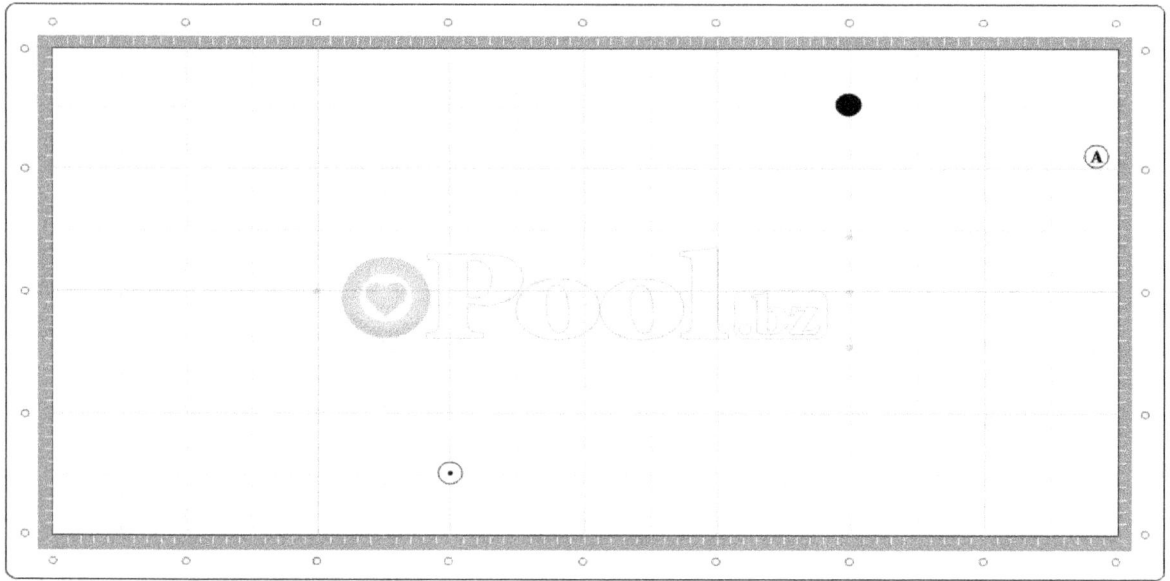

Note e idee:

Modello di colpo

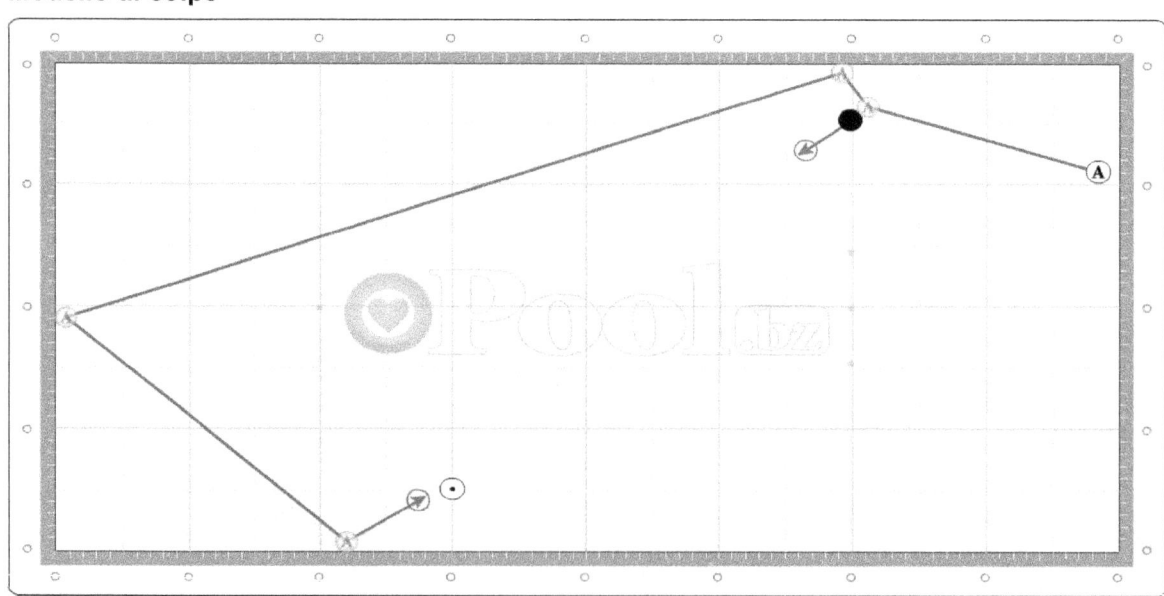

A:1d – Impostare

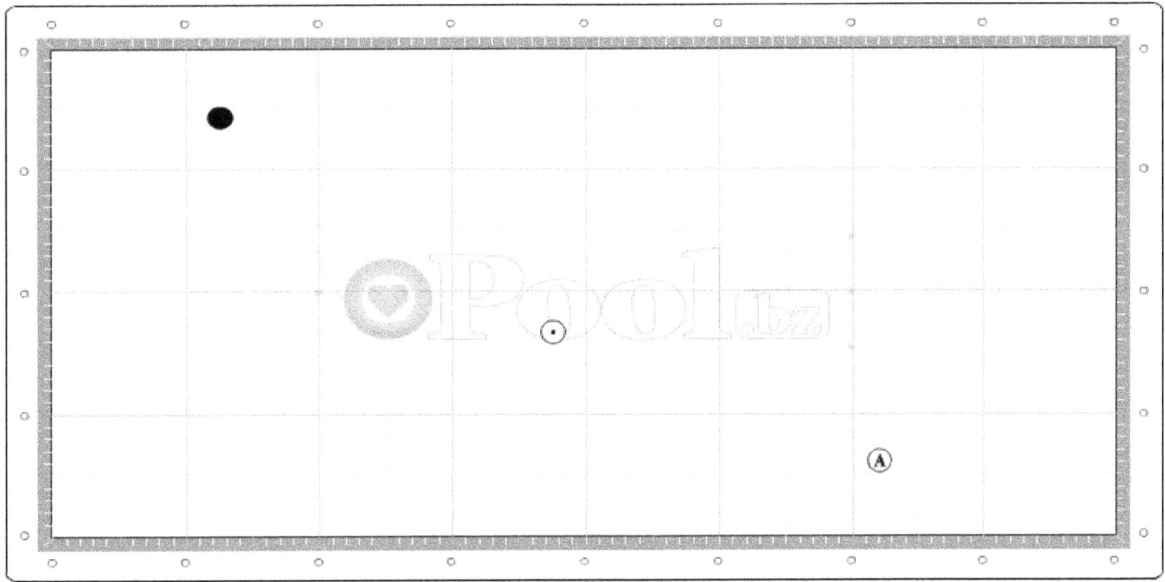

Note e idee:

Modello di colpo

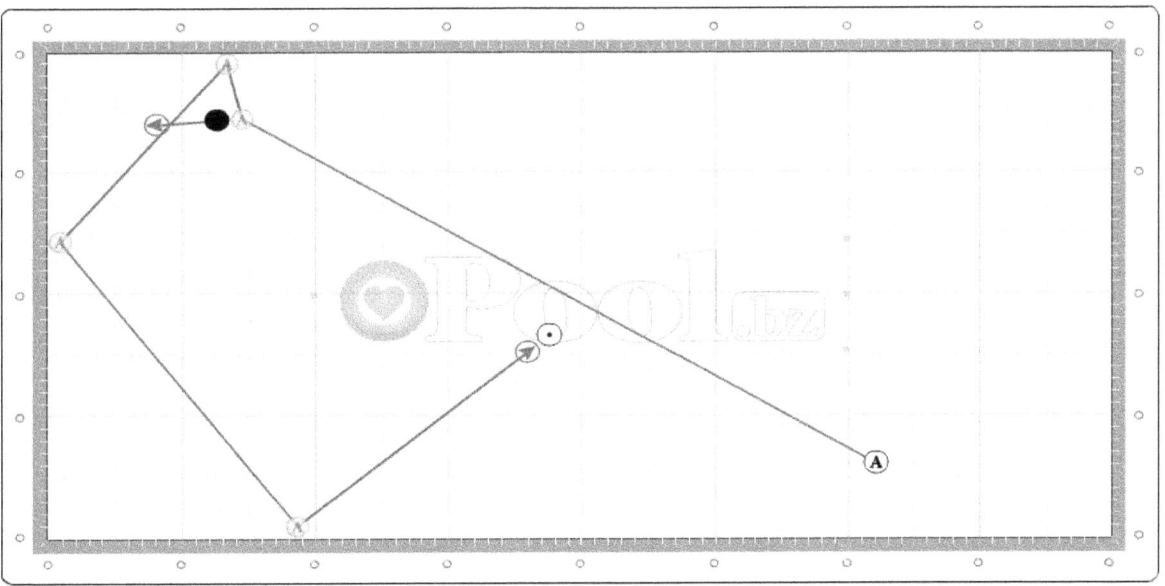

A: Gruppo 2

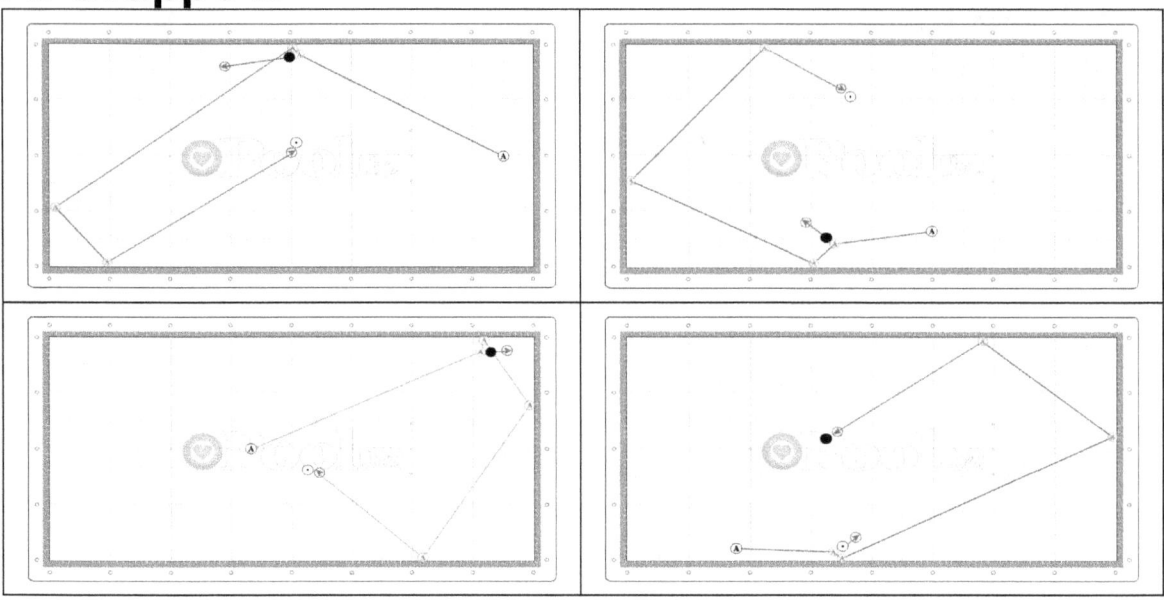

Analisi:

A:2a. _____

A:2b. _____

A:2c. _____

A:2d. _____

A:2a – Impostare

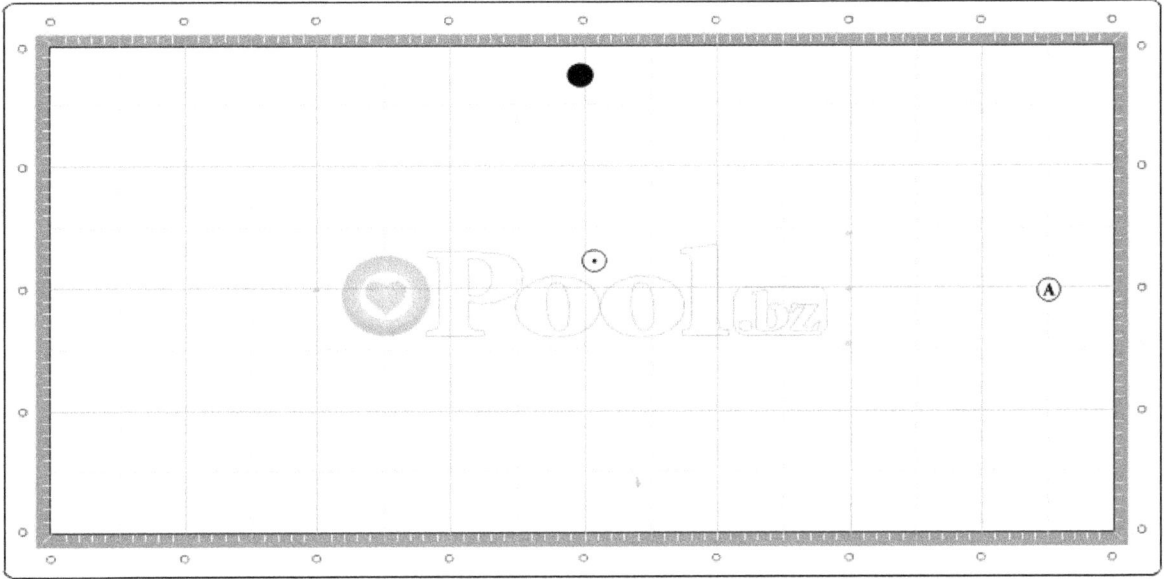

Note e idee:

Modello di colpo

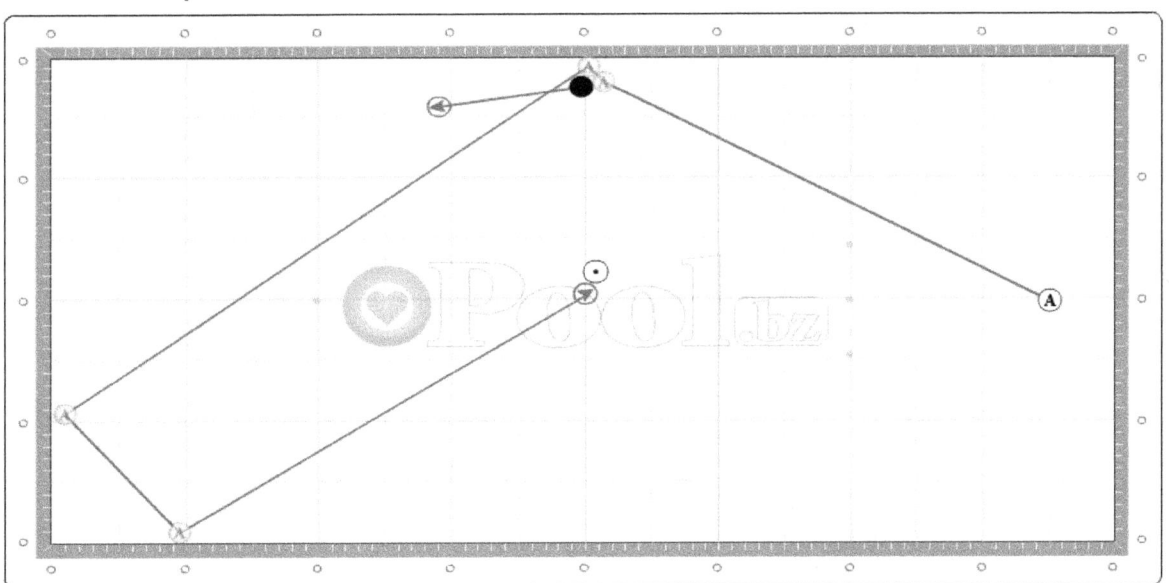

A:2b – Impostare

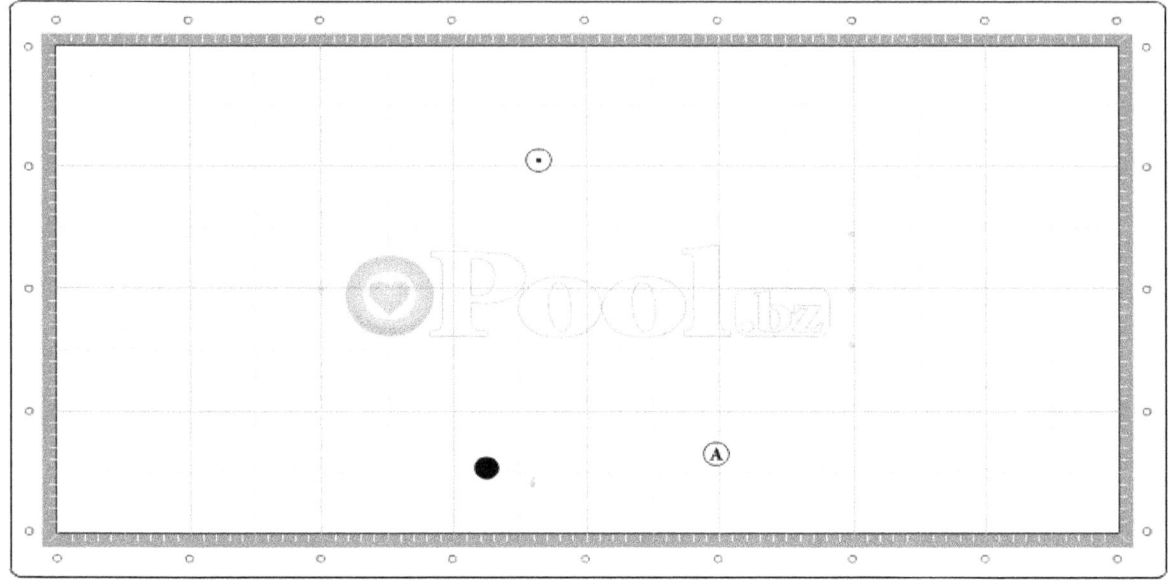

Note e idee:

Modello di colpo

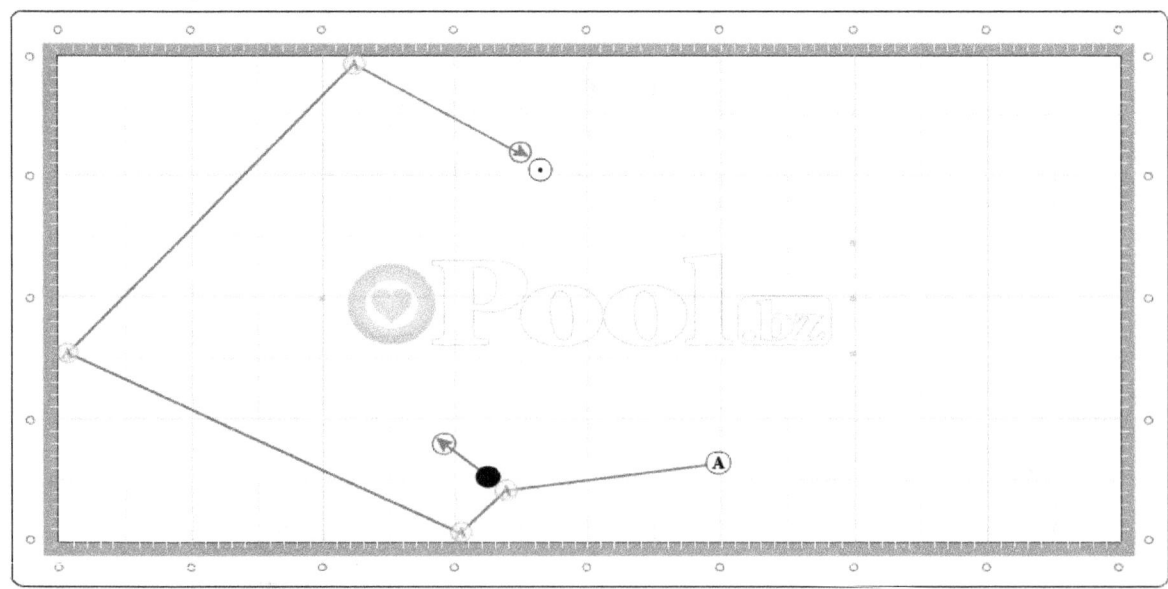

A:2c – Impostare

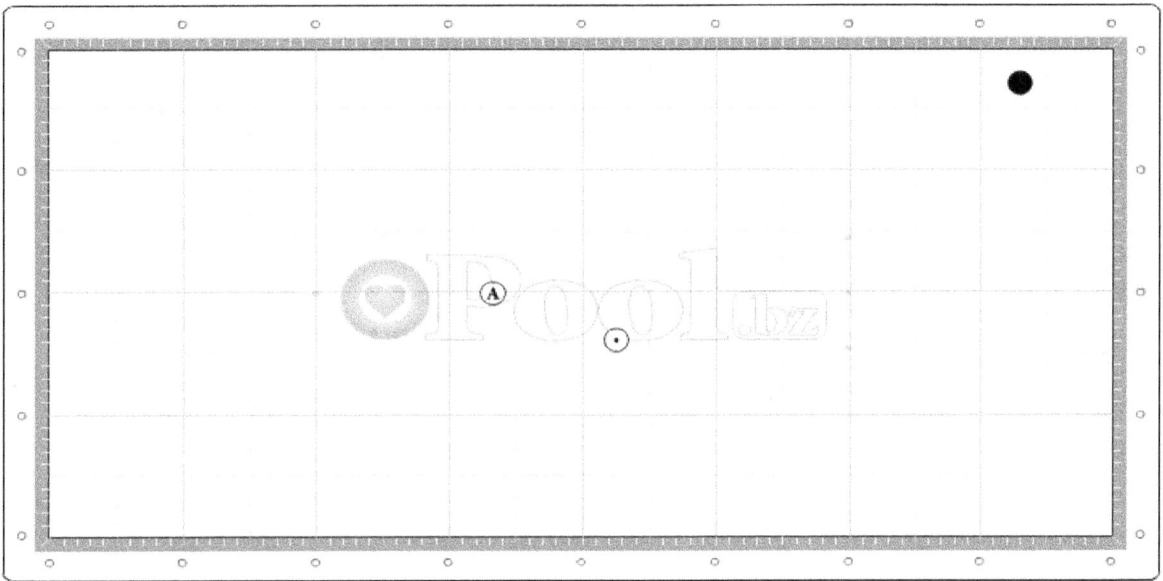

Note e idee:

Modello di colpo

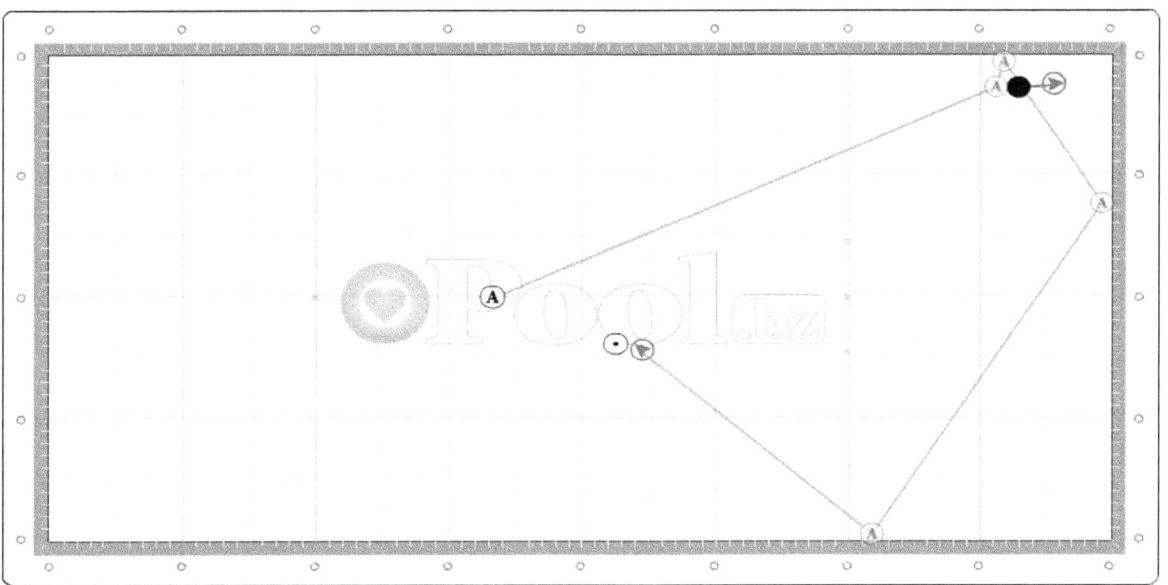

A:2d – Impostare

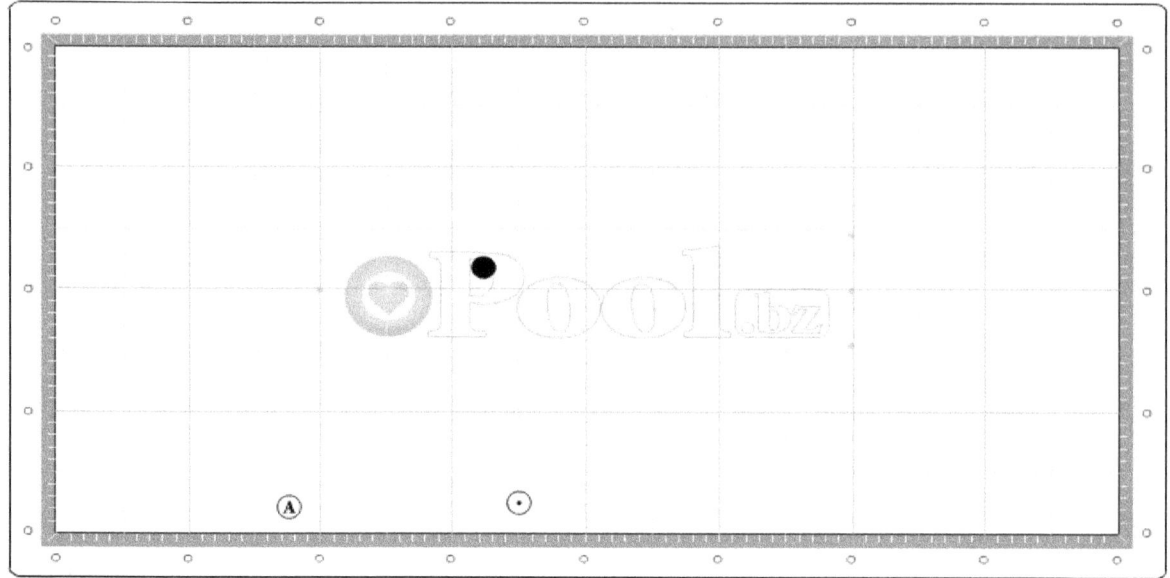

Note e idee:

Modello di colpo

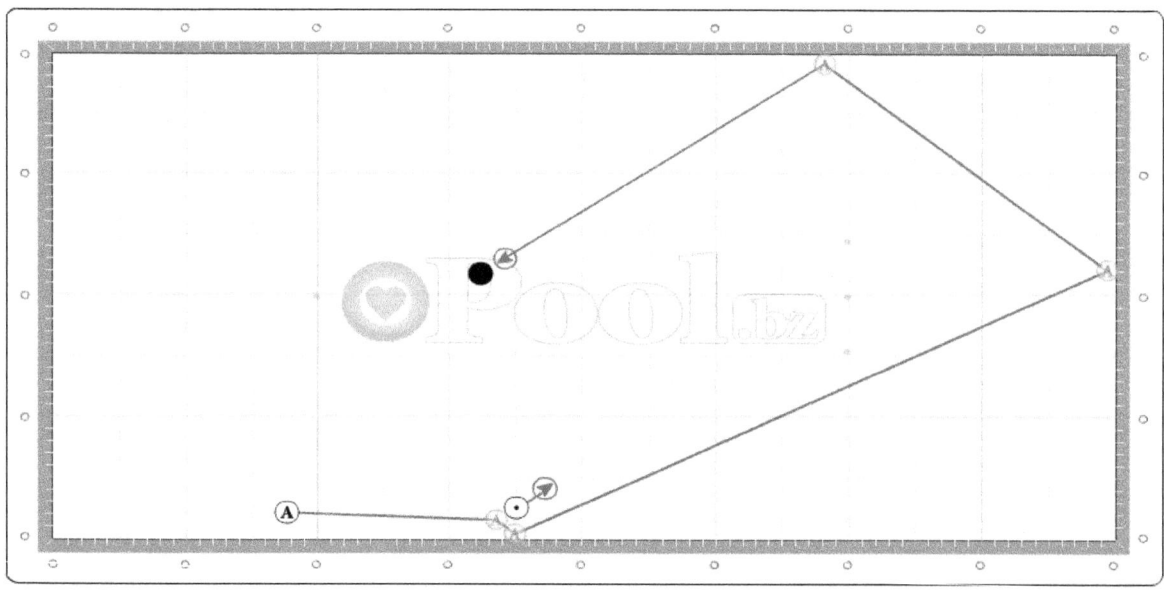

A: Gruppo 3

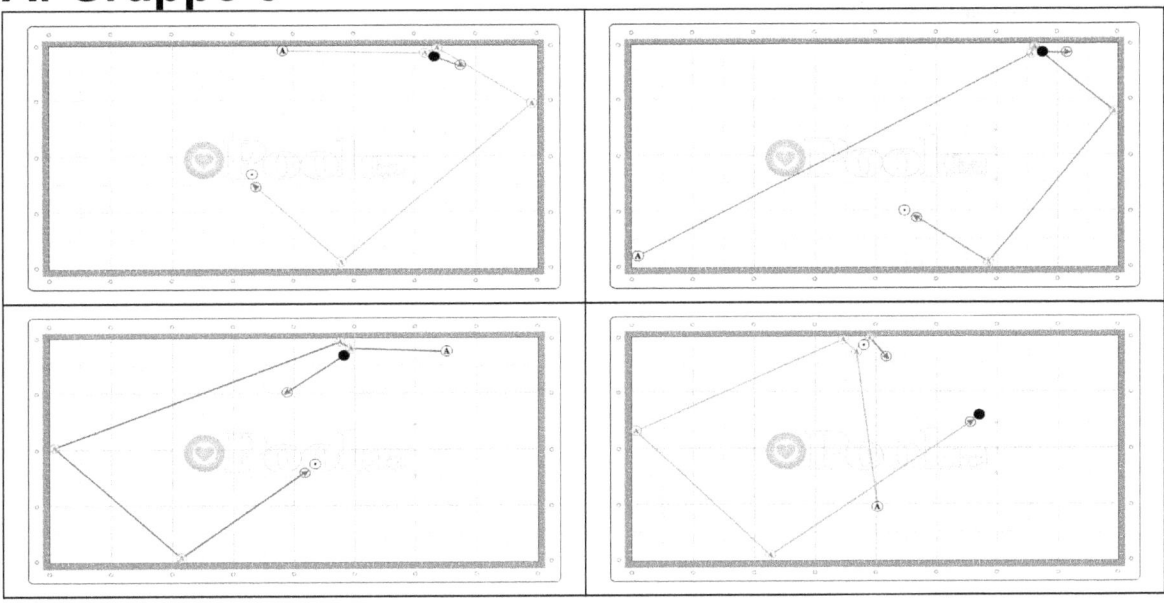

Analisi:

A:3a. _____

A:3b. _____

A:3c. _____

A:3d. _____

A:3a – Impostare

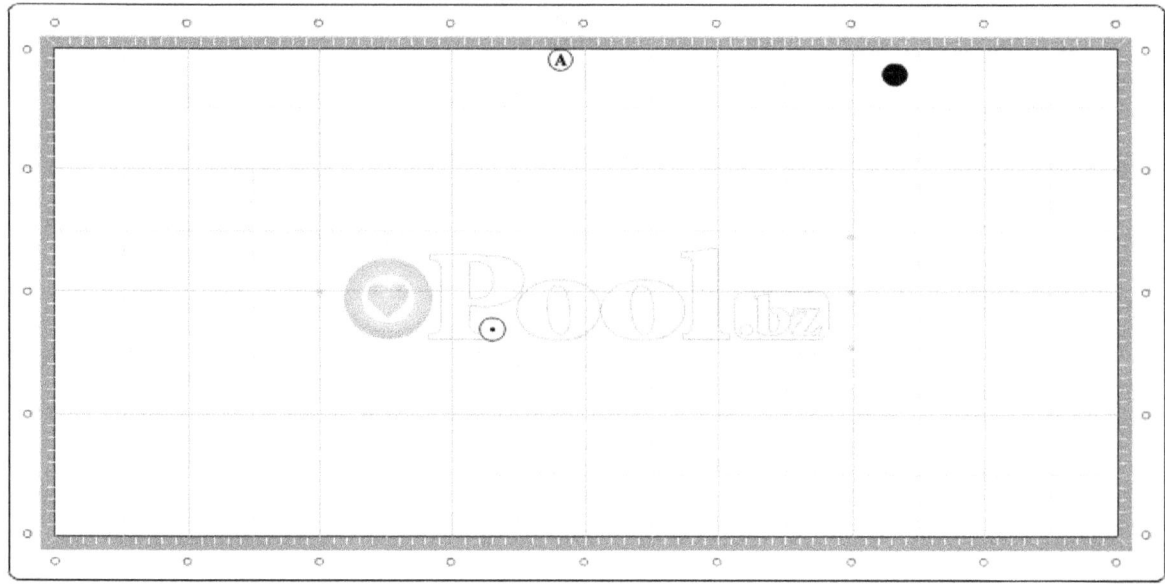

Note e idee:

Modello di colpo

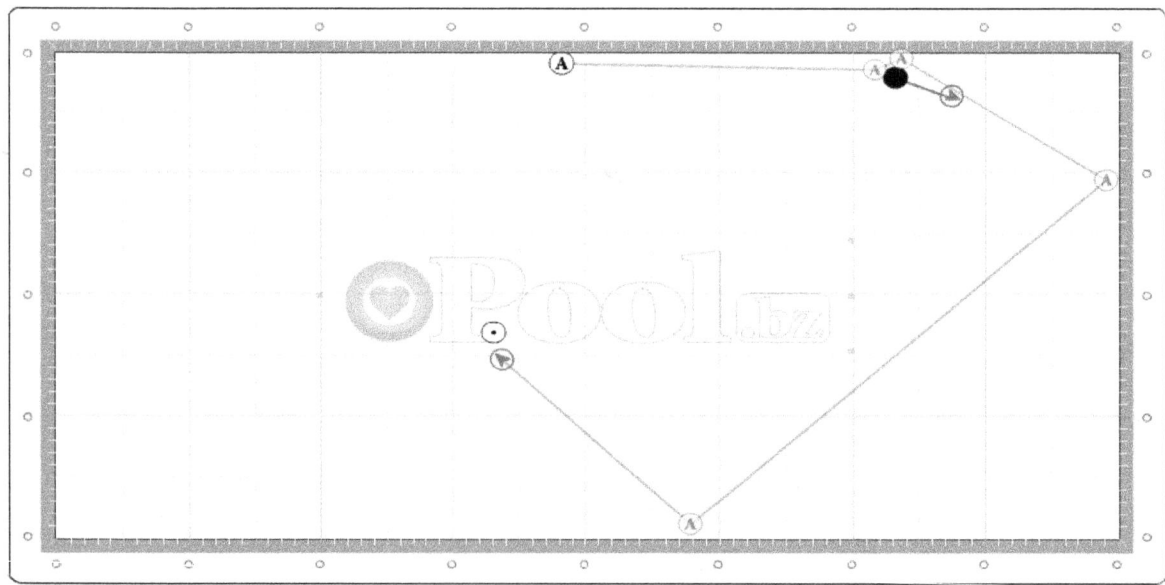

A:3b – Impostare

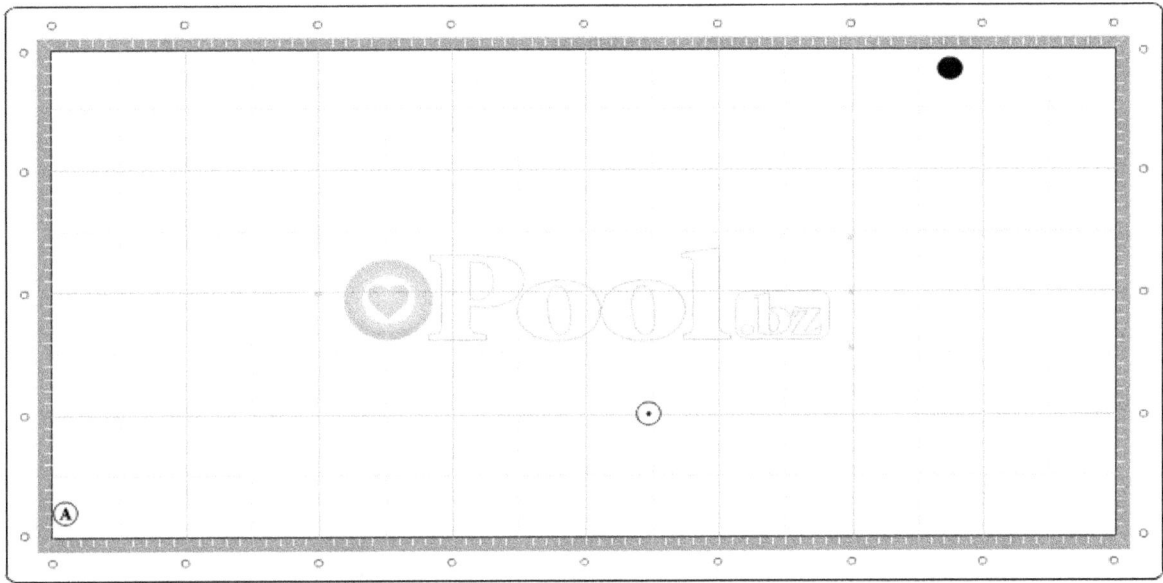

Note e idee:

Modello di colpo

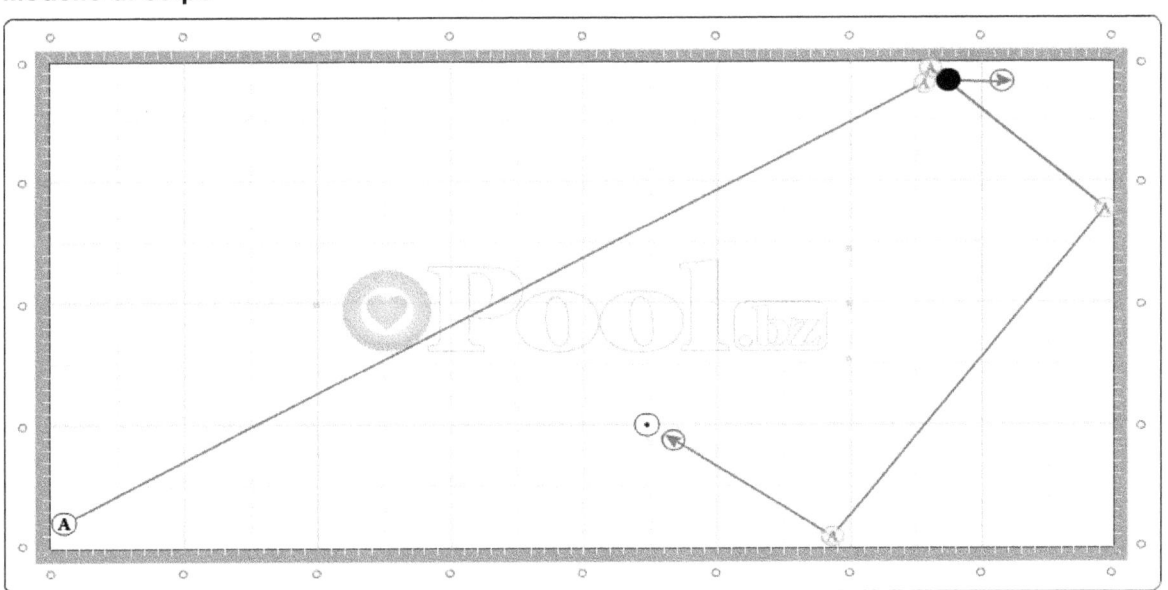

A:3c – Impostare

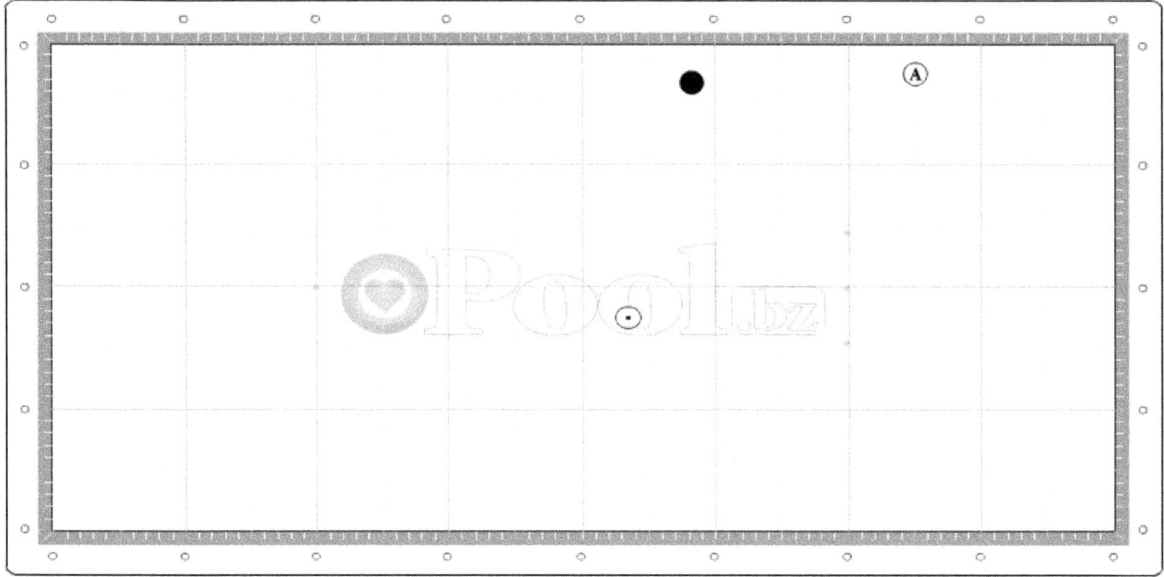

Note e idee:

Modello di colpo

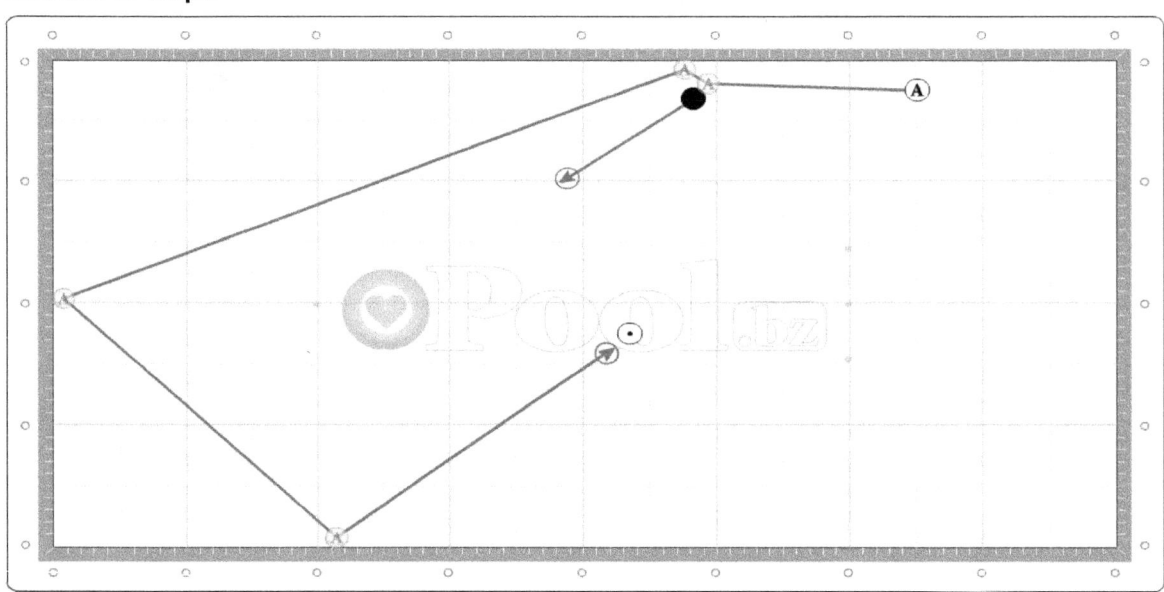

A:3d – Impostare

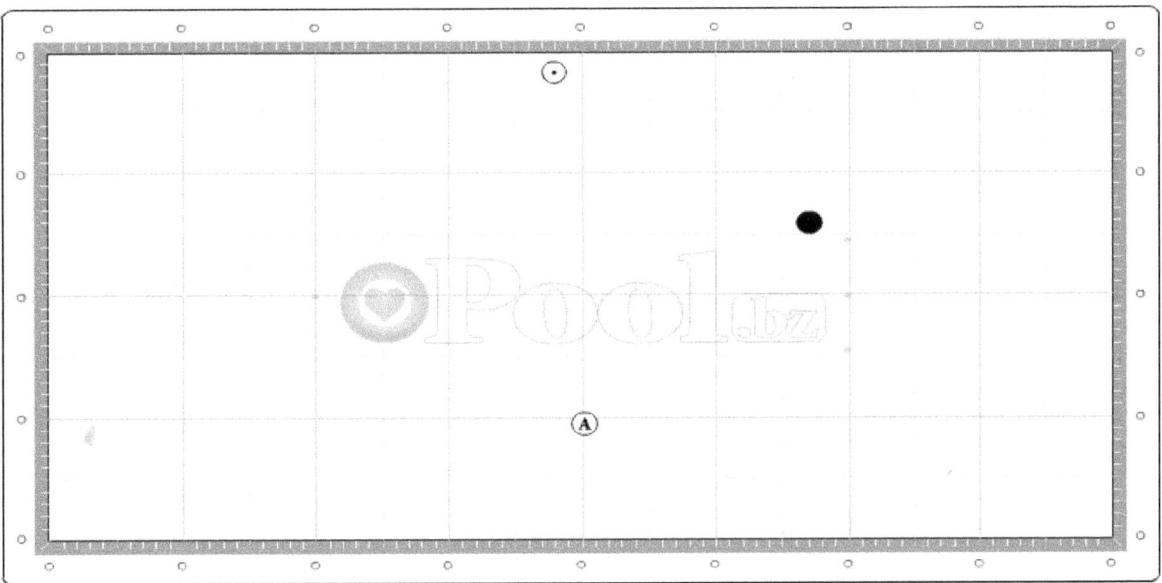

Note e idee:

Modello di colpo

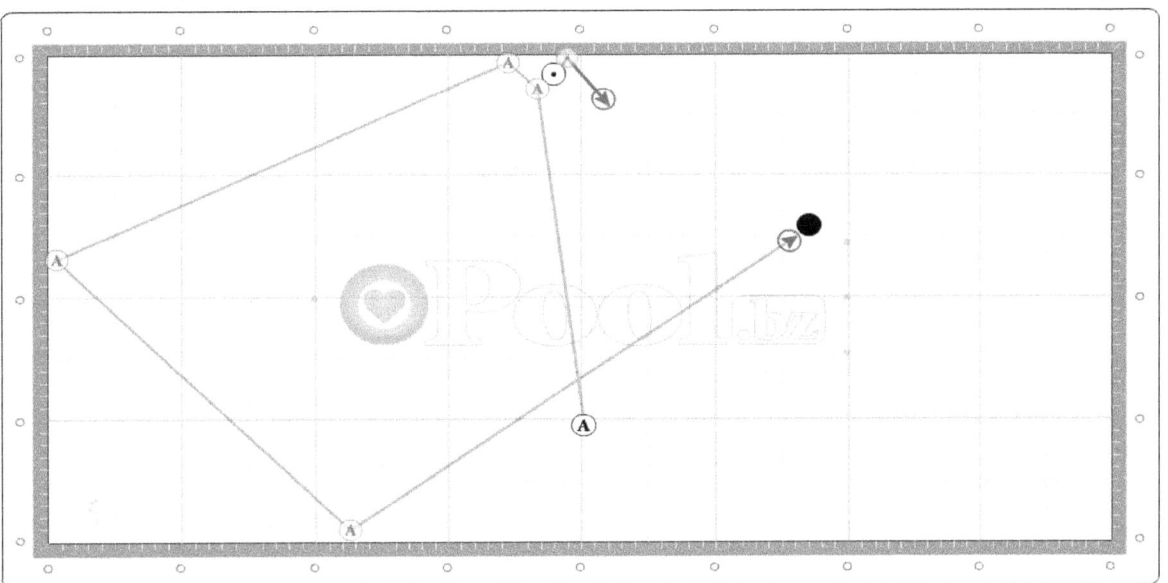

A: Gruppo 4

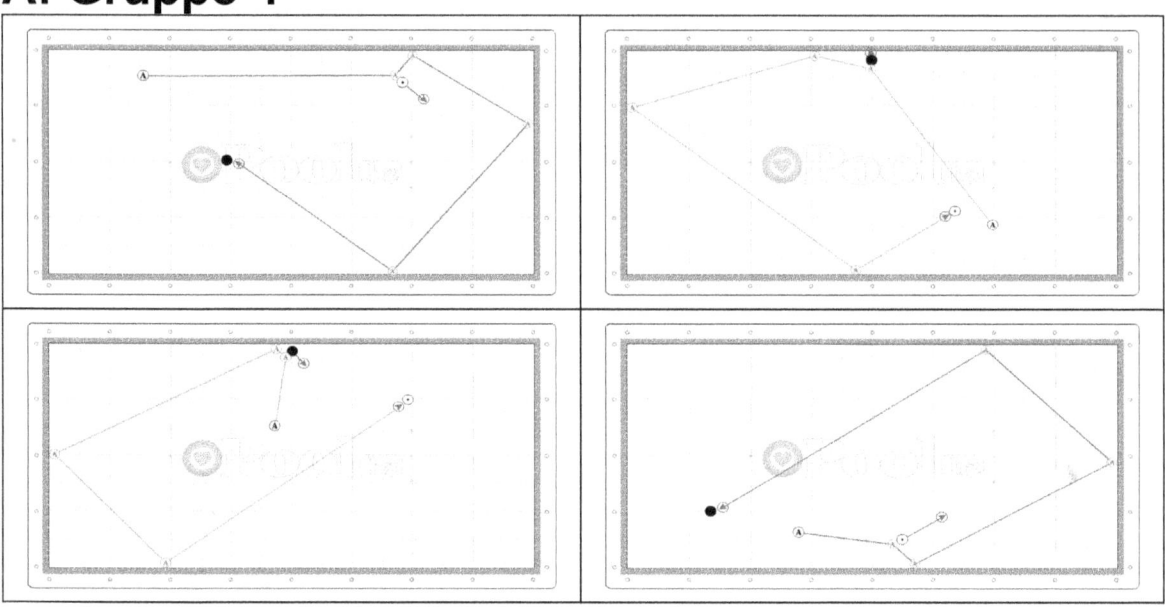

Analisi:

A:4a. _____

A:4b. _____

A:4c. _____

A:4d. _____

A:4a – Impostare

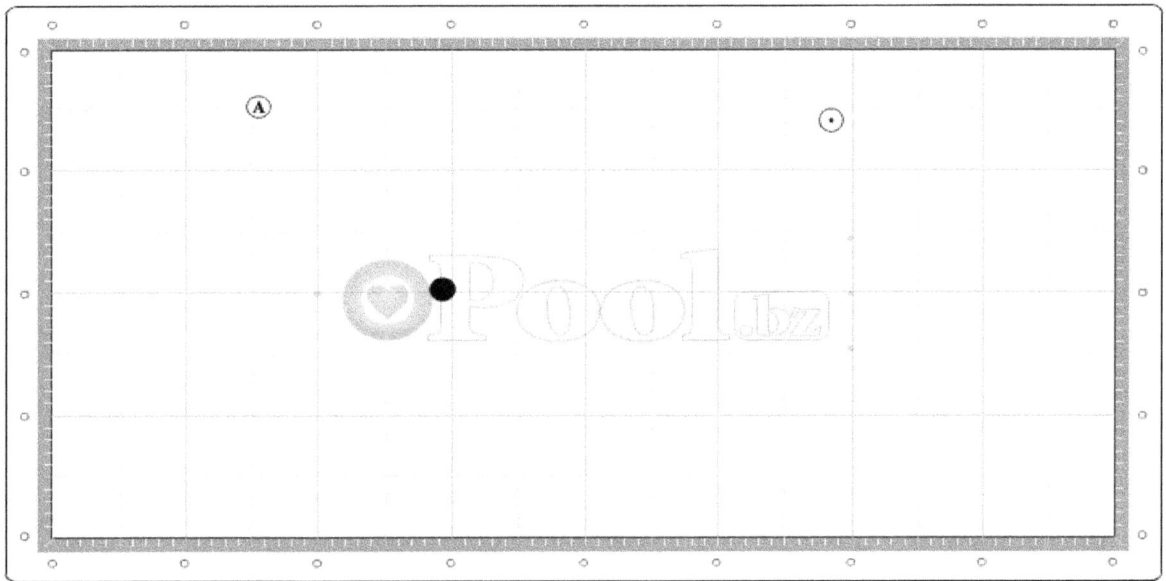

Note e idee:

Modello di colpo

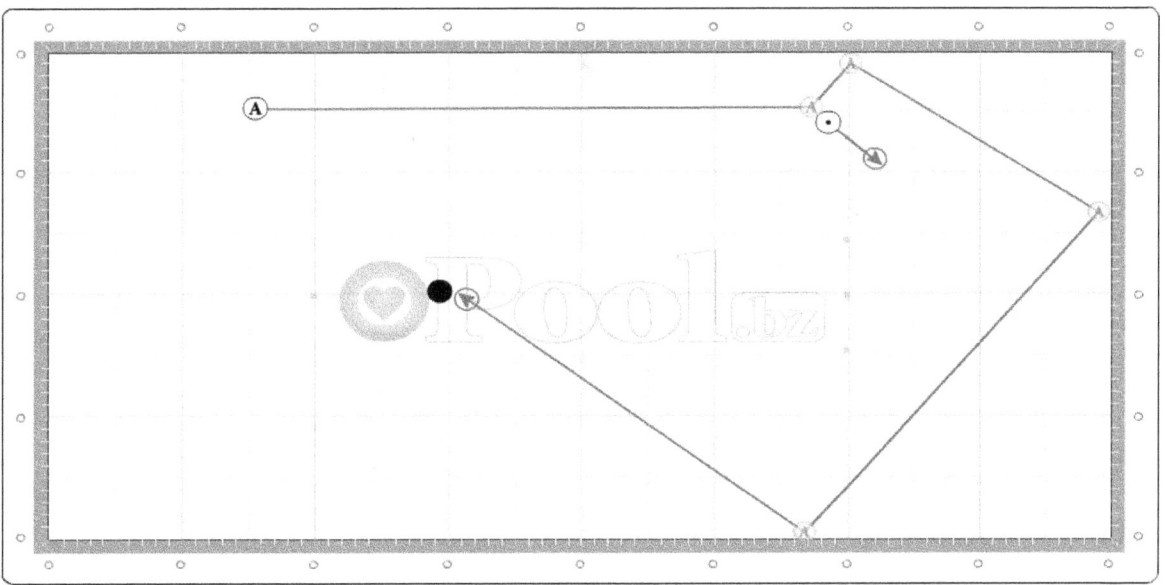

A:4b – Impostare

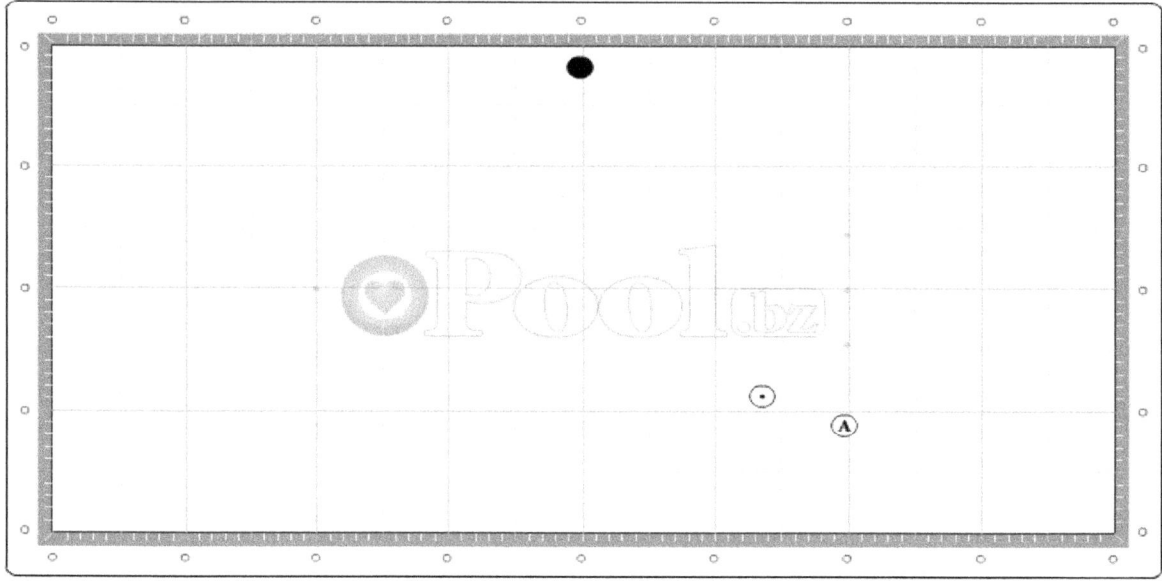

Note e idee:

Modello di colpo

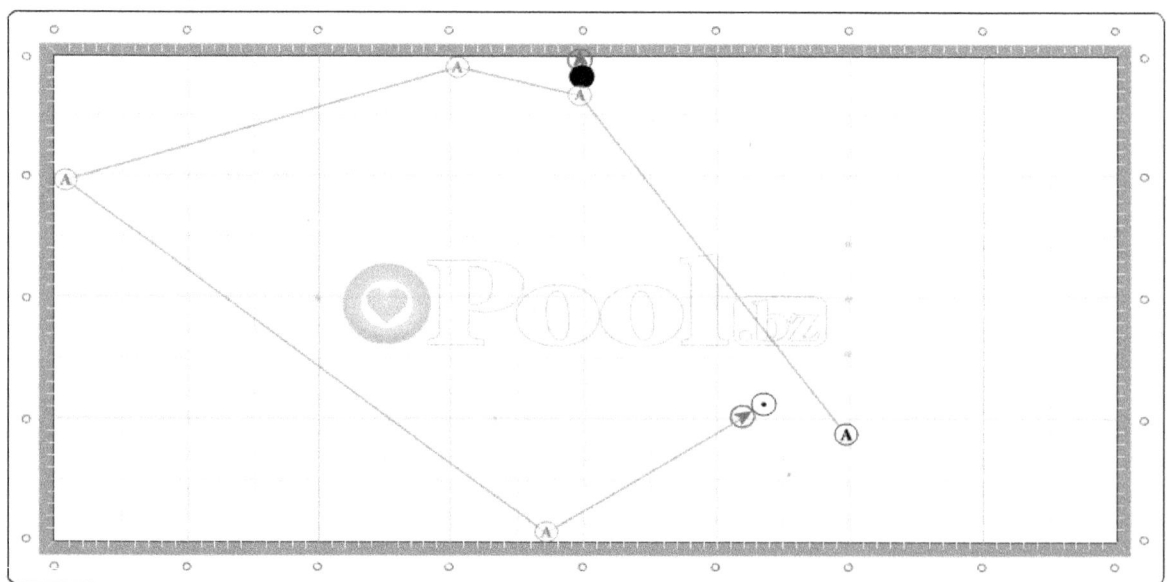

A:4c – Impostare

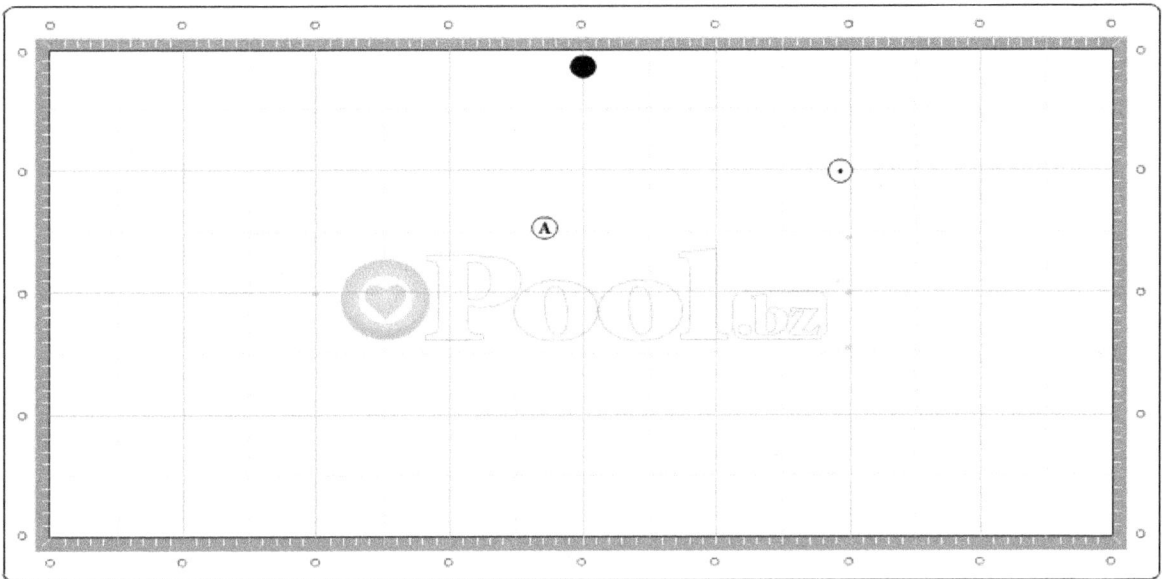

Note e idee:

Modello di colpo

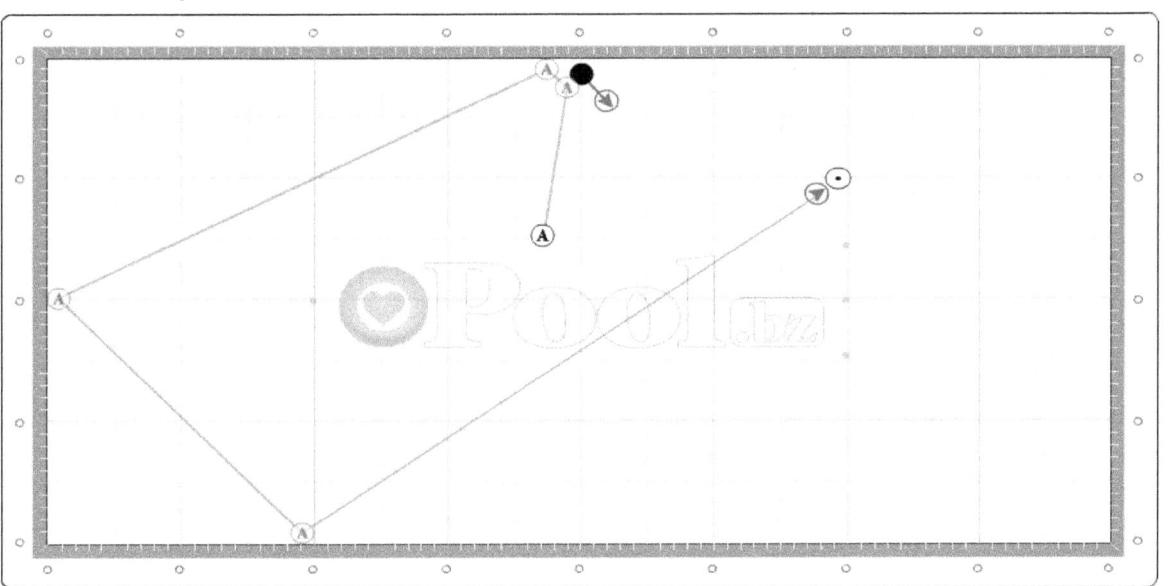

A:4d – Impostare

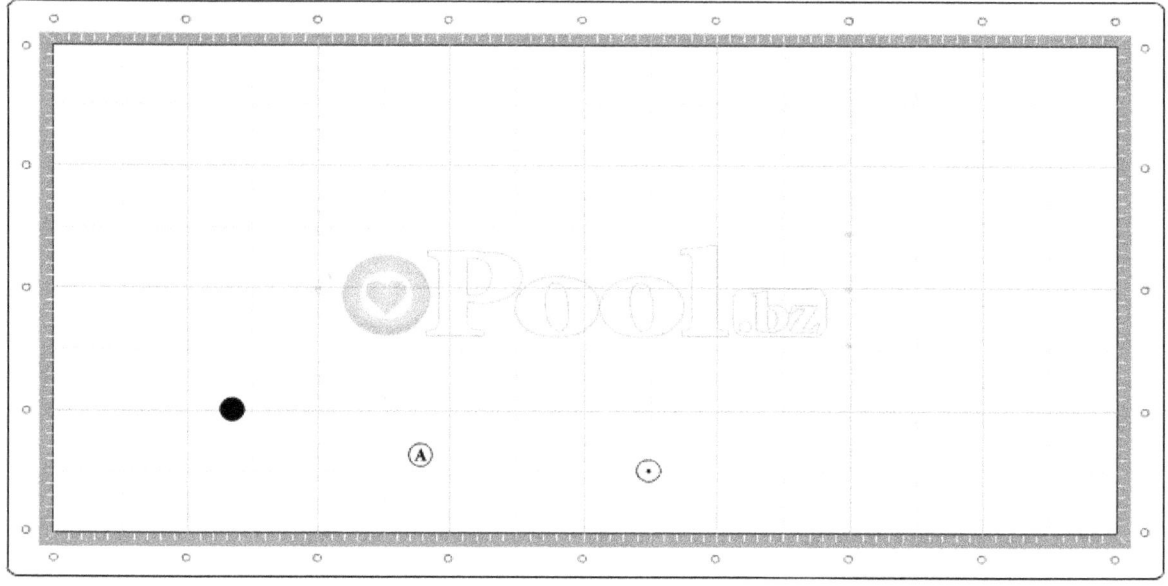

Note e idee:

Modello di colpo

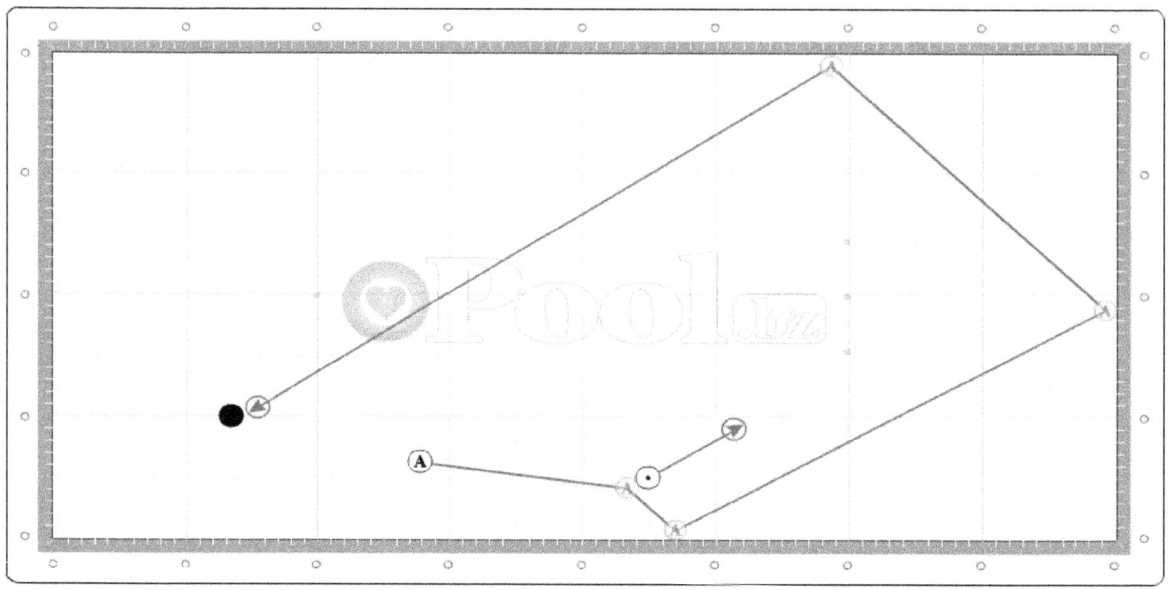

A: Gruppo 5

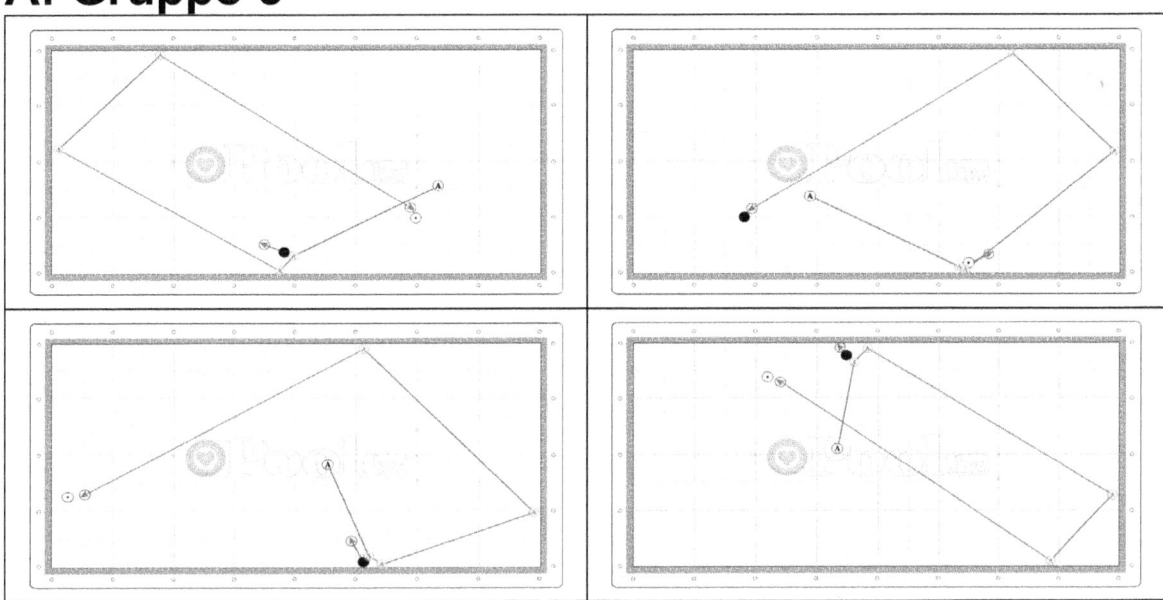

Analisi:

A:5a. _____

A:5b. _____

A:5c. _____

A:5d. _____

A:5a – Impostare

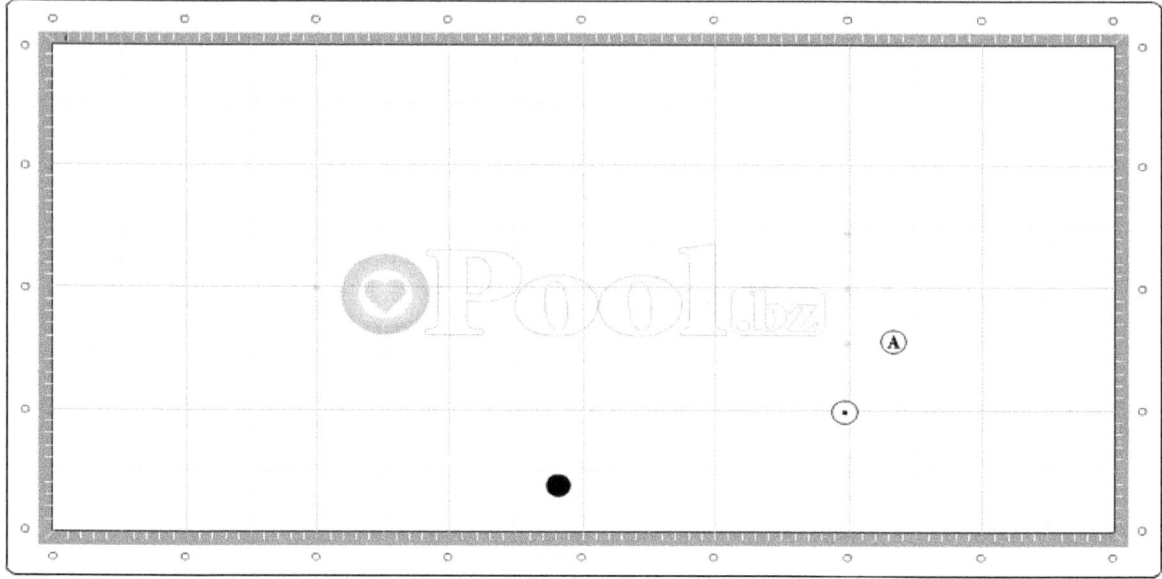

Note e idee:

Modello di colpo

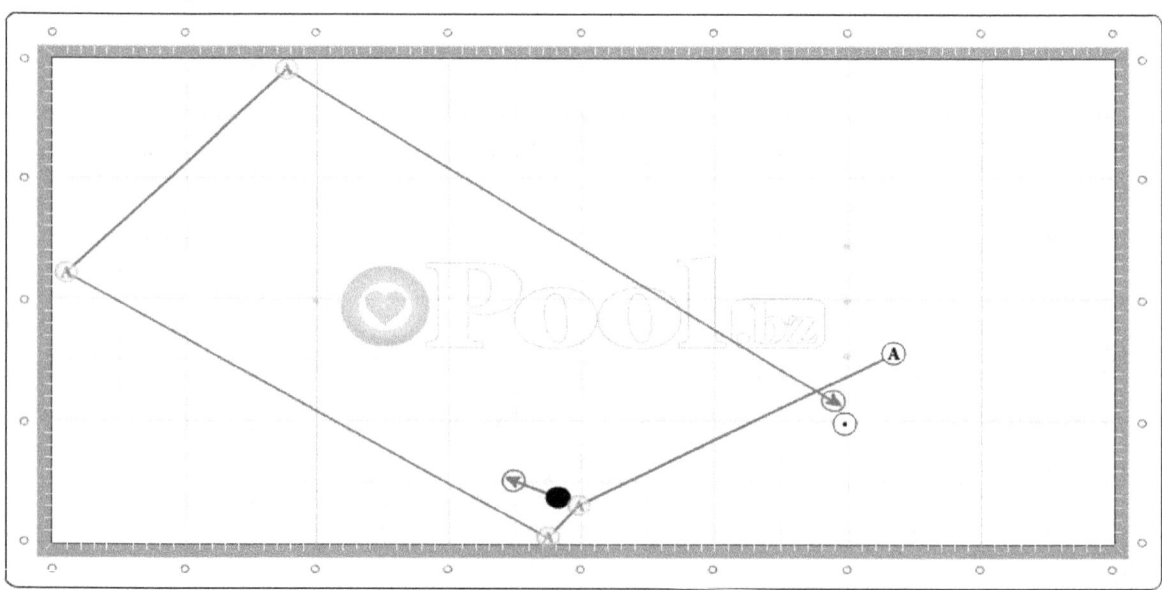

A:5b – Impostare

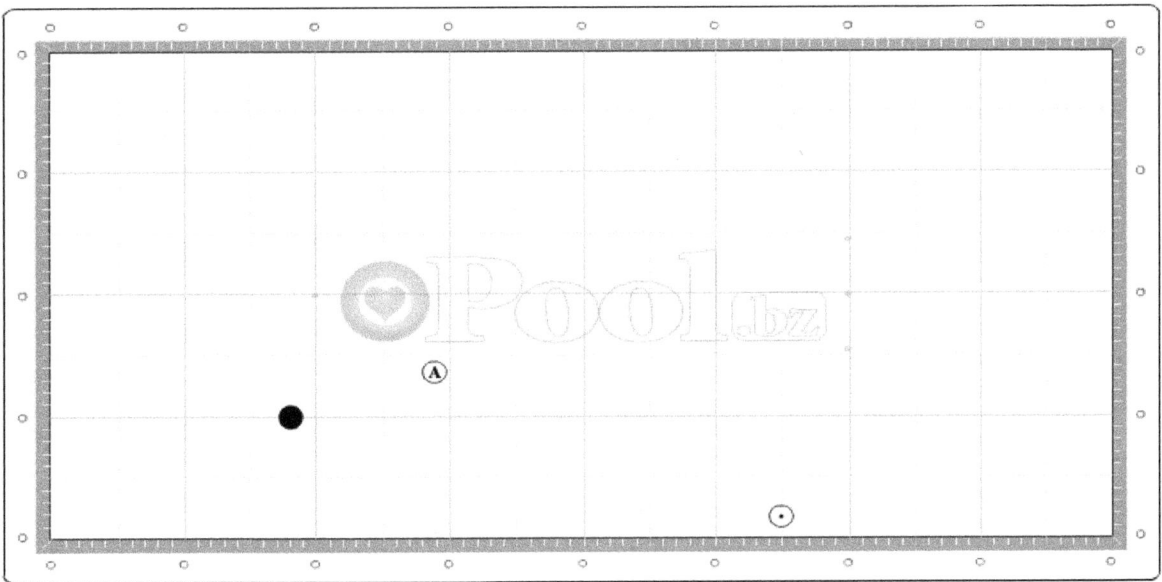

Note e idee:

Modello di colpo

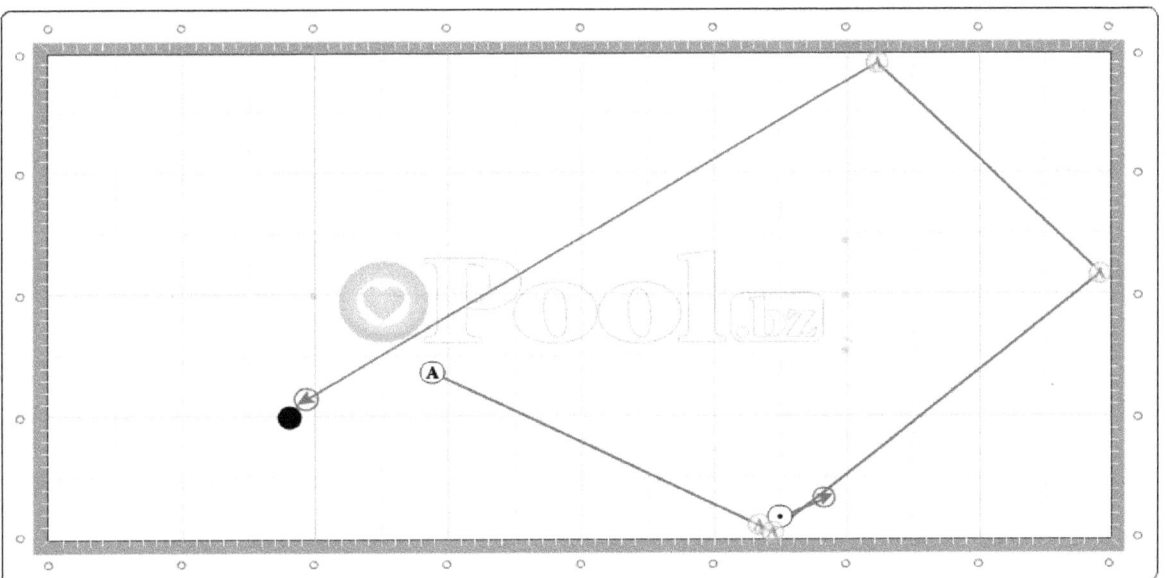

A:5c – Impostare

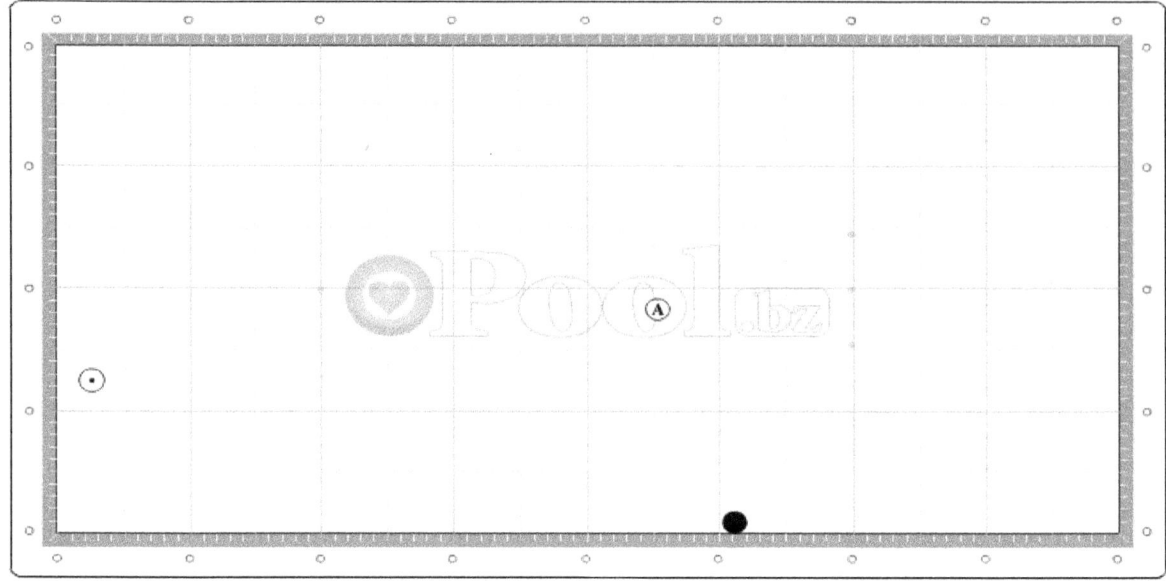

Note e idee:

Modello di colpo

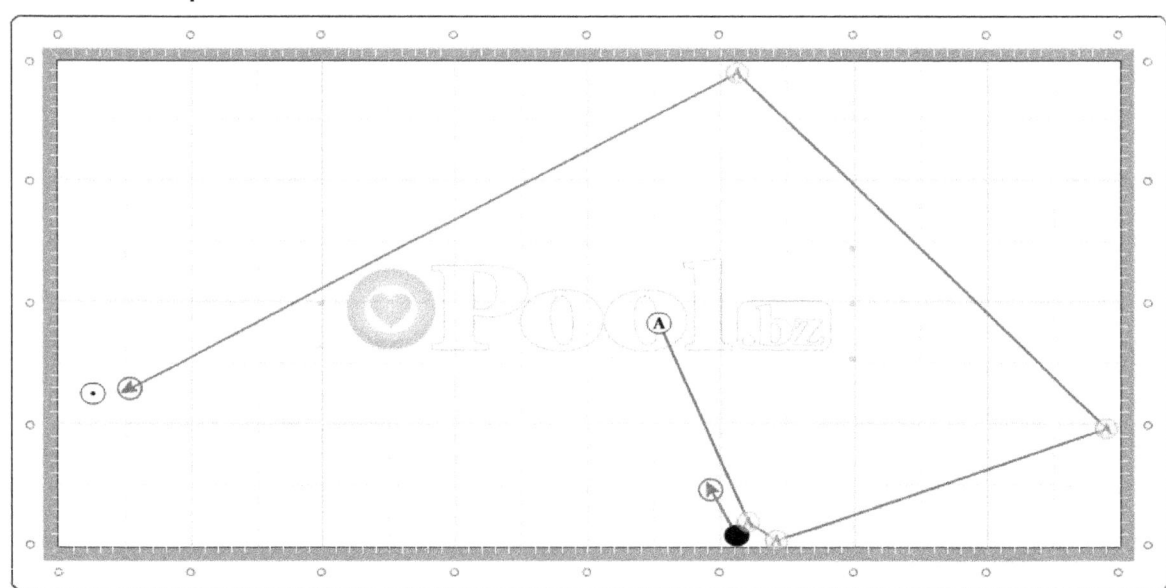

A:5d – Impostare

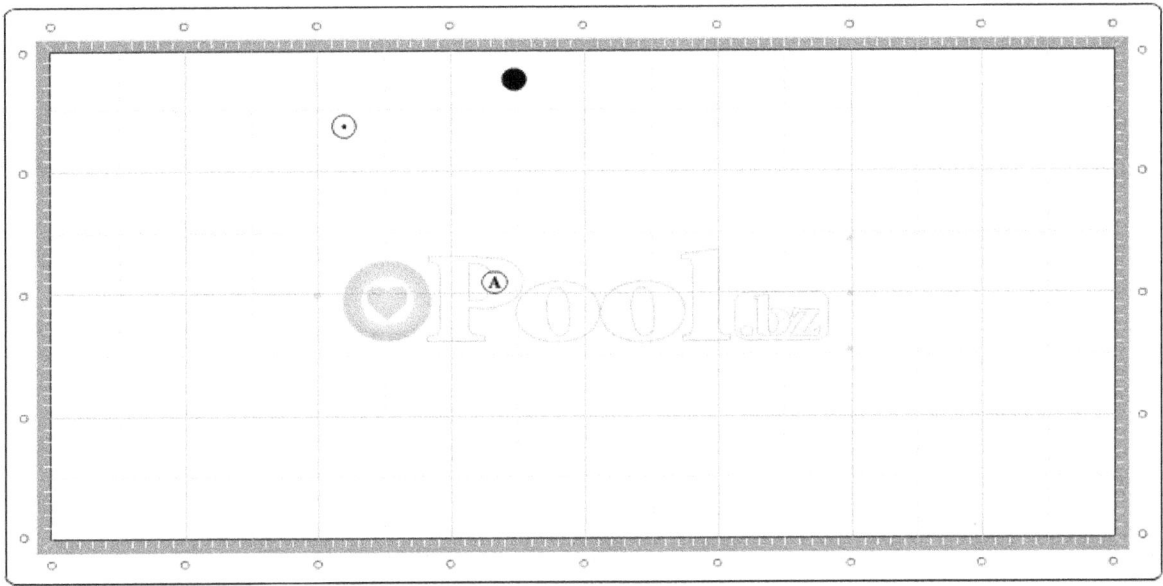

Note e idee:

Modello di colpo

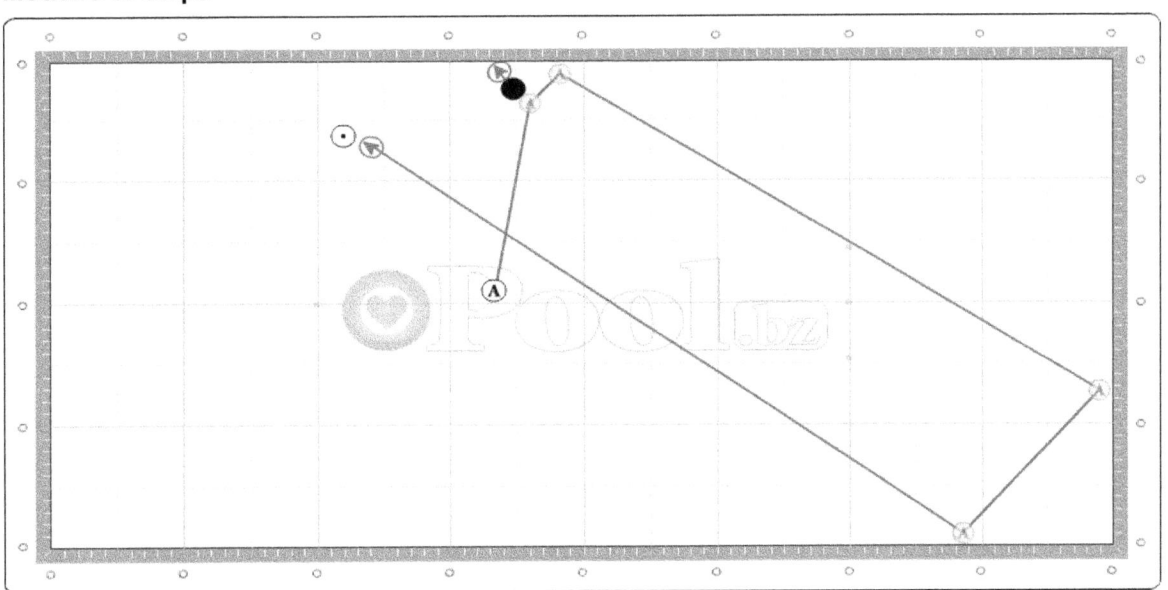

A: Gruppo 6

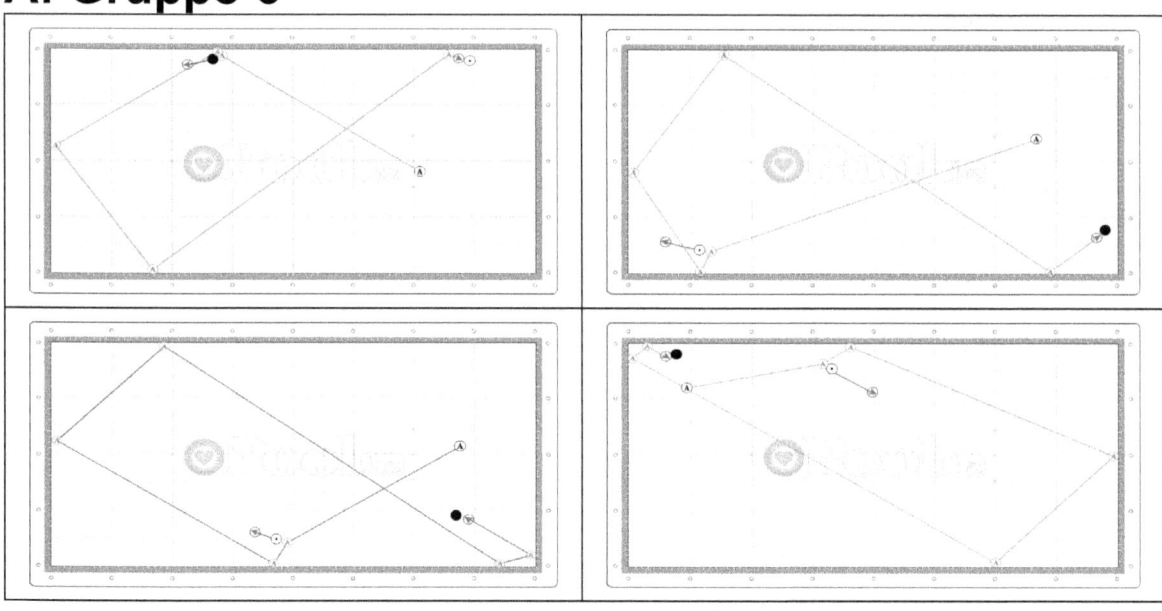

Analisi:

A:6a. _____

A:6b. _____

A:6c. _____

A:6d. _____

A:6a – Impostare

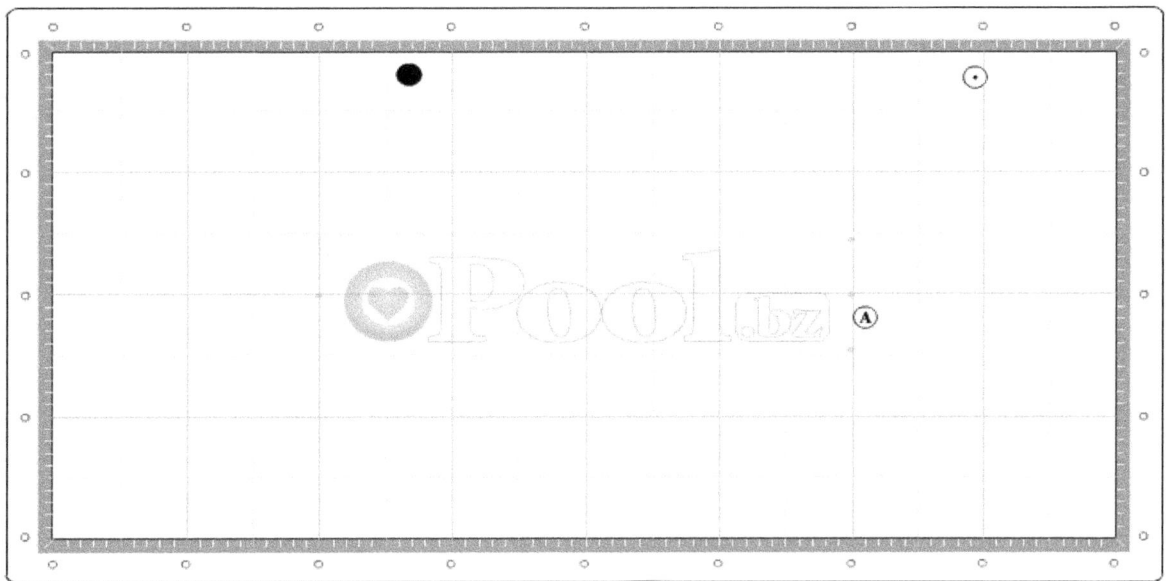

Note e idee:

Modello di colpo

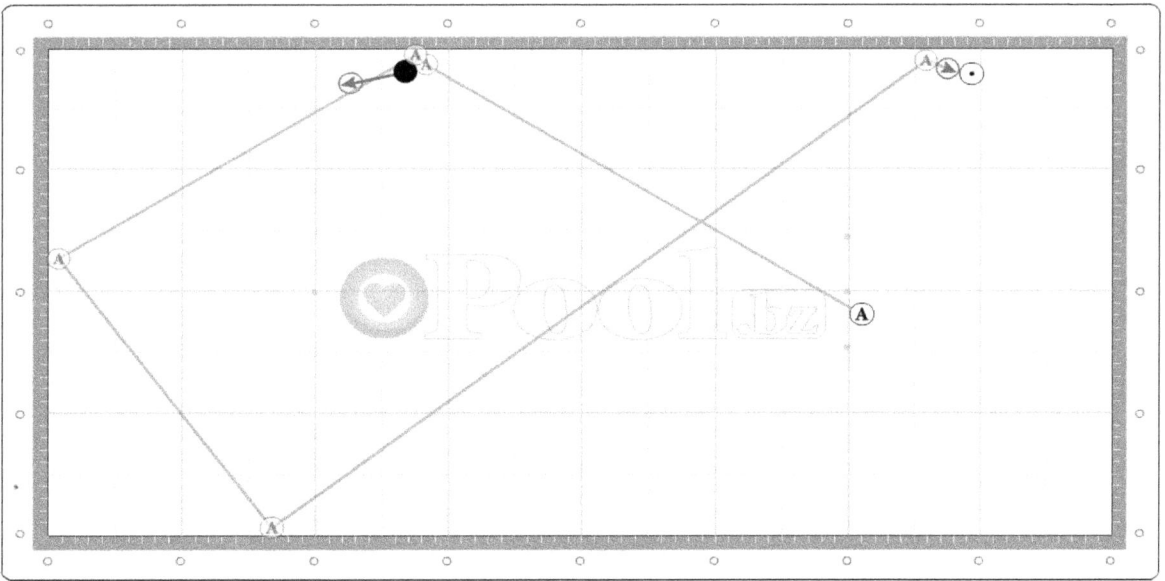

A:6b – Impostare

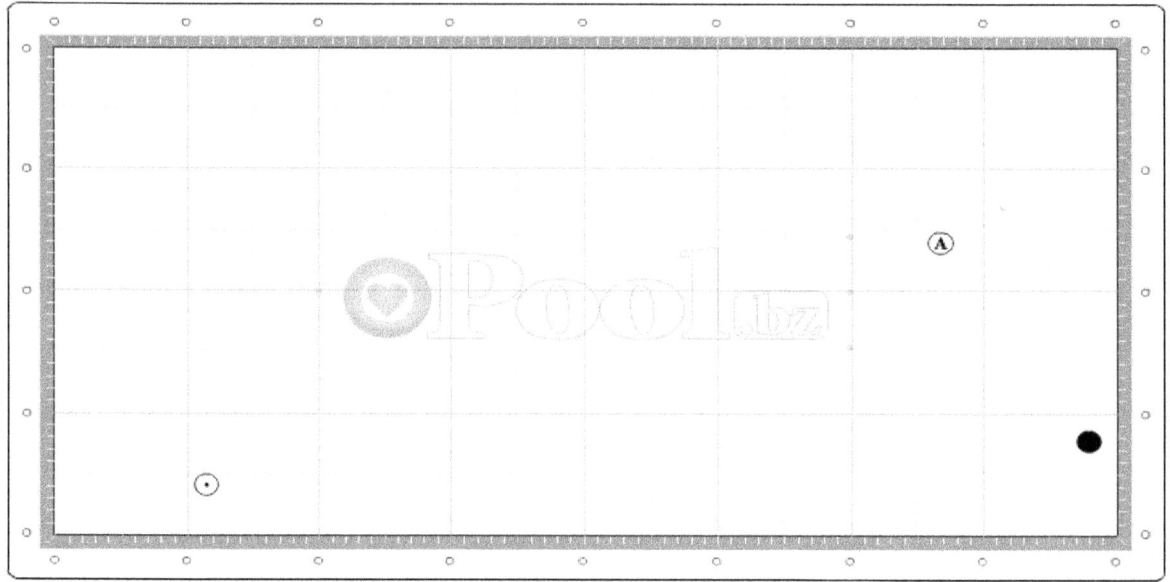

Note e idee:

Modello di colpo

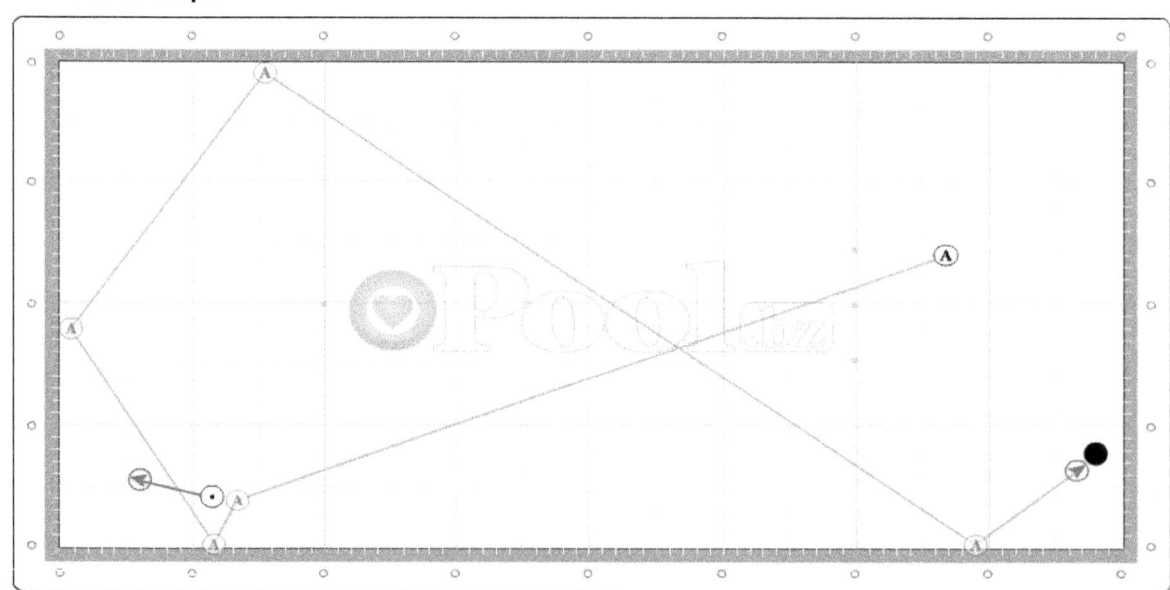

A:6c – Impostare

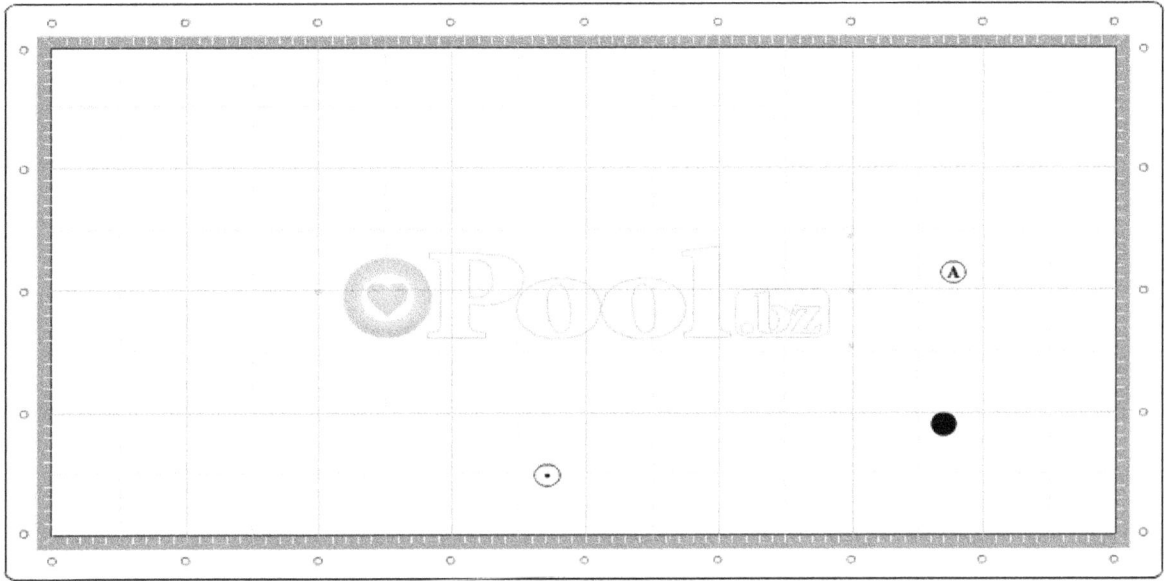

Note e idee:

Modello di colpo

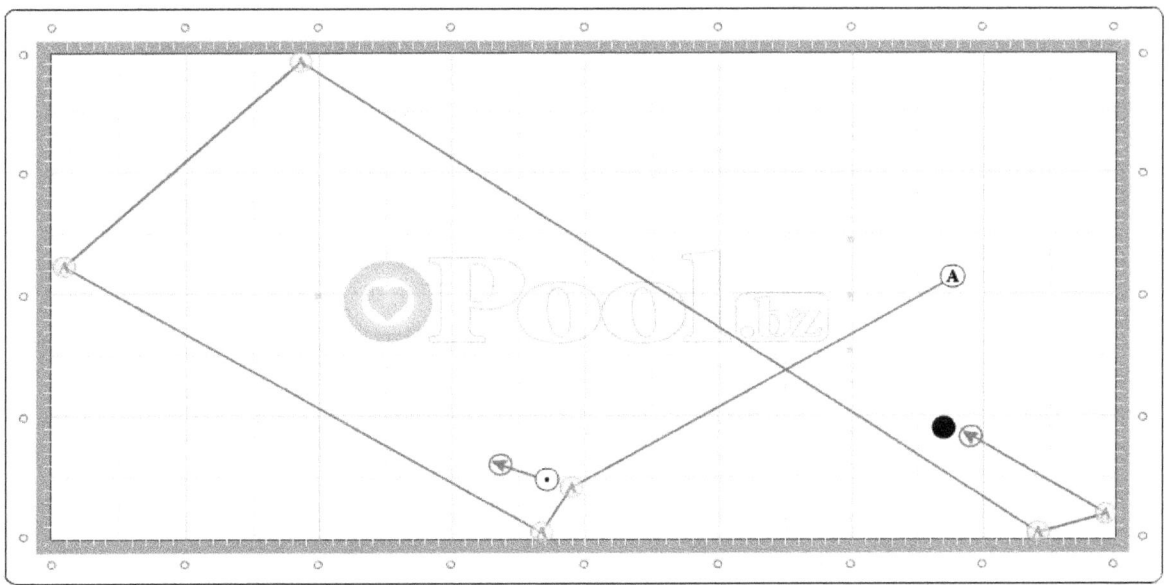

A:6d – Impostare

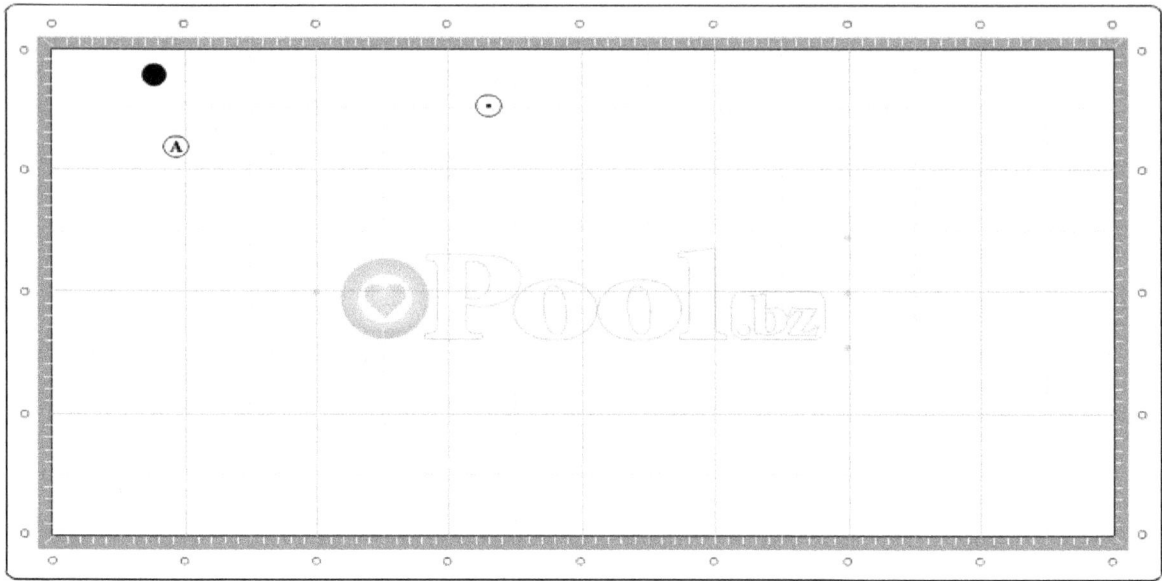

Note e idee:

Modello di colpo

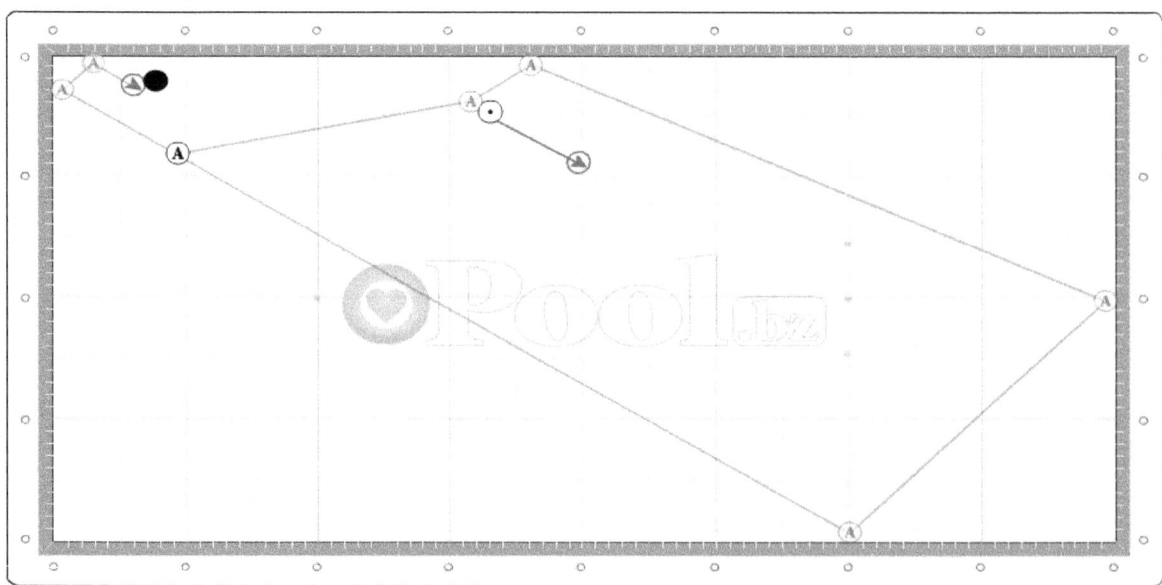

A: Gruppo 7

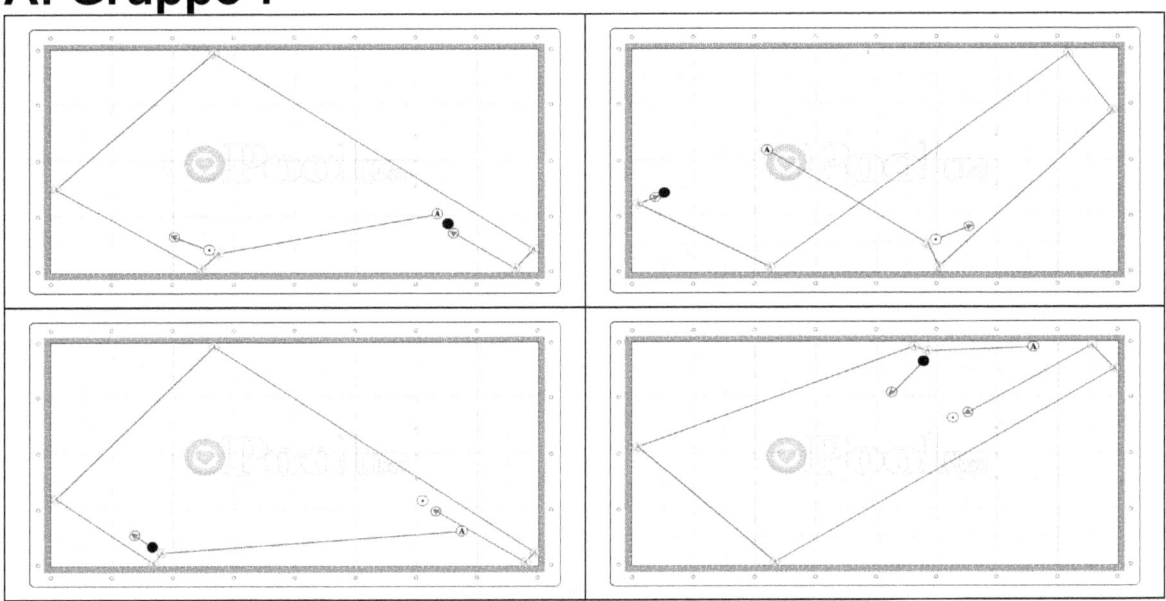

Analisi:

A:7a. _____

A:7b. _____

A:7c. _____

A:7d. _____

A:7a – Impostare

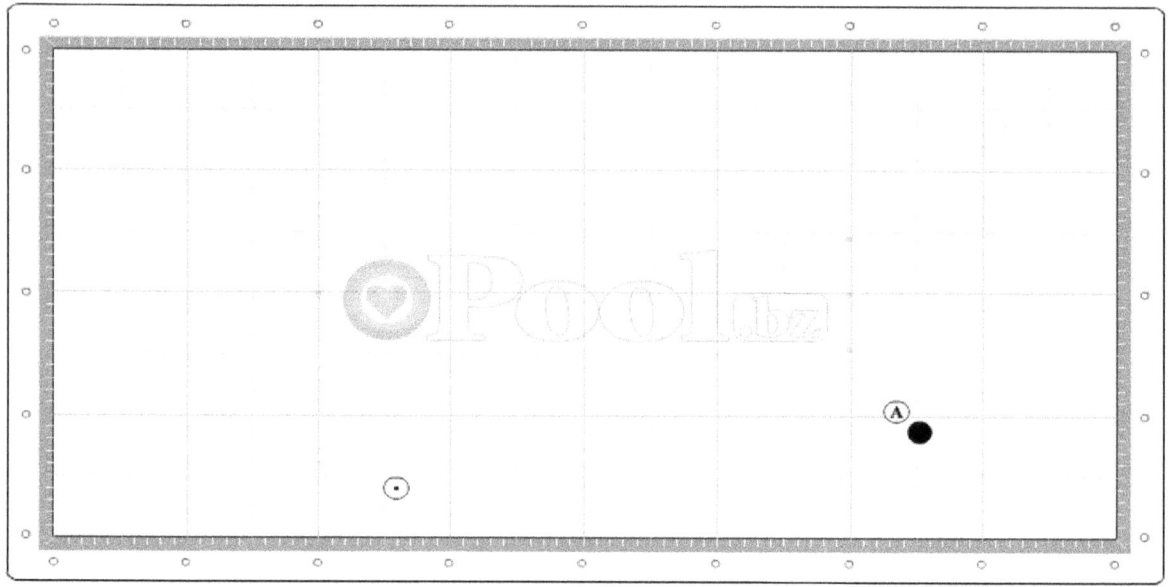

Note e idee:

Modello di colpo

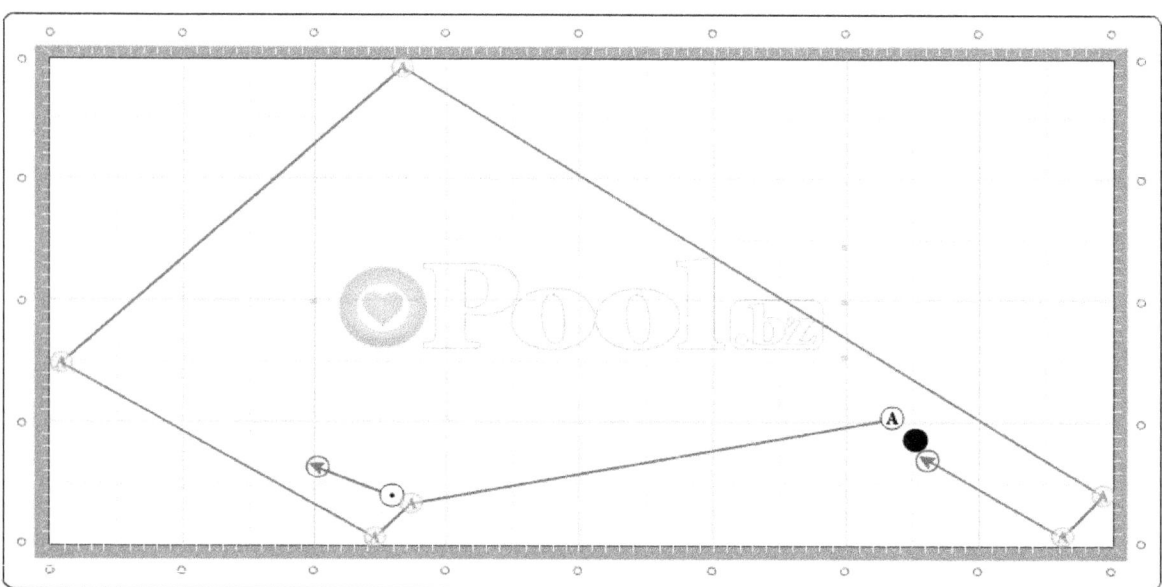

A:7b – Impostare

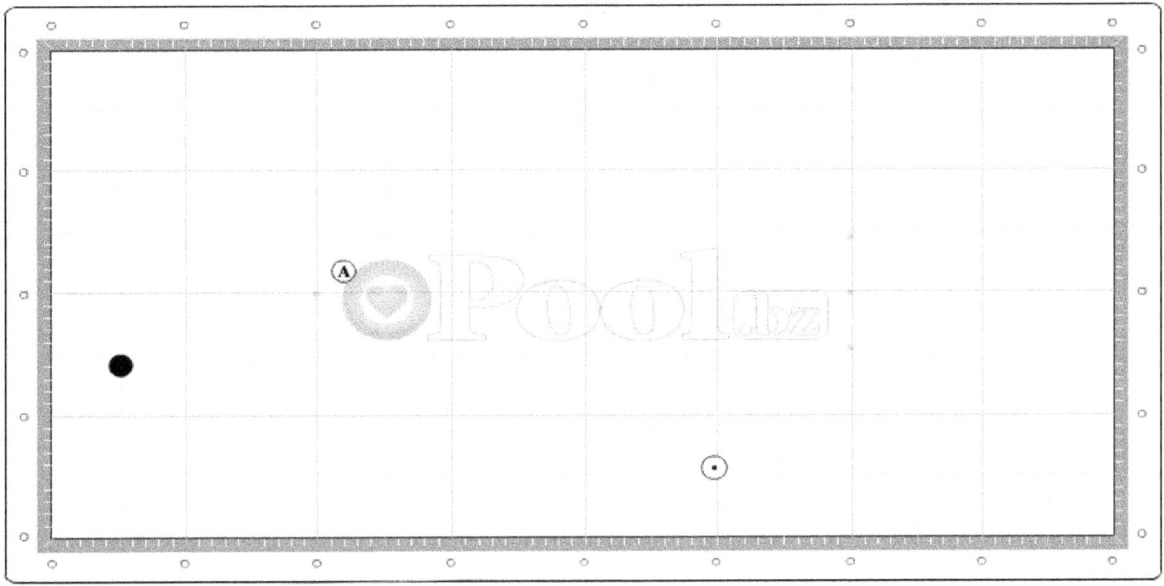

Note e idee:

Modello di colpo

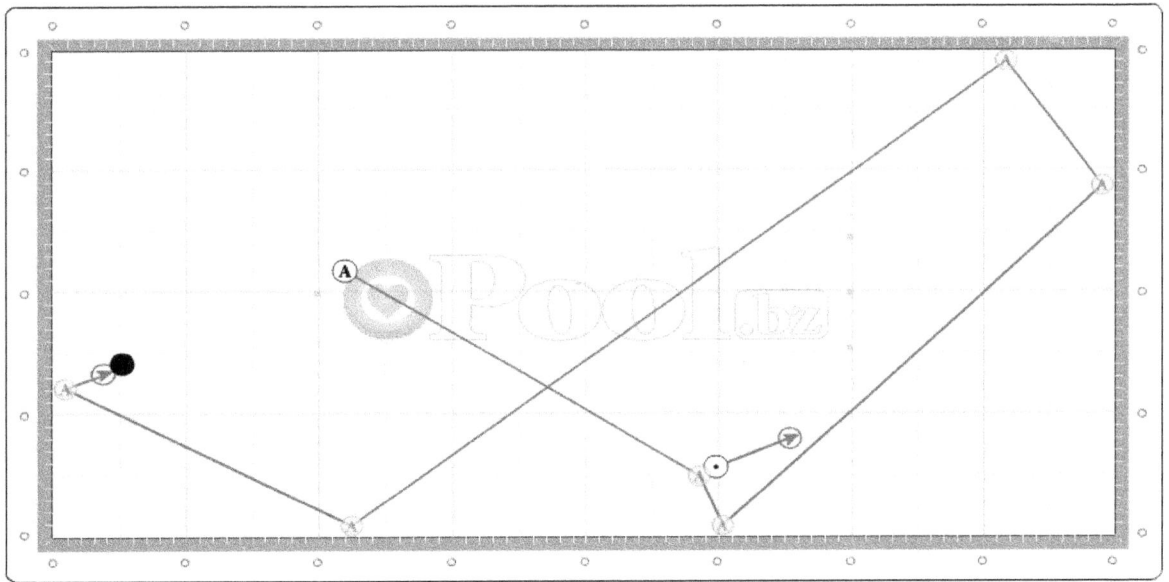

A:7c – Impostare

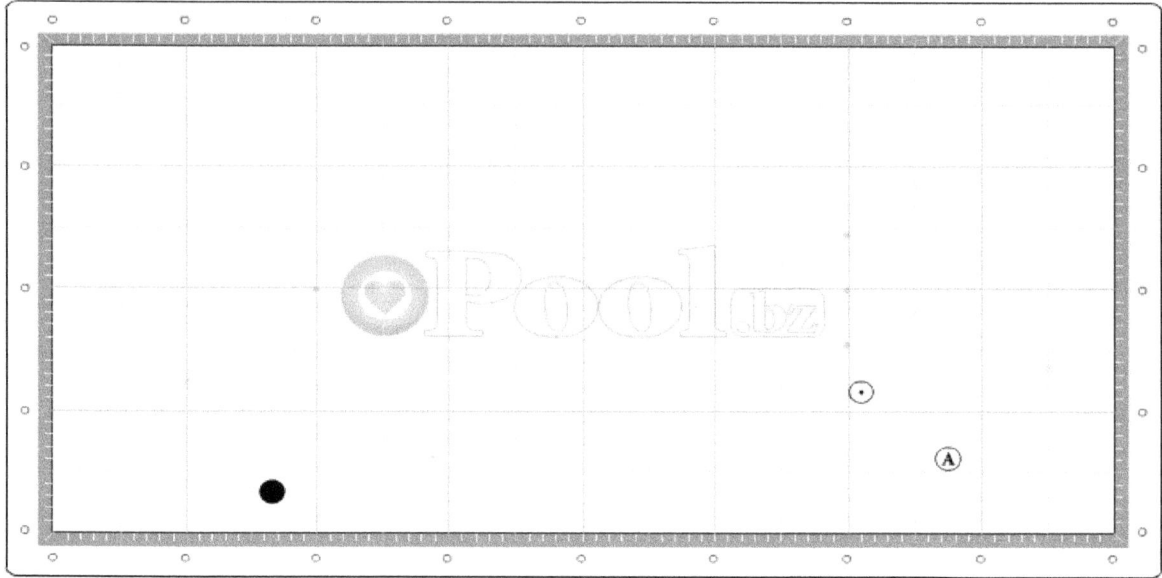

Note e idee:

Modello di colpo

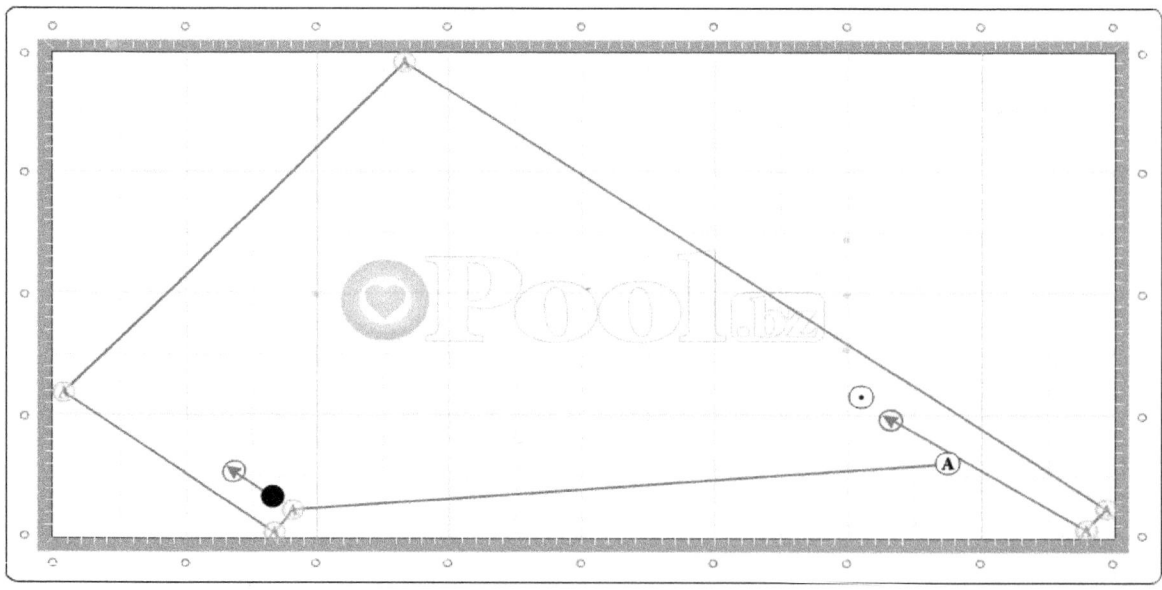

A:7d – Impostare

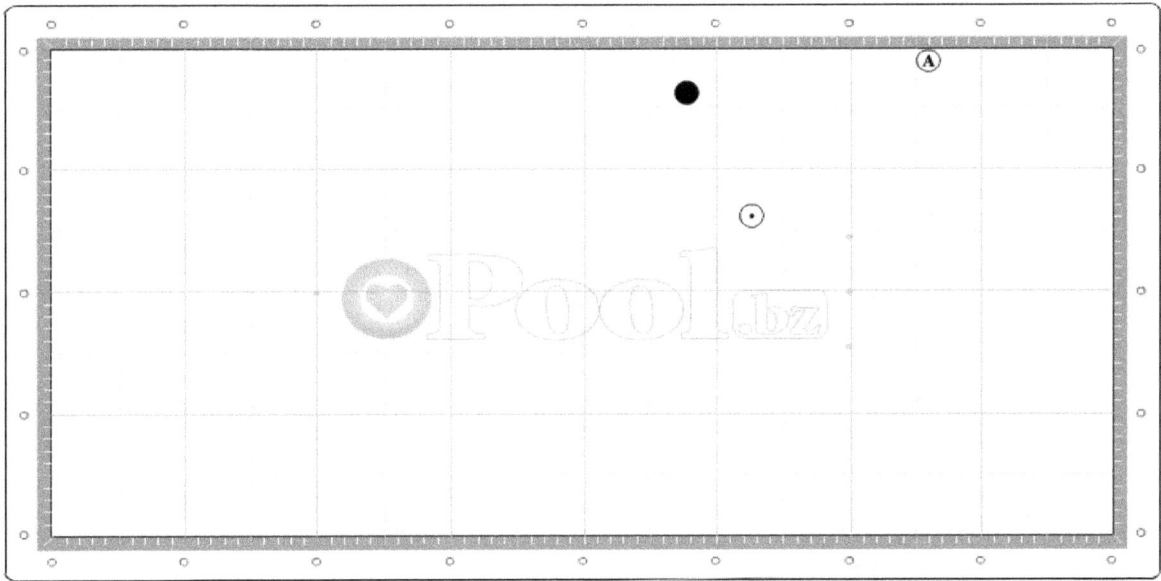

Note e idee:

Modello di colpo

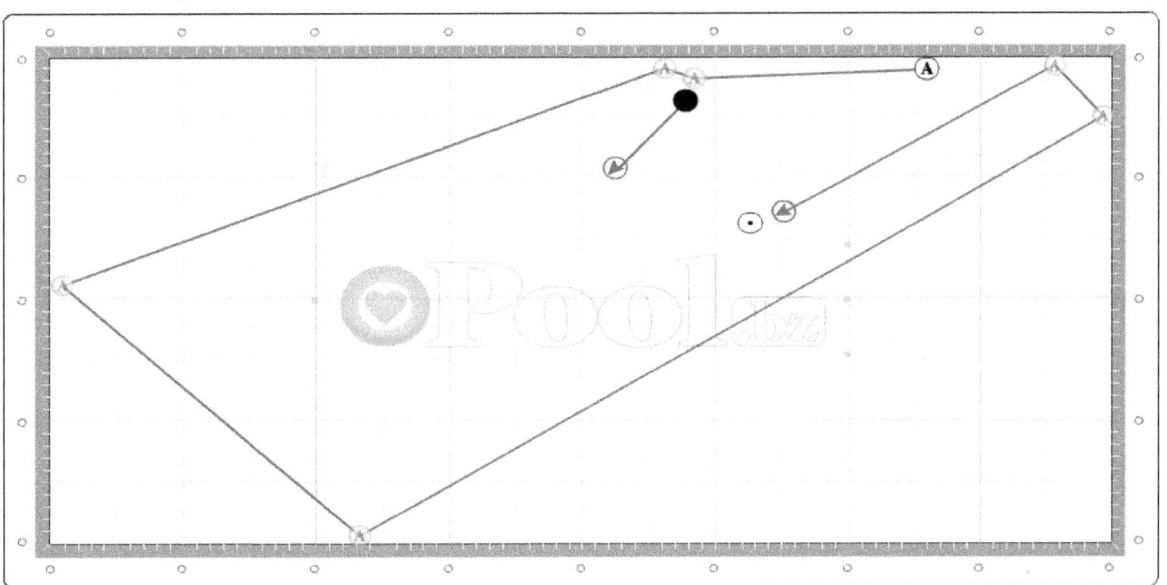

B: All'interno al contrario

Su questo set di layout, il (CB) entra nel primo (OB) con un po 'di draw e side spin applicati. Ciò invia il (CB) indietro dalla linea tangente in uno schema inverso. Il (CB) segue lo standard attorno al modello del mondo verso l'angolo di casa.

(A) (CB) (la tua palla) - (·) (OB) (palla dell'avversario) - ● (OB) (palla rossa)

B: Gruppo 1

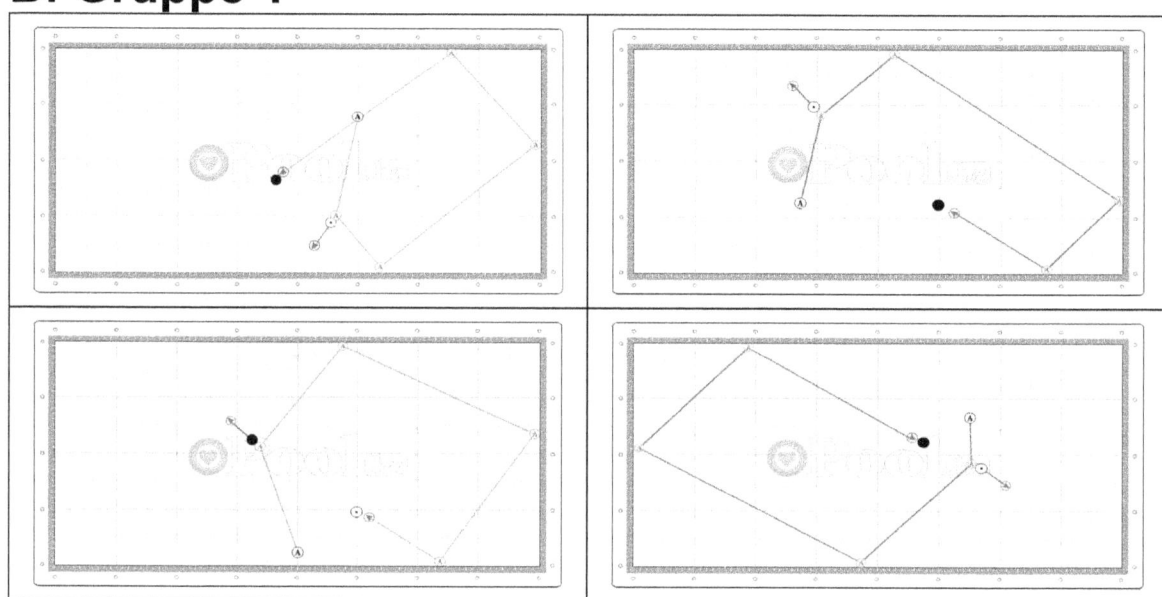

Analisi:

B:1a. _____

B:1b. _____

B:1c. _____

B:1d. _____

B:1a – Impostare

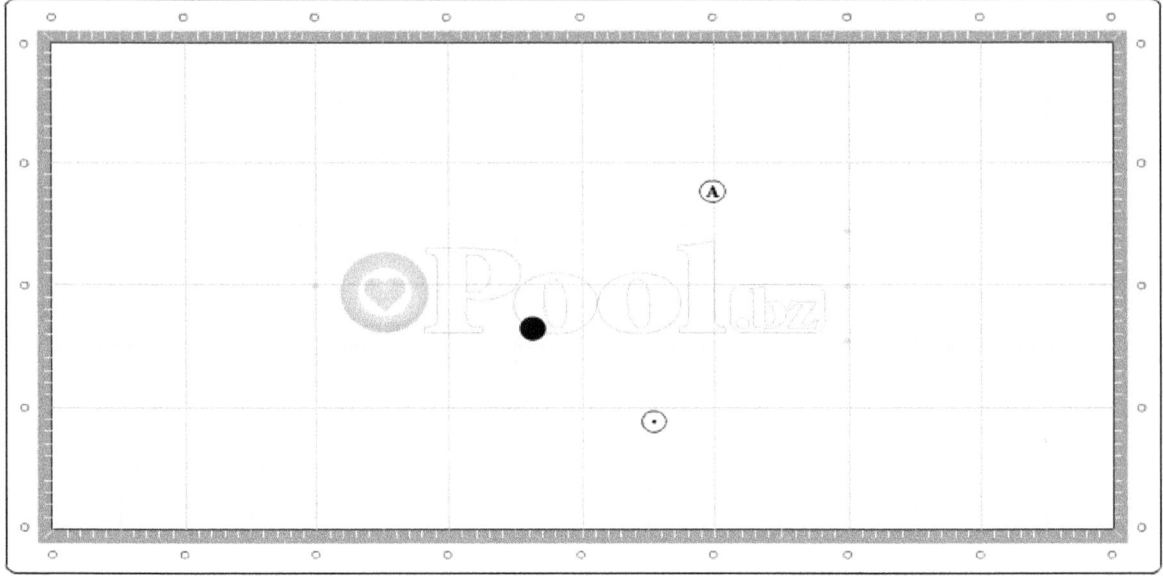

Note e idee:

Modello di colpo

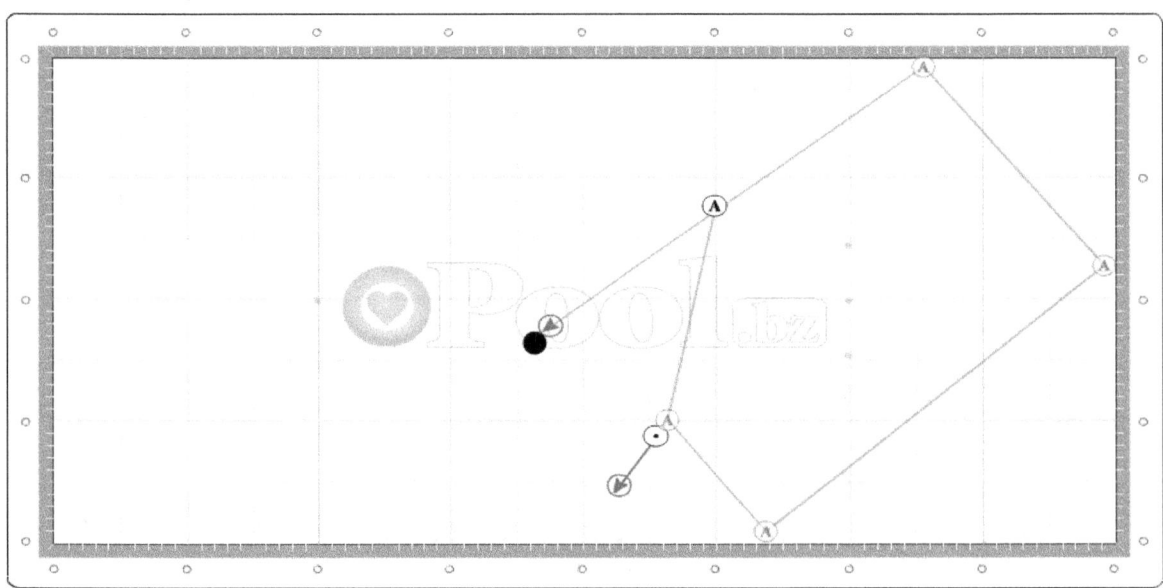

B:1b – Impostare

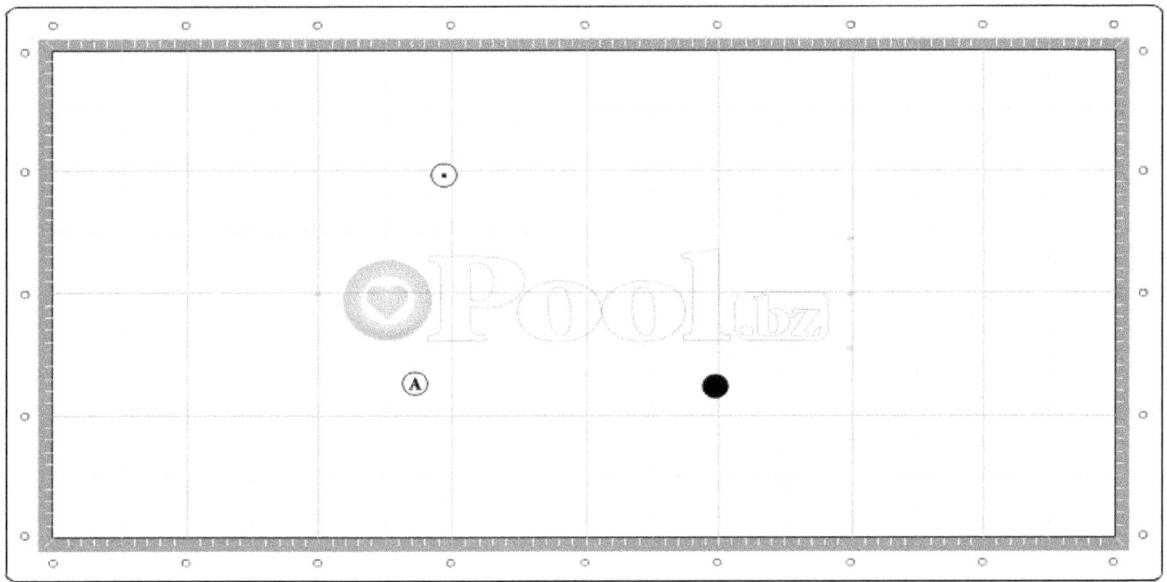

Note e idee:

Modello di colpo

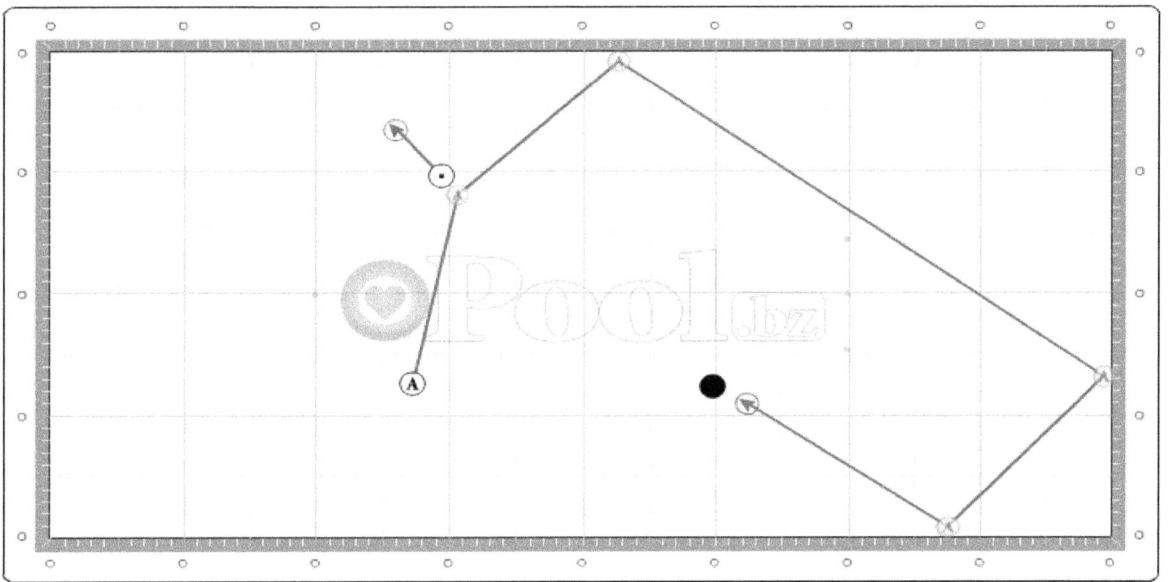

B:1c – Impostare

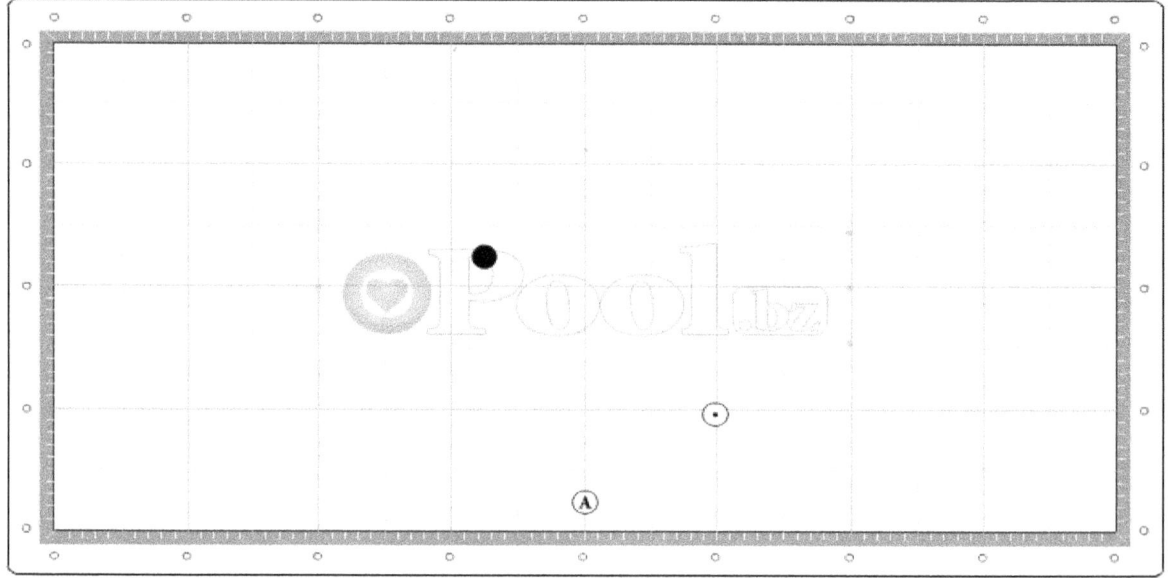

Note e idee:

Modello di colpo

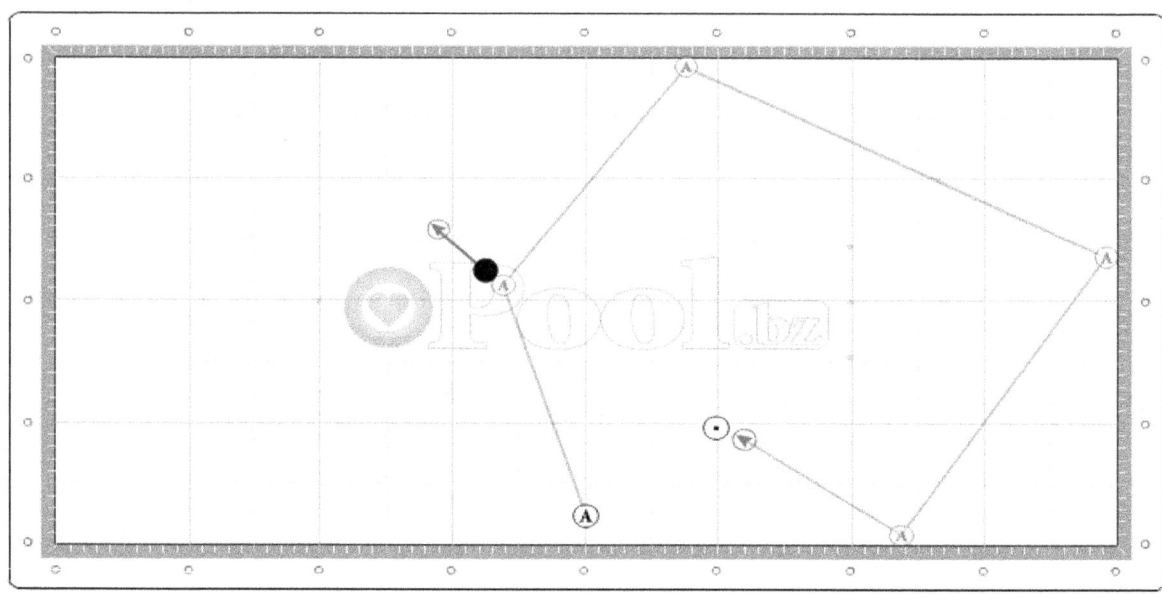

B:1d – Impostare

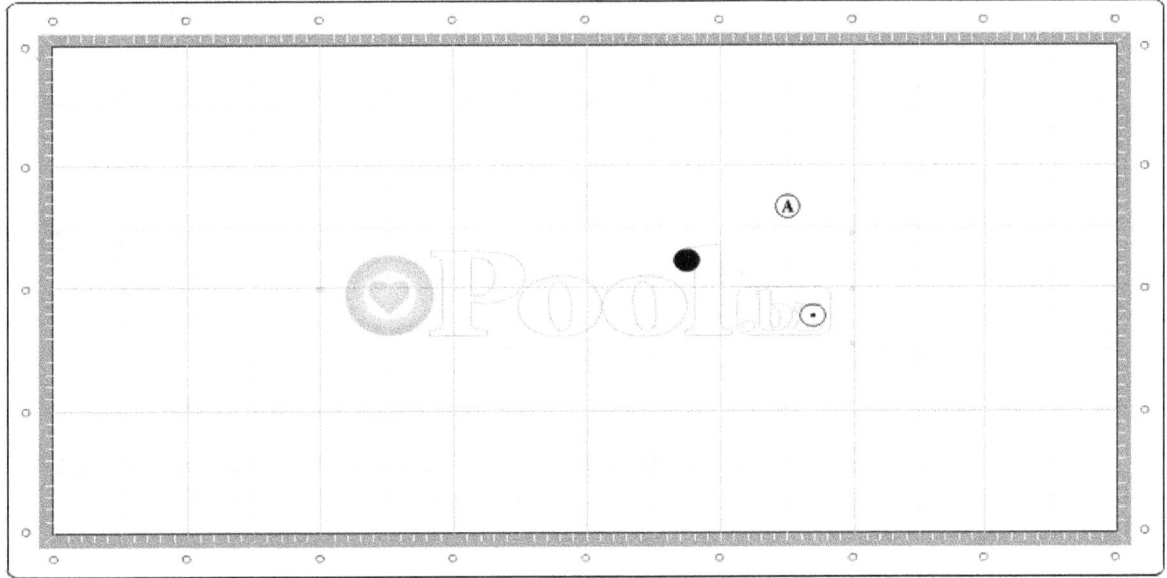

Note e idee:

Modello di colpo

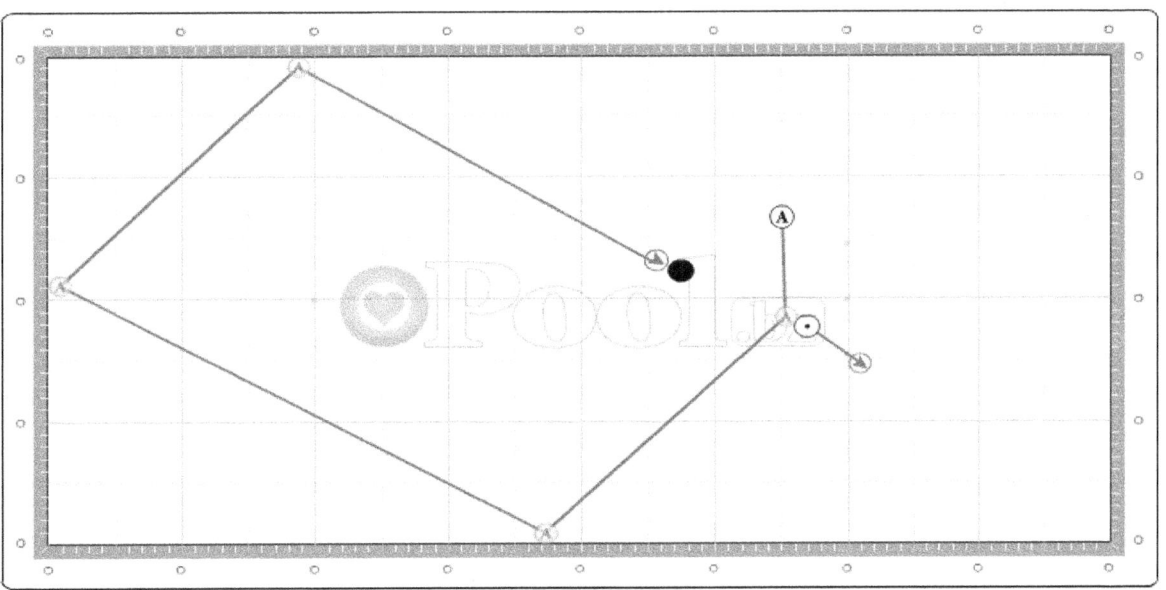

B: Gruppo 2

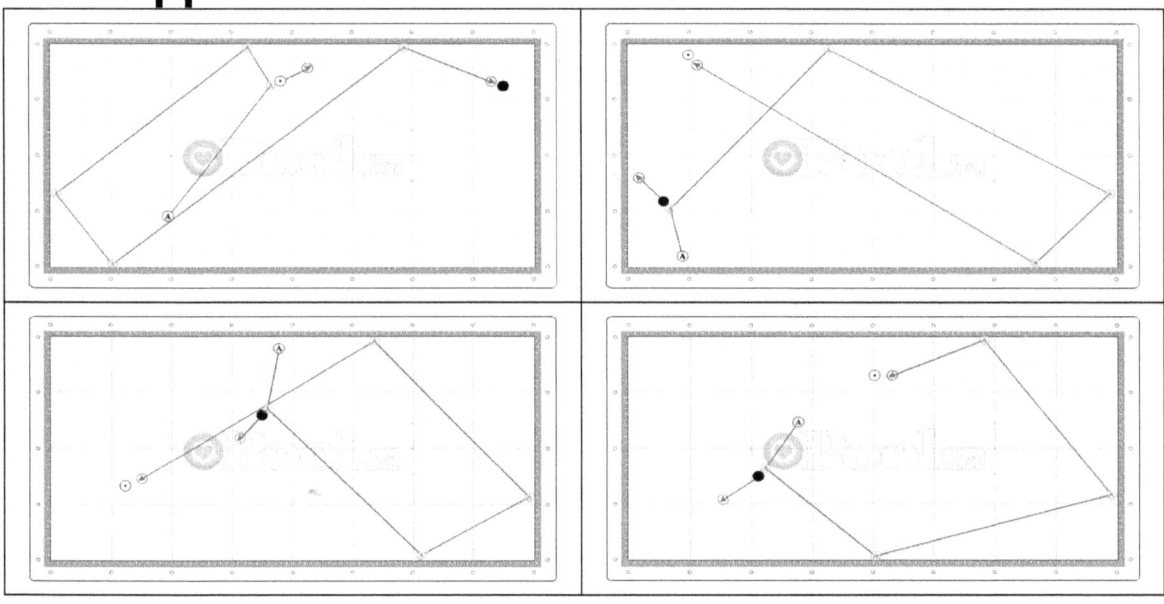

Analisi:

B:2a. _____

B:2b. _____

B:2c. _____

B:2d. _____

B:2a – Impostare

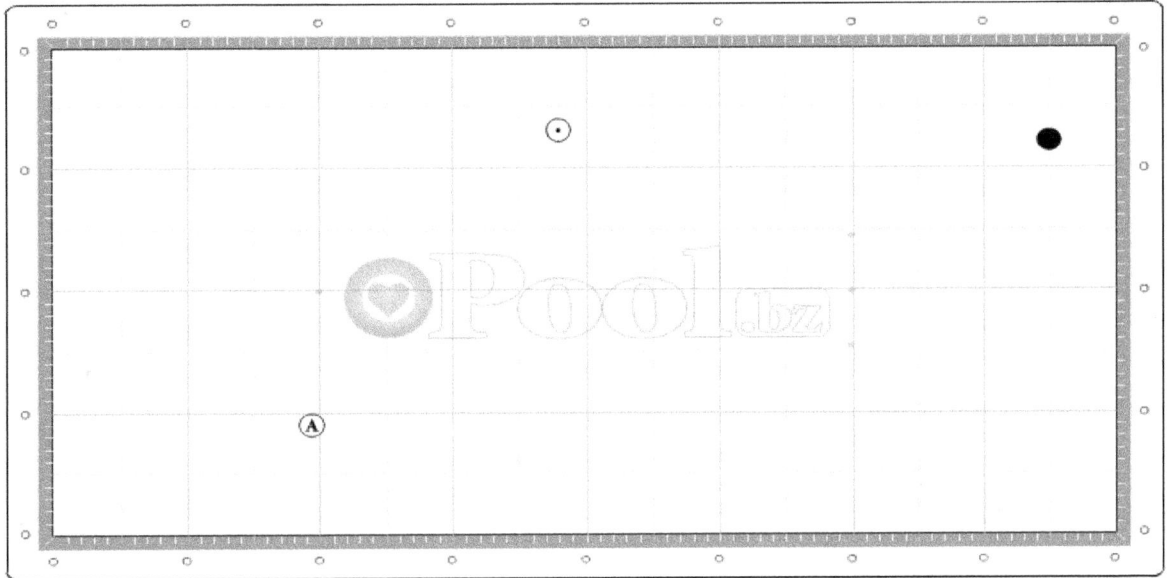

Note e idee:

Modello di colpo

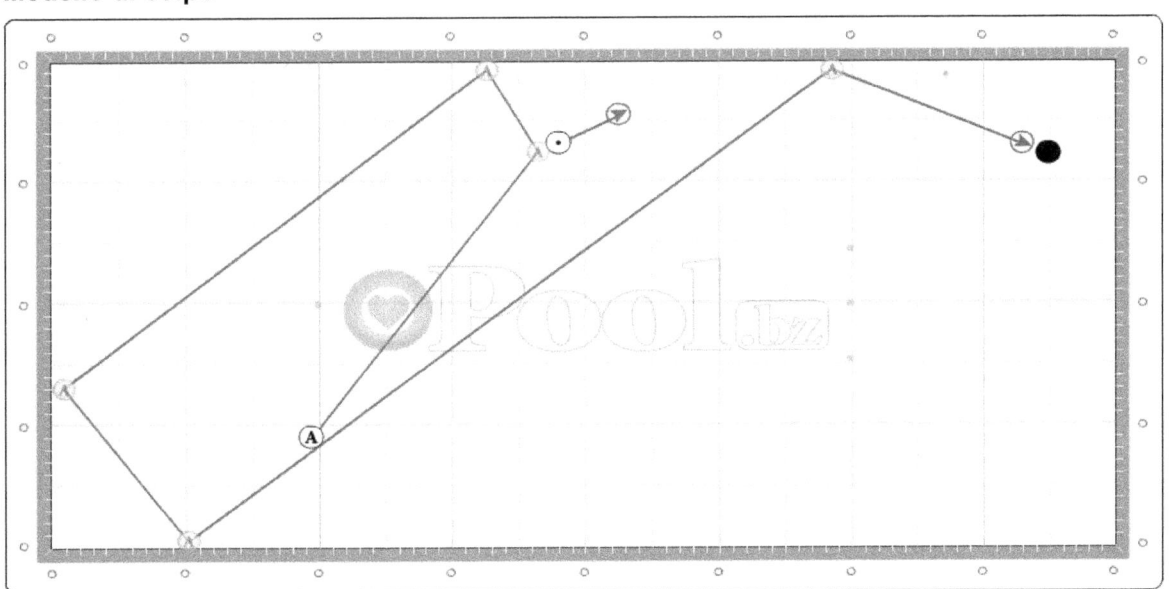

B:2b – Impostare

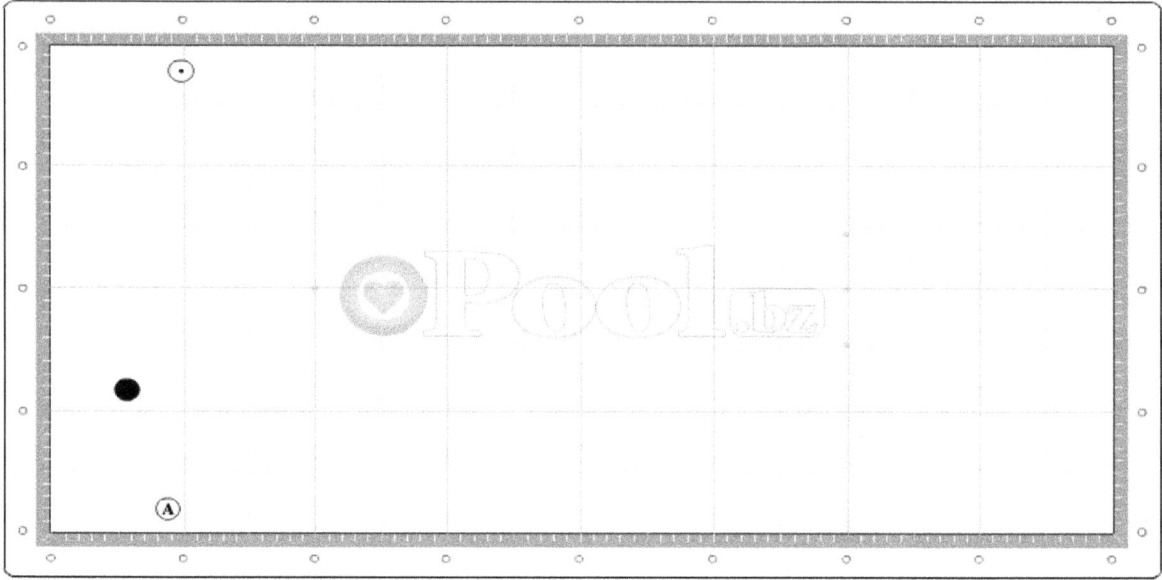

Note e idee:

Modello di colpo

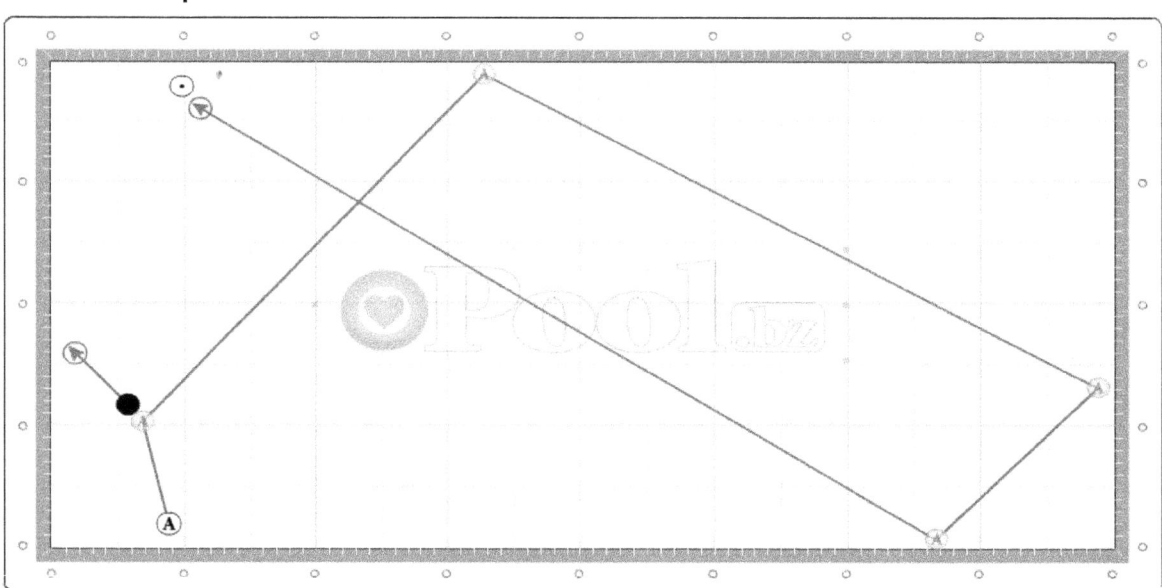

B:2c – Impostare

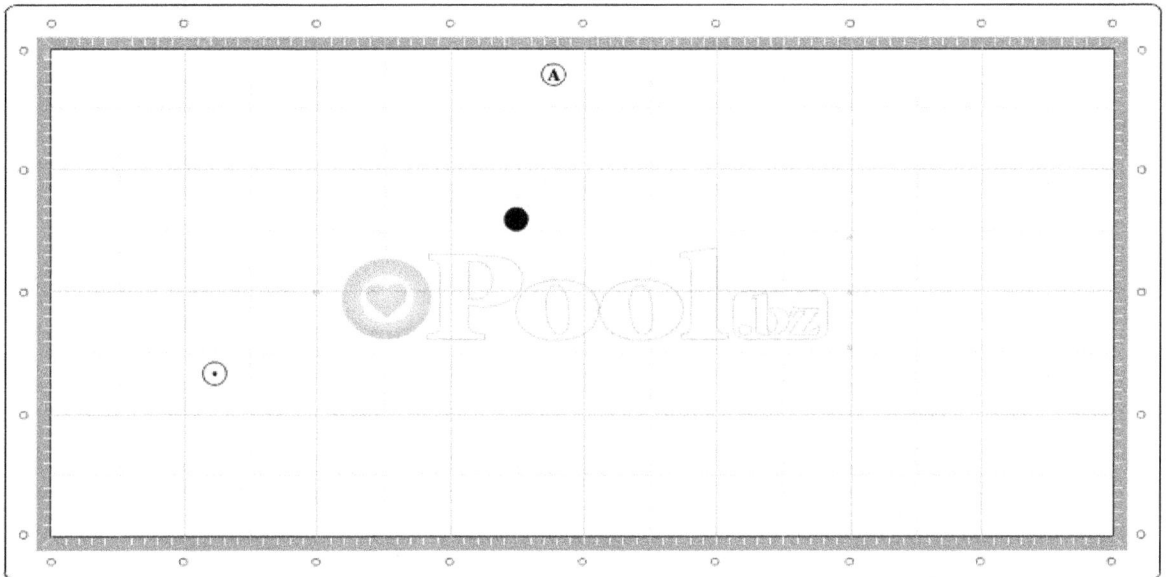

Note e idee:

Modello di colpo

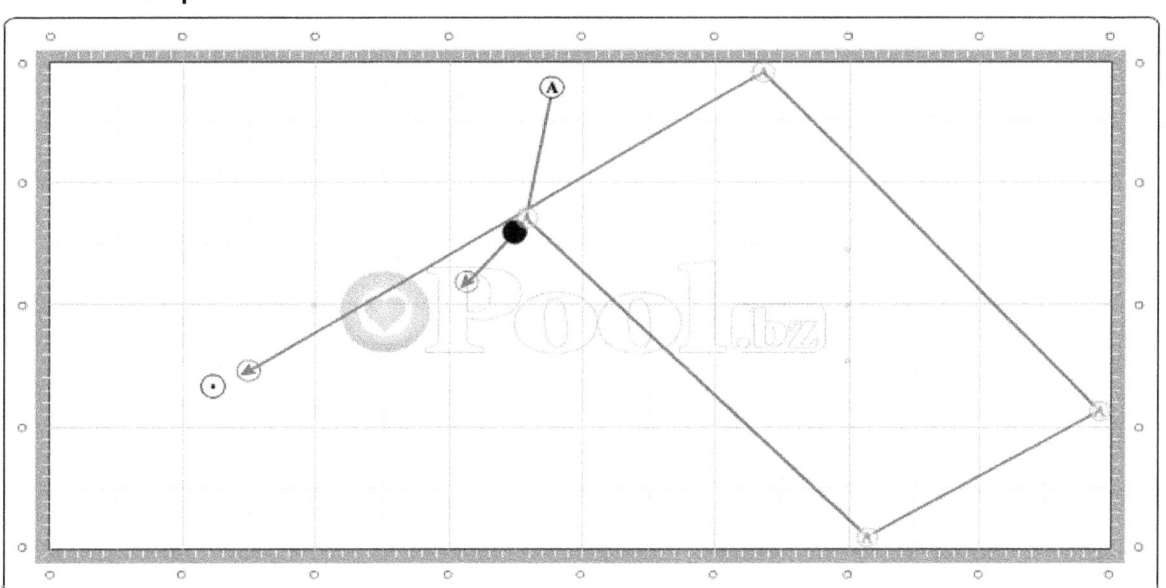

B:2d – Impostare

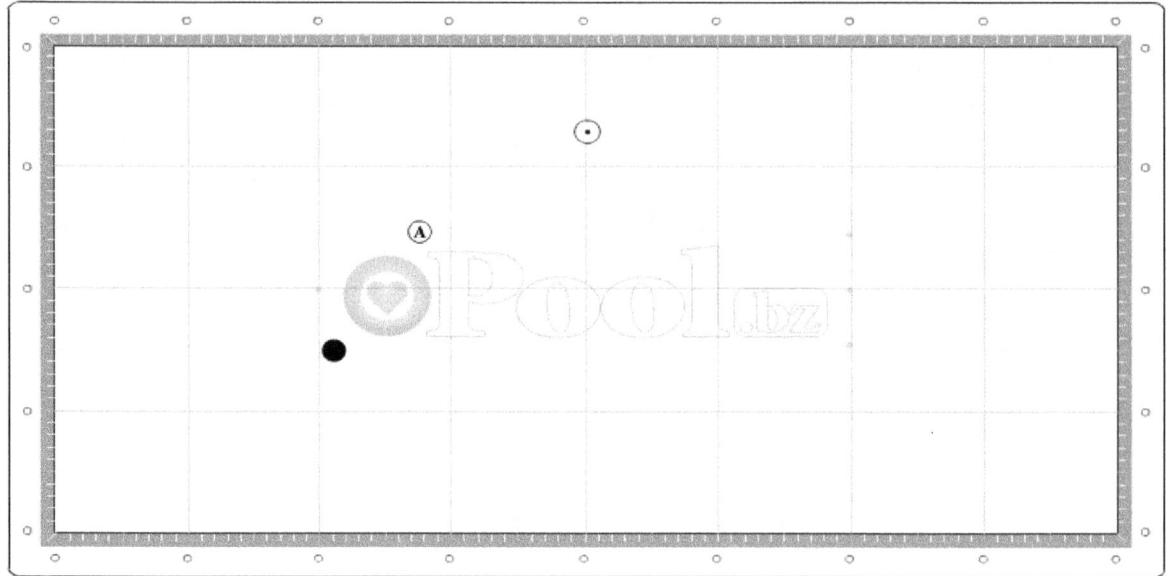

Note e idee:

Modello di colpo

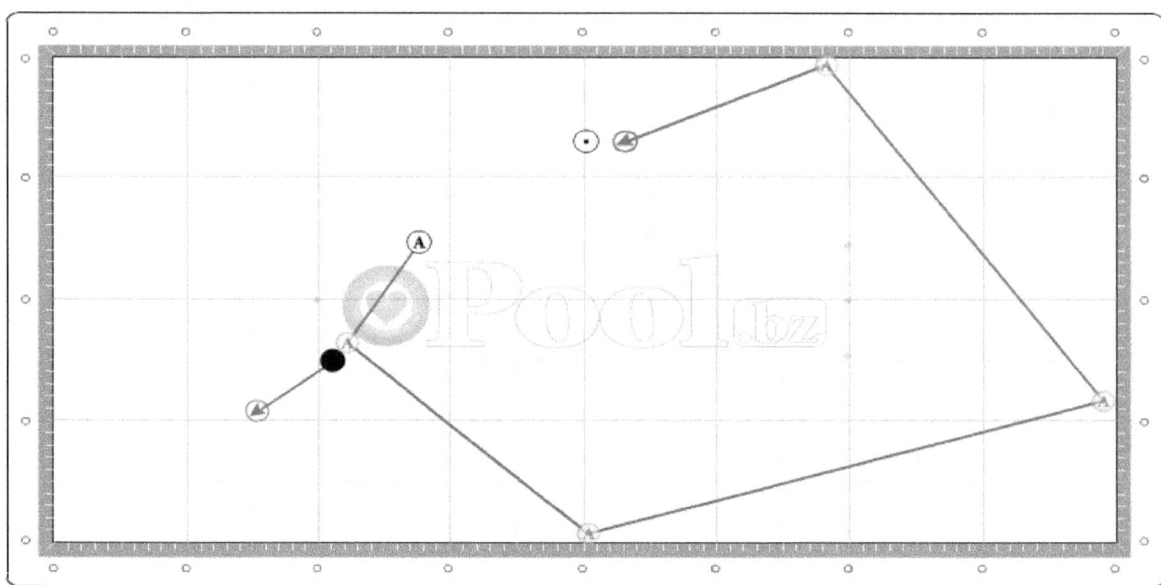

B: Gruppo 3

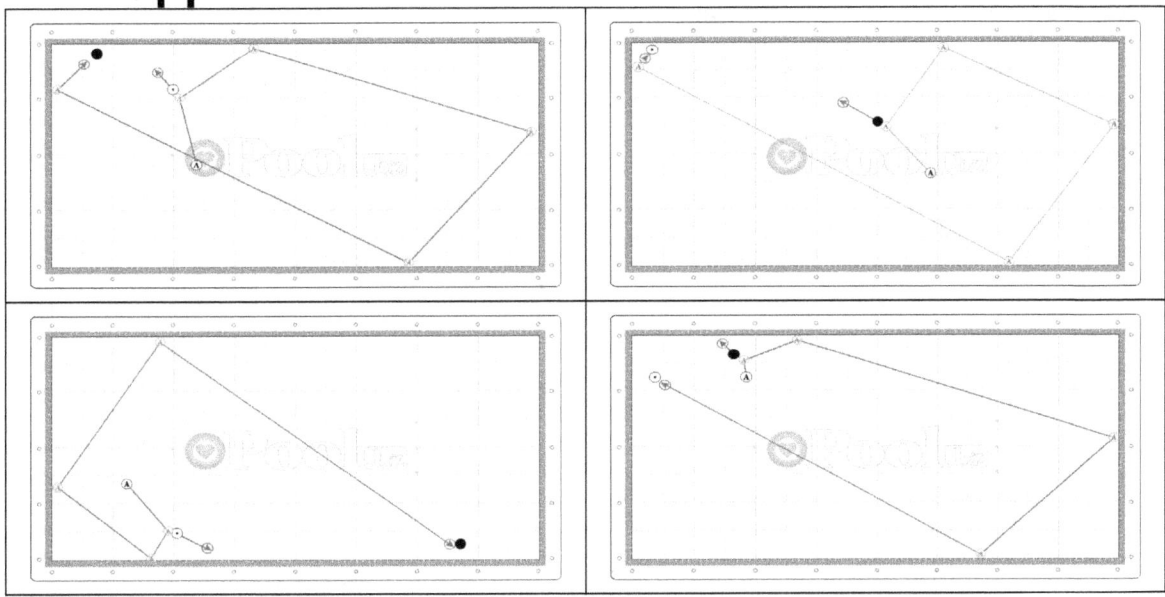

Analisi:

B:3a. _____

B:3b. _____

B:3c. _____

B:3d. _____

B:3a – Impostare

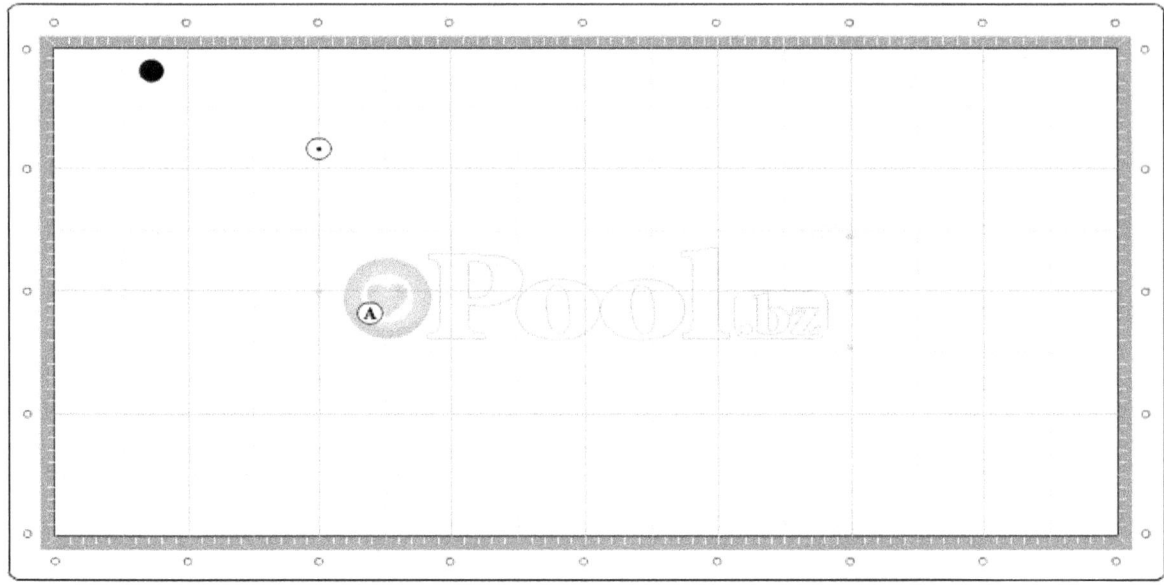

Note e idee:

Modello di colpo

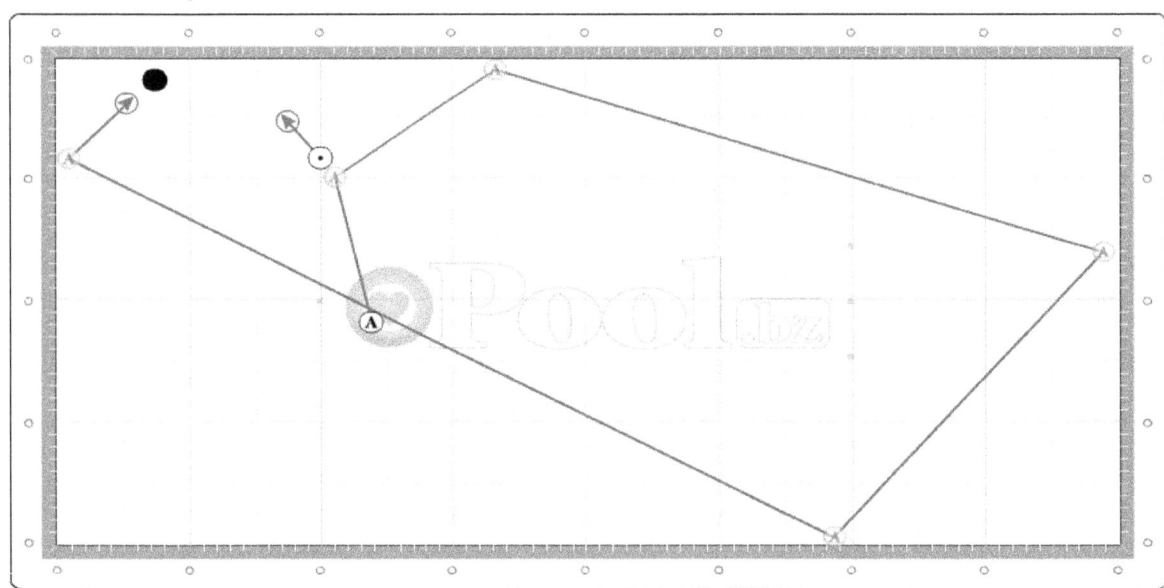

B:3b – Impostare

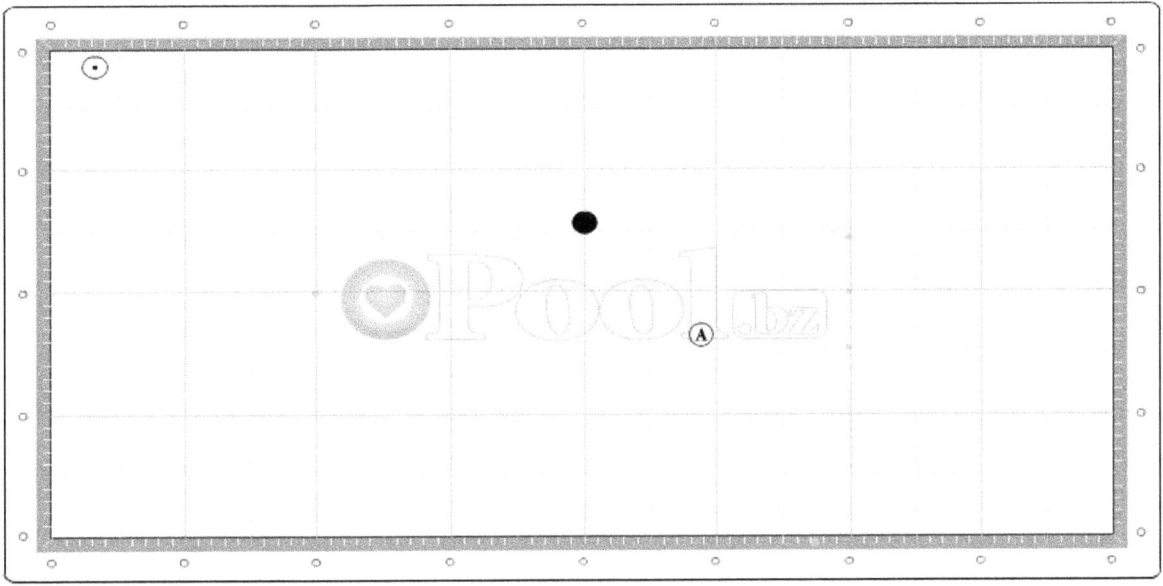

Note e idee:

Modello di colpo

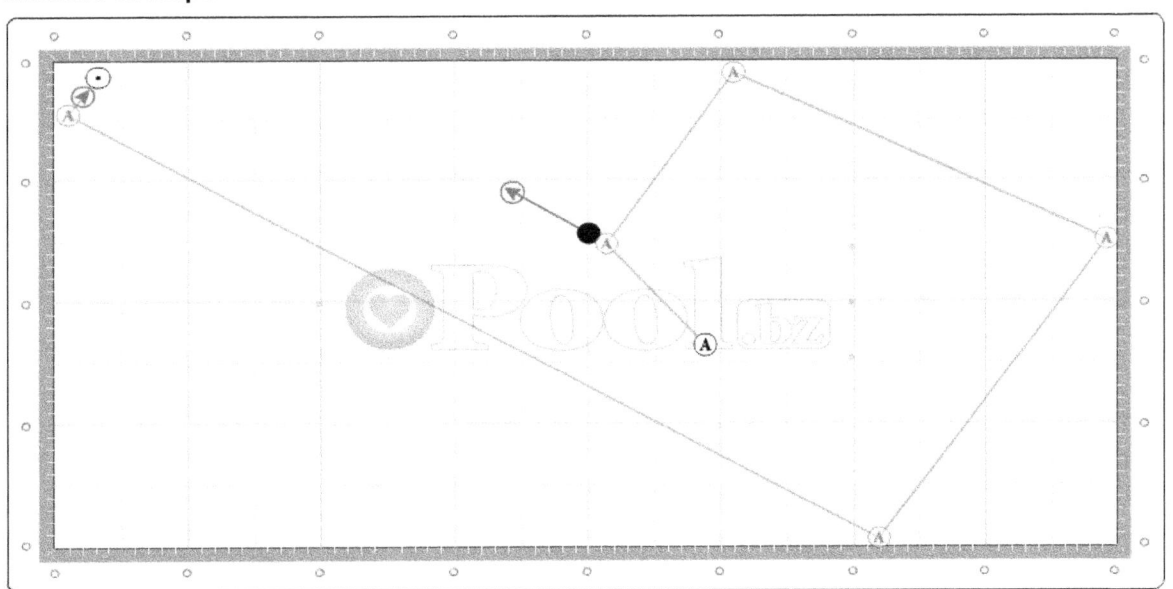

B:3c – Impostare

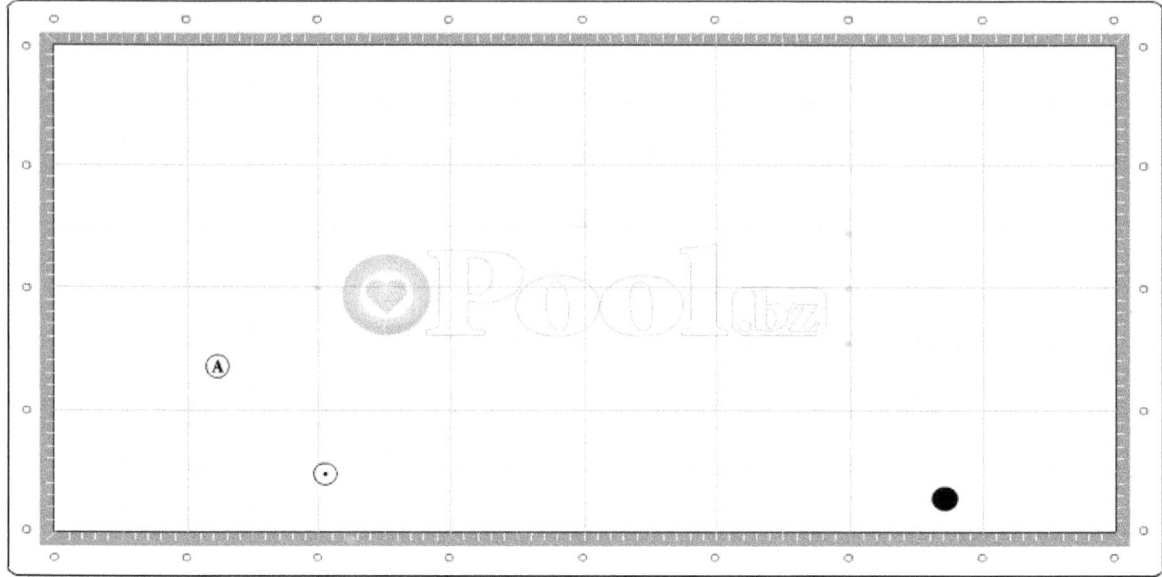

Note e idee:

Modello di colpo

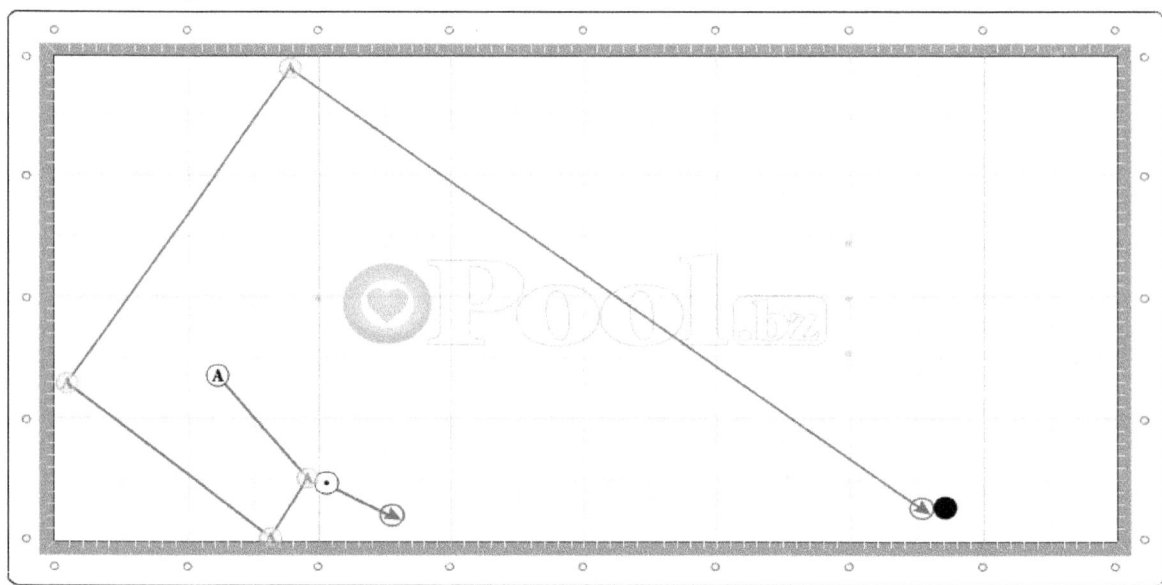

B:3d – Impostare

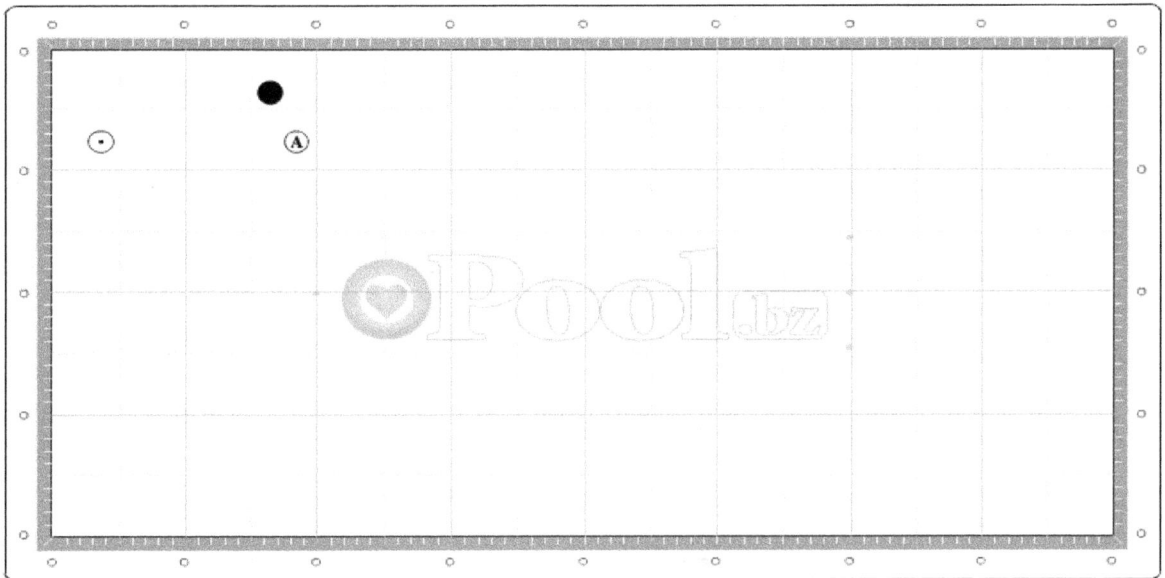

Note e idee:

Modello di colpo

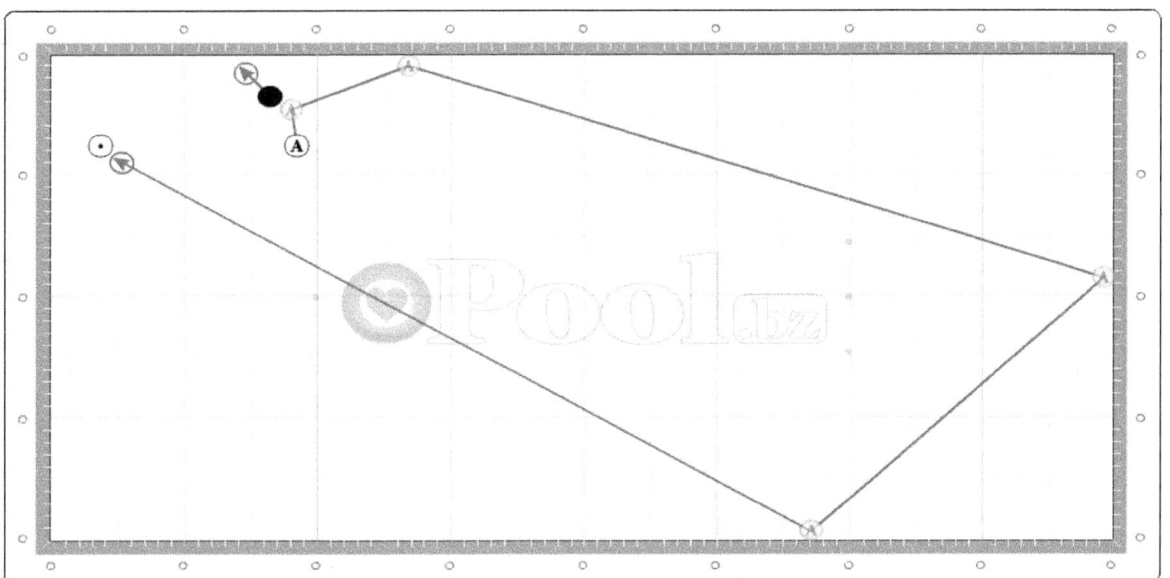

B: Gruppo 4

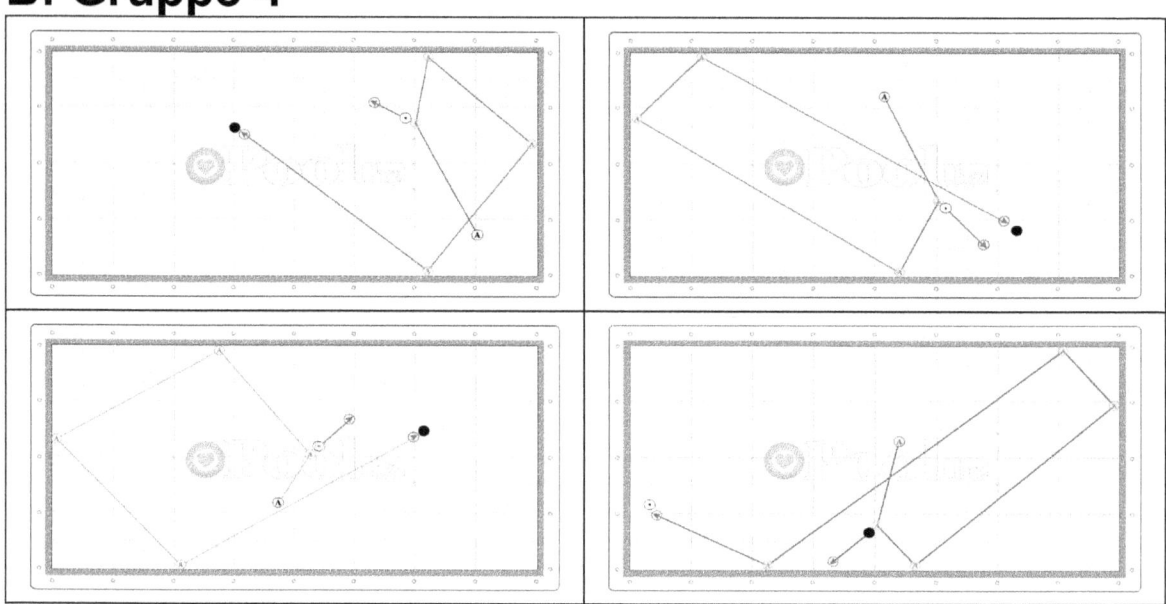

Analisi:

B:4a. _____

B:4b. _____

B:4c. _____

B:4d. _____

B:4a – Impostare

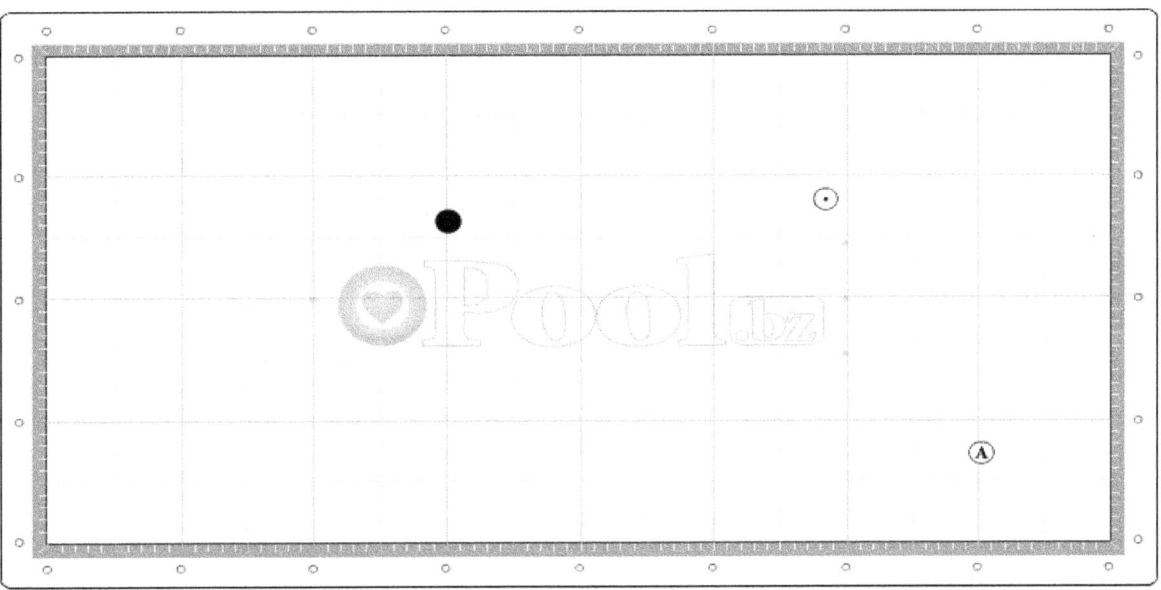

Note e idee:

Modello di colpo

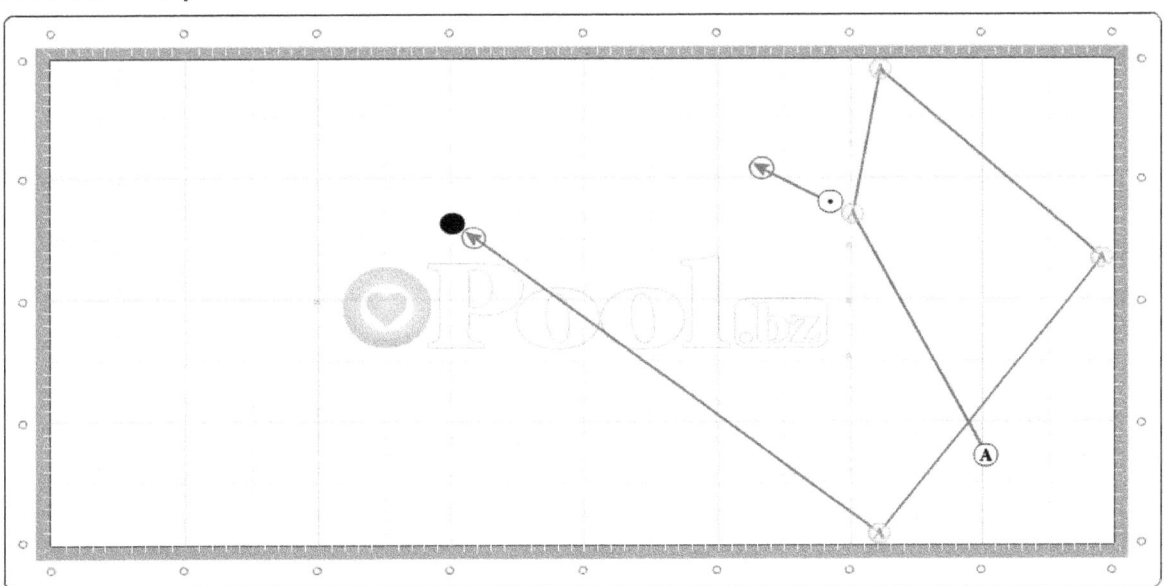

B:4b – Impostare

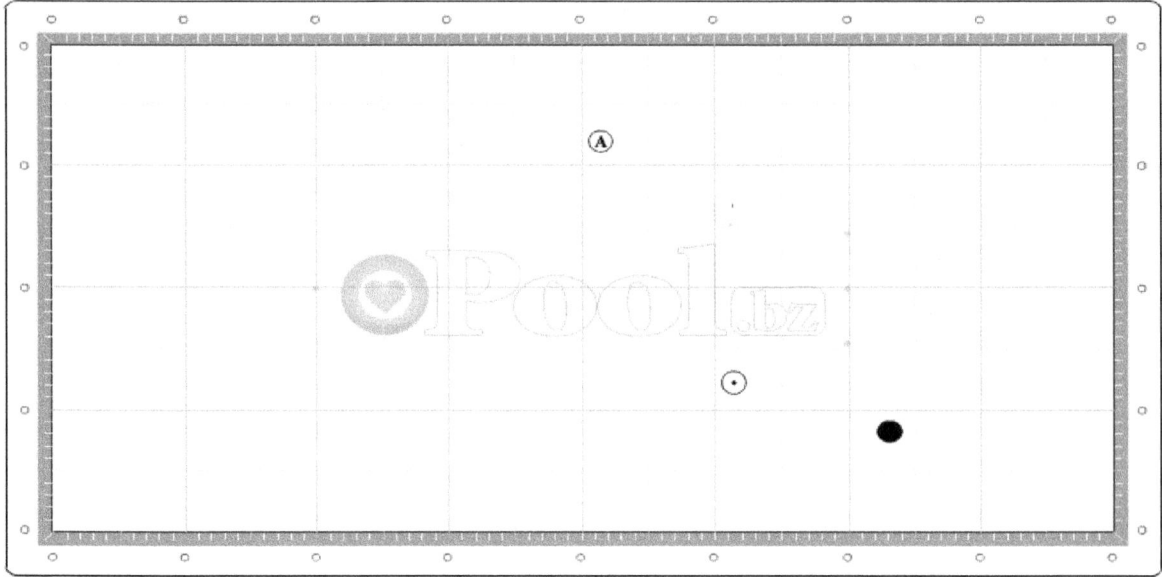

Note e idee:

Modello di colpo

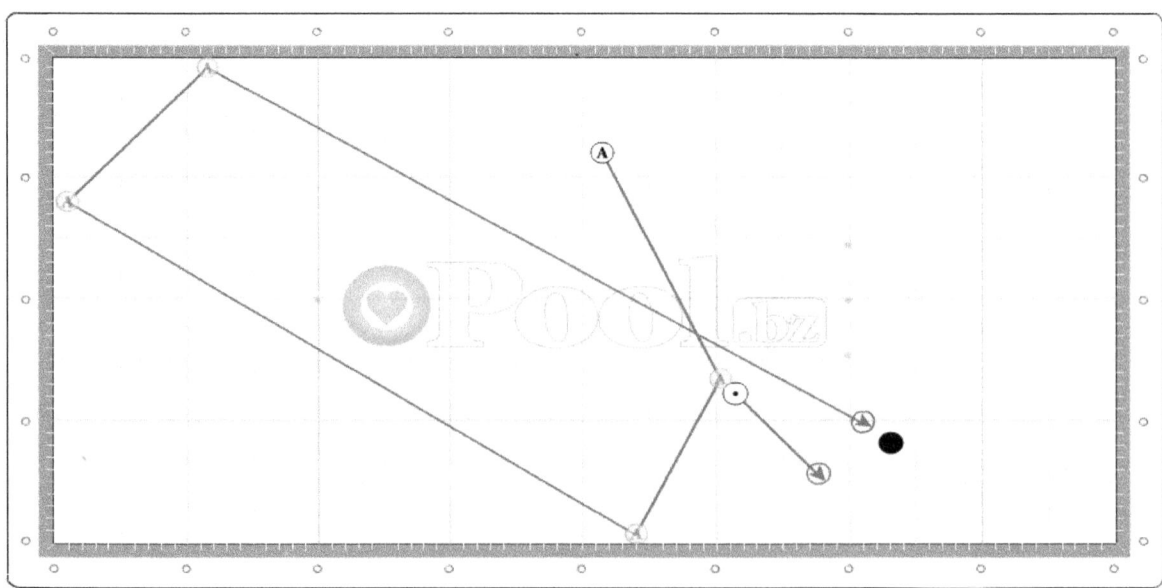

B:4c – Impostare

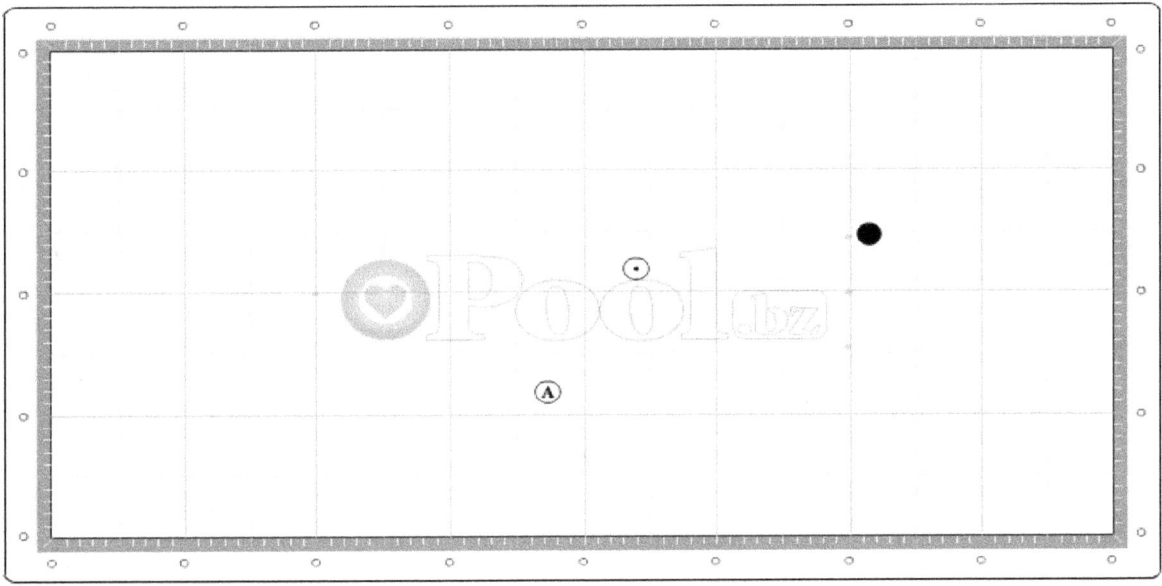

Note e idee:

Modello di colpo

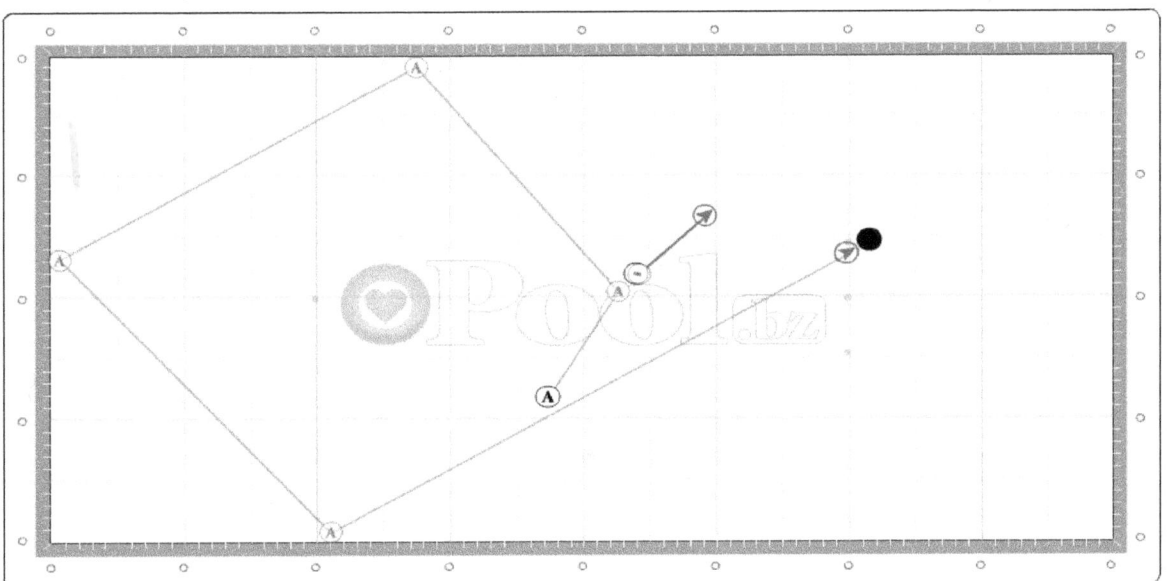

B:4d – Impostare

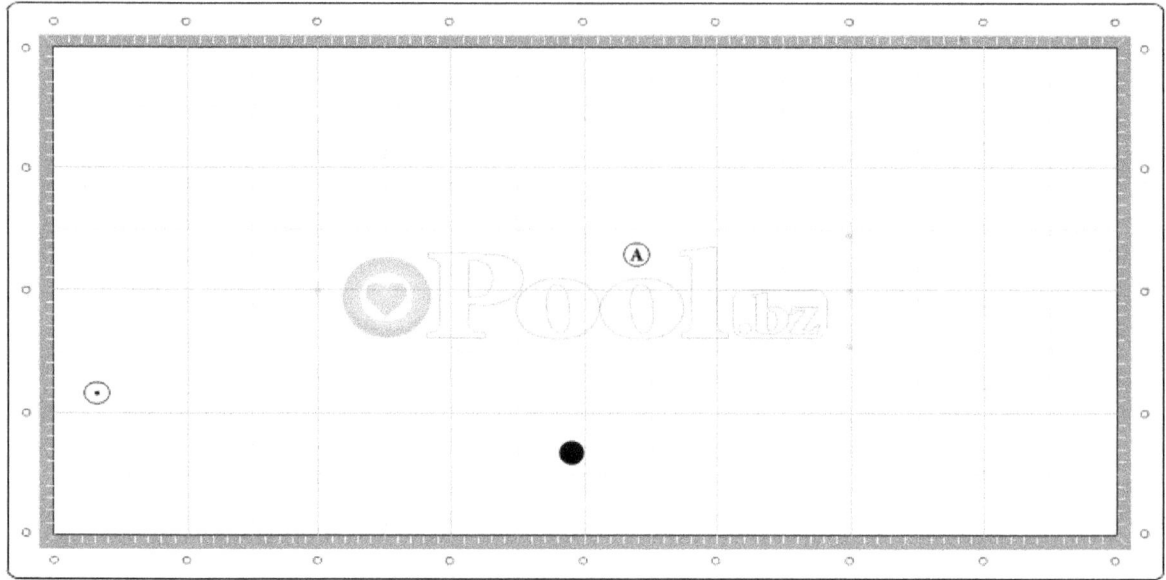

Note e idee:

Modello di colpo

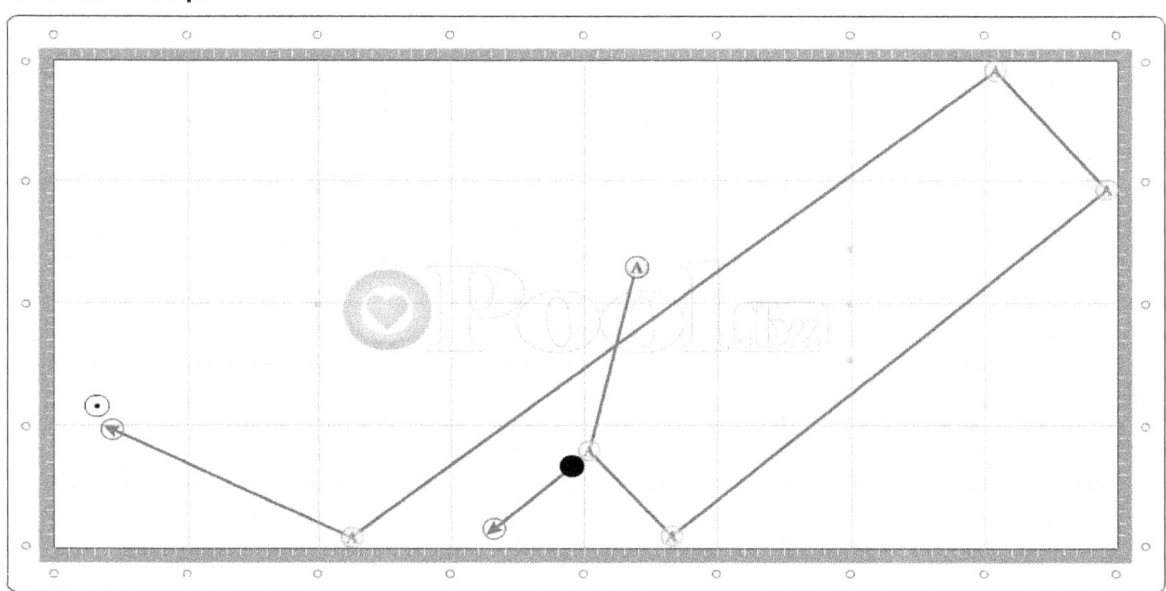

C: Gamba estesa

In queste situazioni, il (CB) contatta il primo (OB) e avvia lo standard attorno al modello del mondo. Il (CB) entra nell'angolo di casa. Poi arriva due sponde fuori dall'angolo di partenza e contatta l'altro (OB).

(A) (CB) (la tua palla) - ⊙ (OB) (palla dell'avversario) - ● (OB) (palla rossa)

C: Gruppo 1

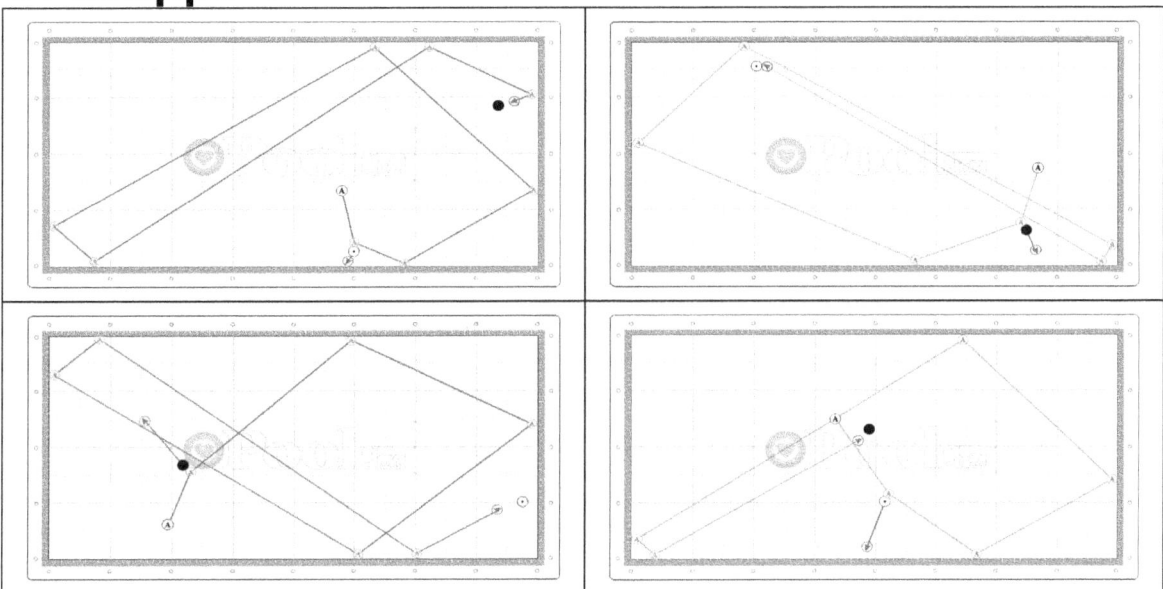

Analisi:

C:1a. _____

C:1b. _____

C:1c. _____

C:1d. _____

C:1a – Impostare

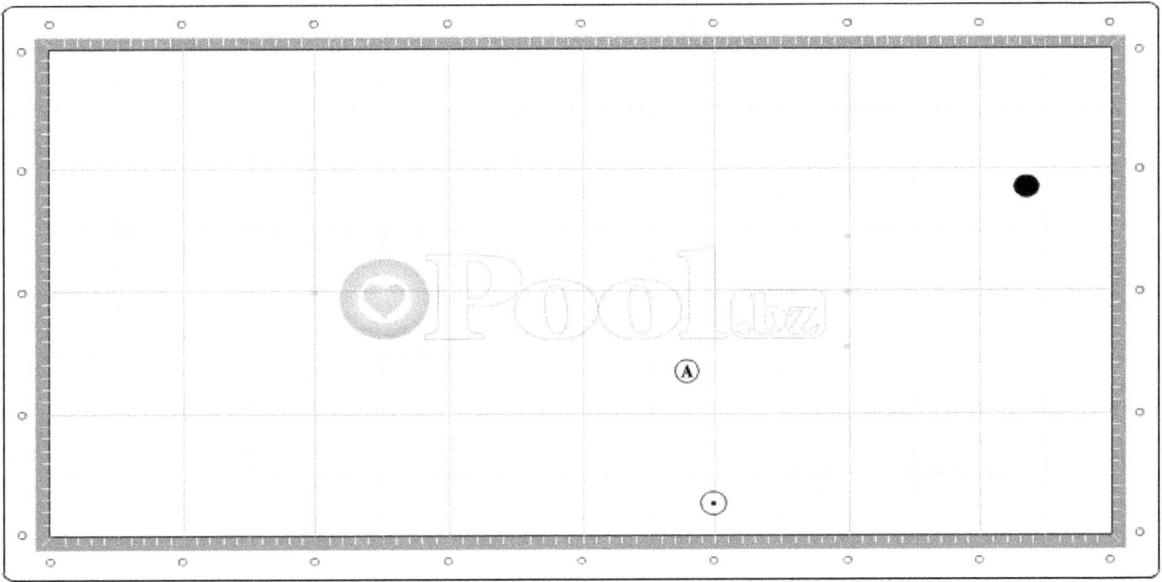

Note e idee:

Modello di colpo

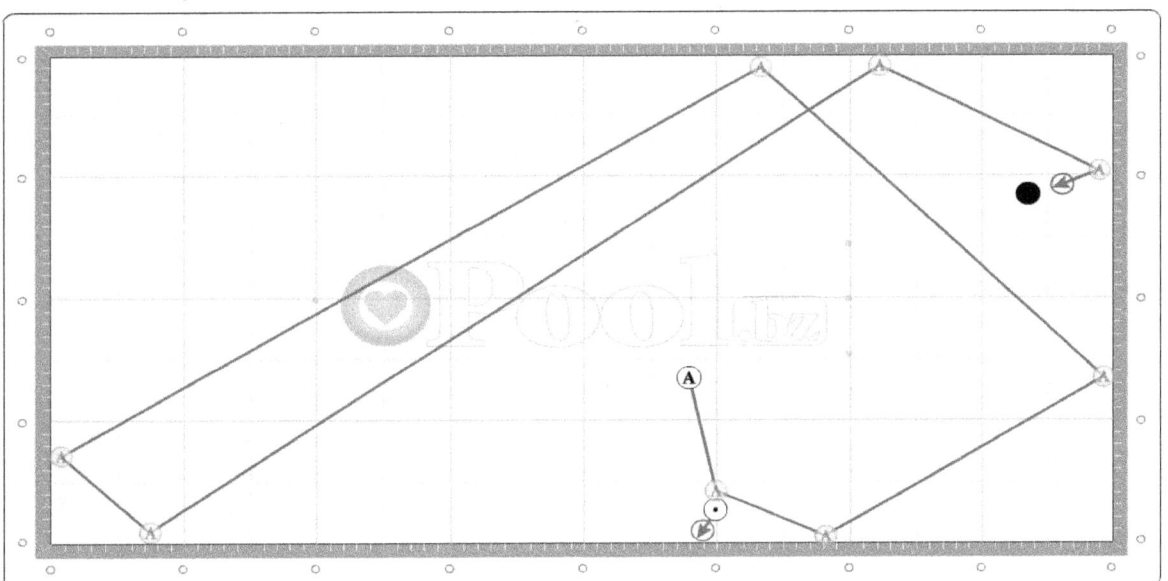

C:1b – Impostare

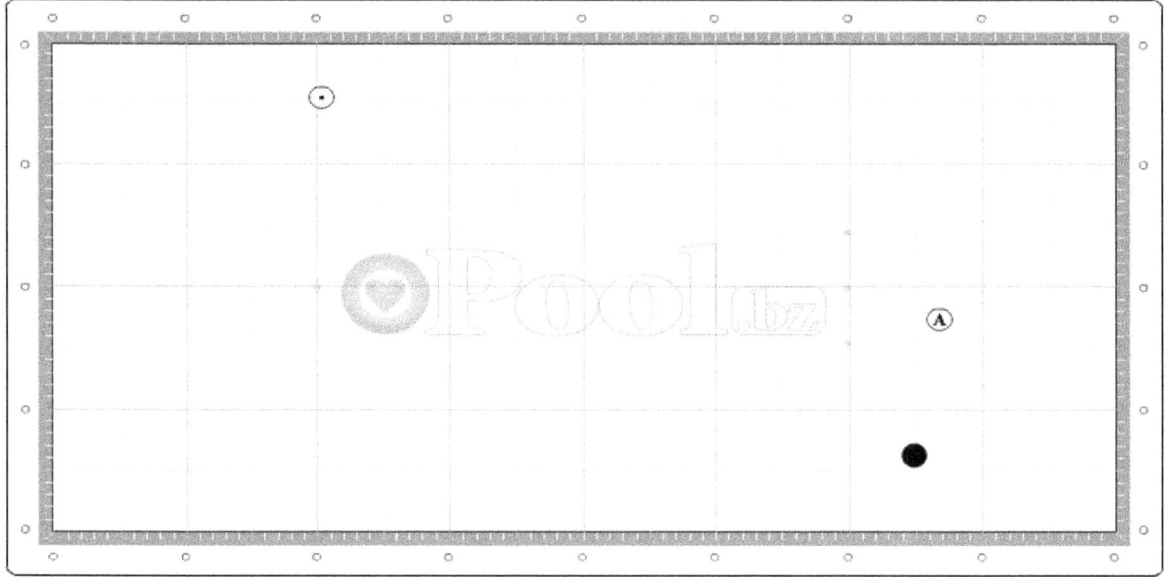

Note e idee:

Modello di colpo

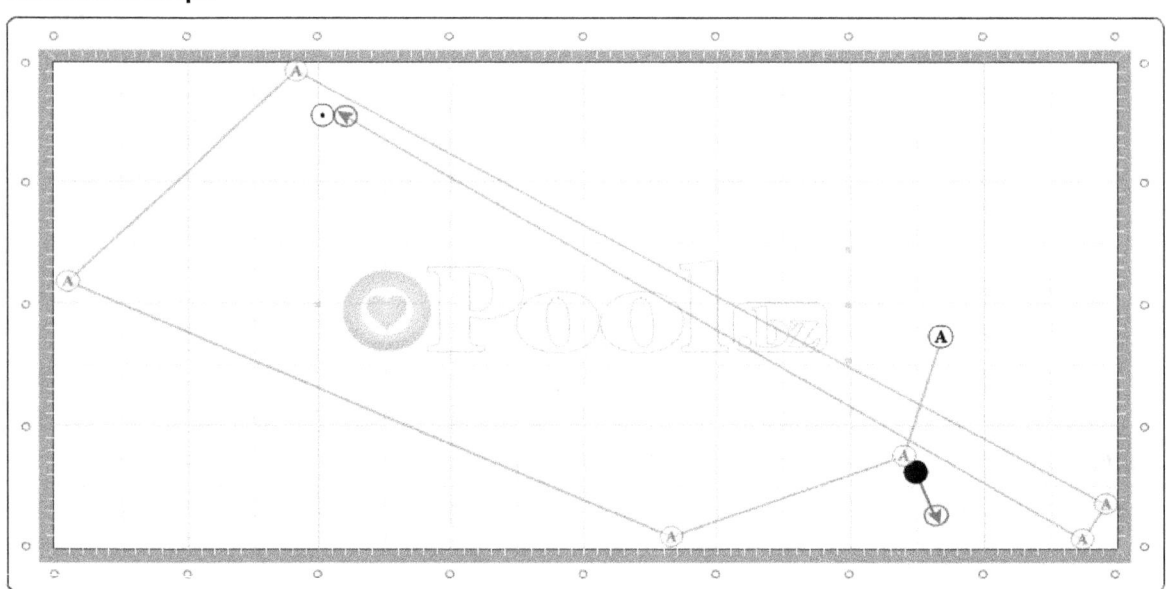

C:1c – Impostare

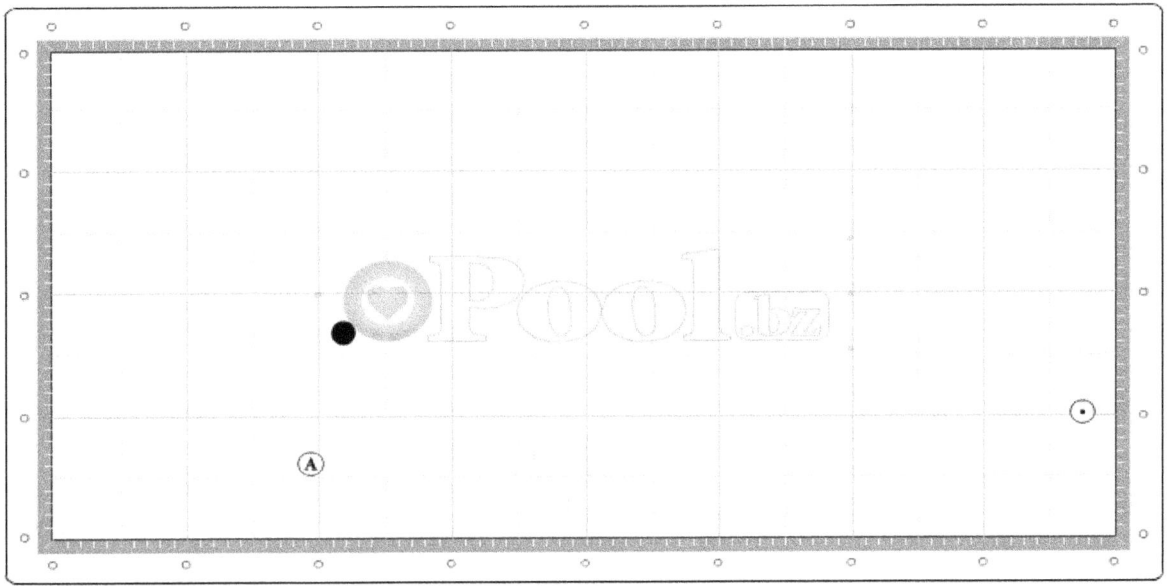

Note e idee:

Modello di colpo

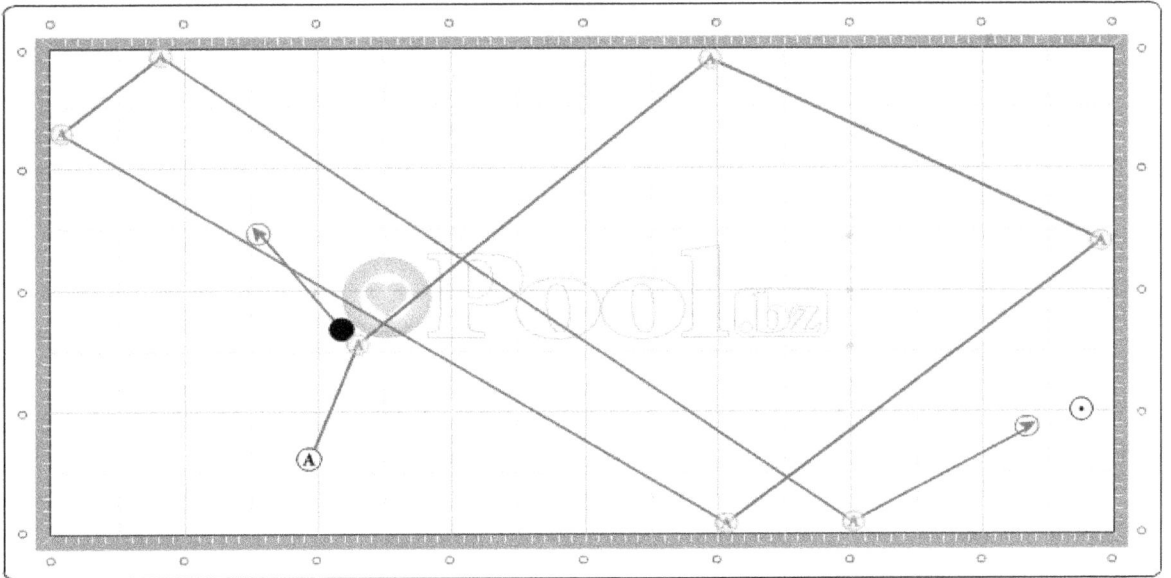

C:1d – Impostare

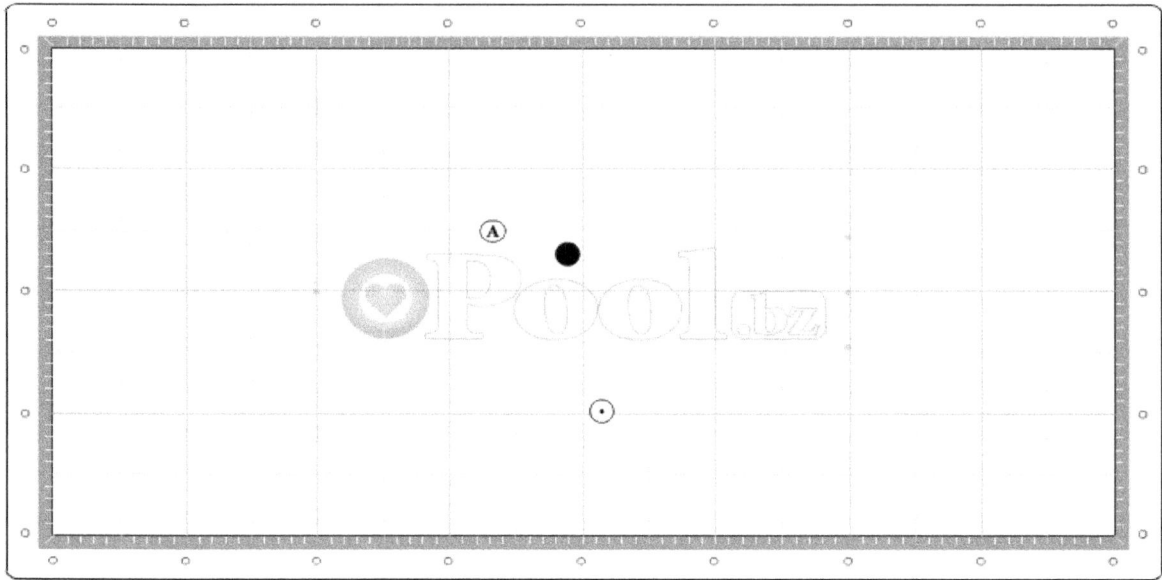

Note e idee:

Modello di colpo

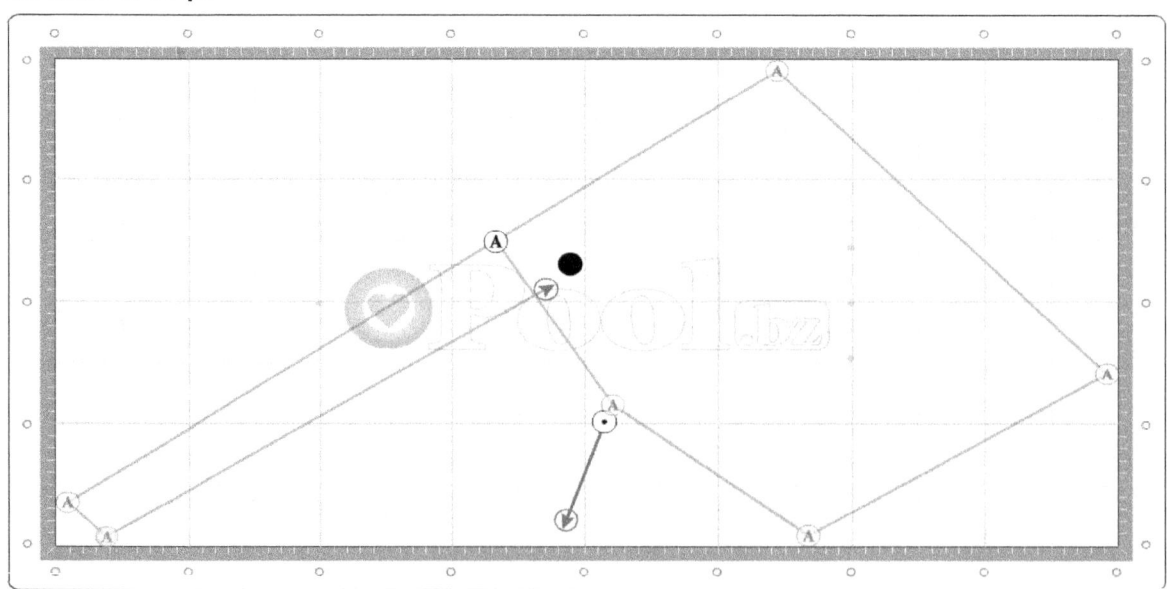

C: Gruppo 2

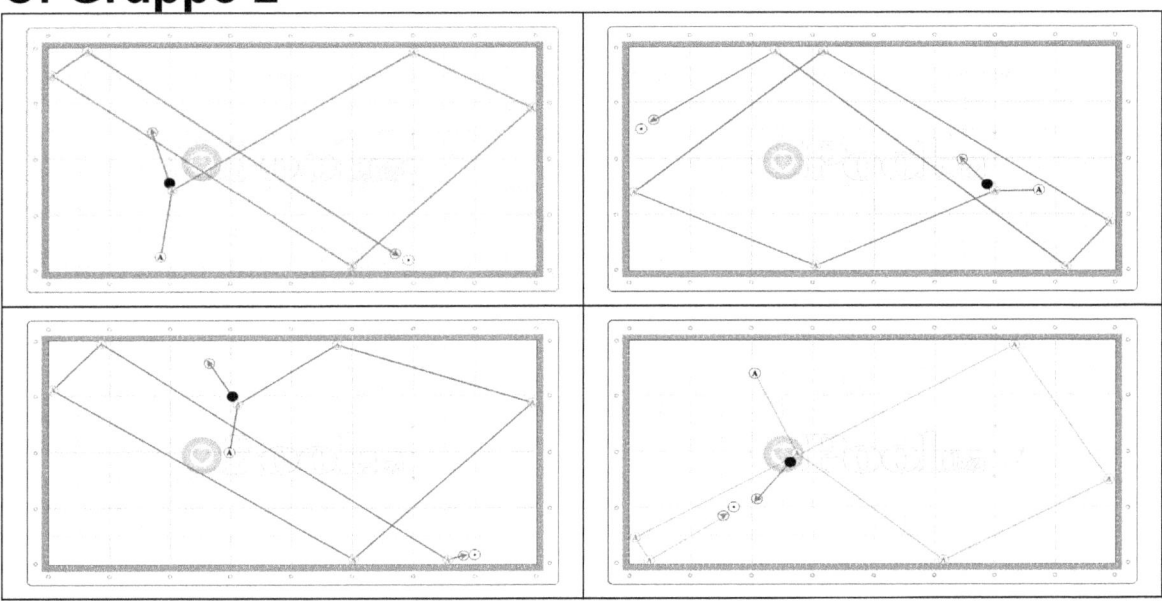

Analisi:

C:2a. _____

C:2b. _____

C:2c. _____

C:2d. _____

C:2a – Impostare

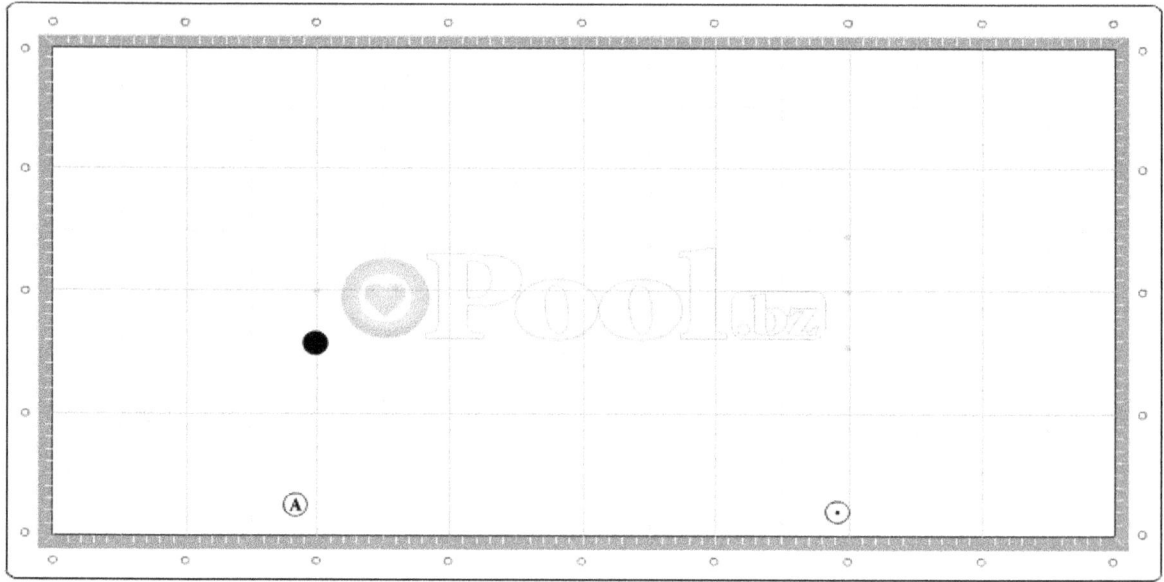

Note e idee:

Modello di colpo

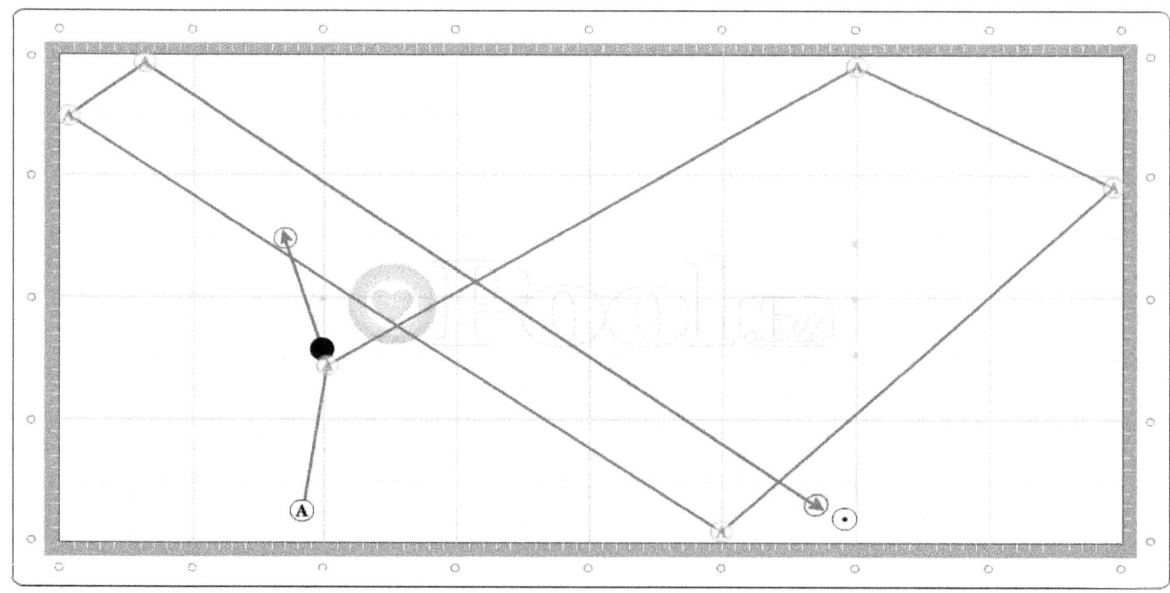

C:2b – Impostare

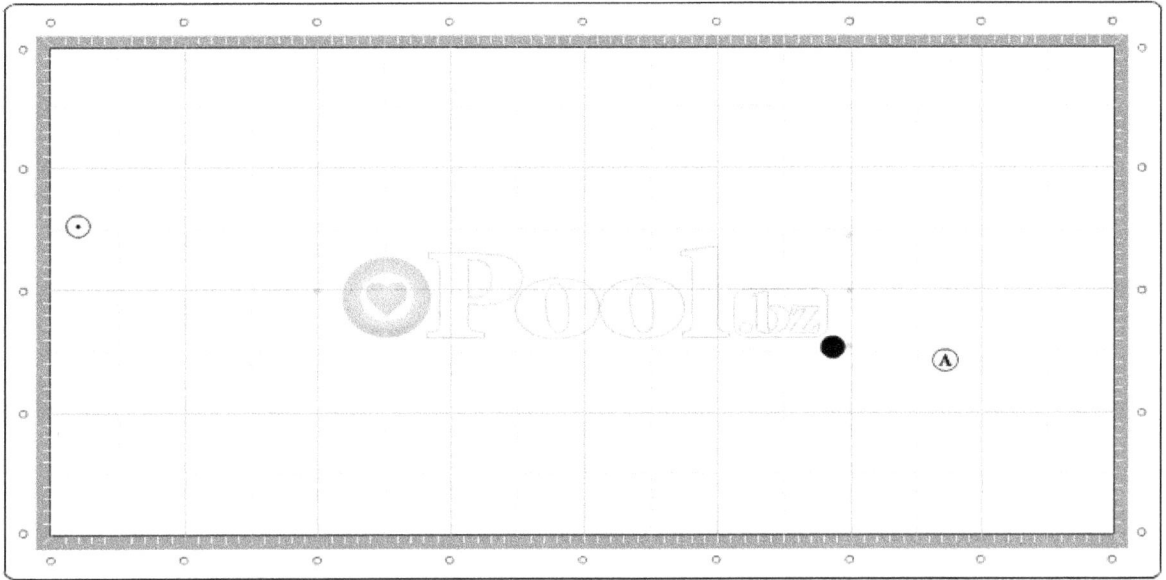

Note e idee:

Modello di colpo

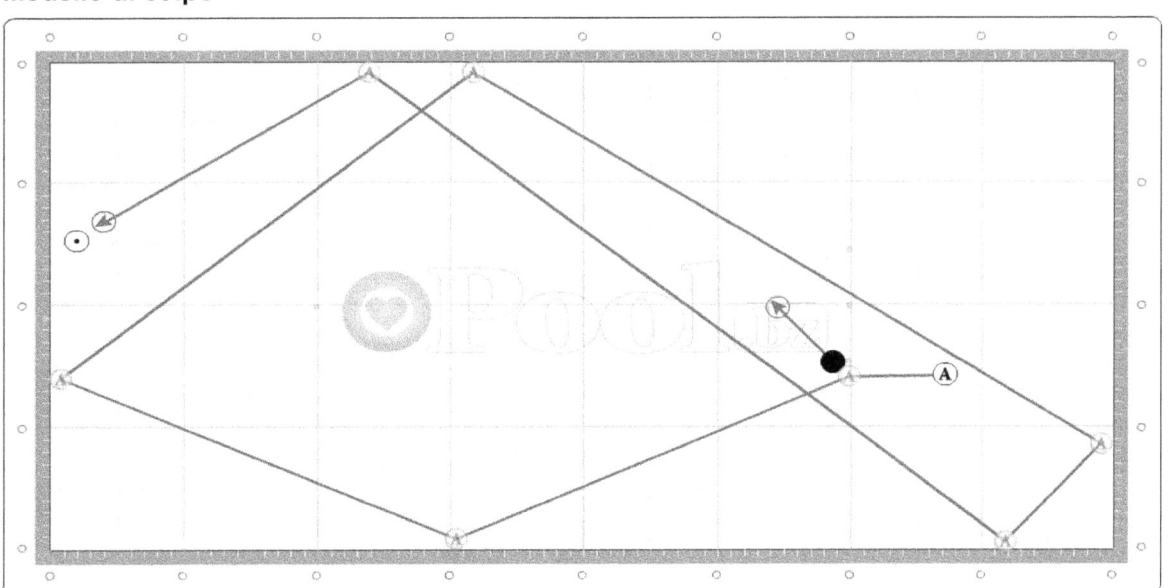

C:2c – Impostare

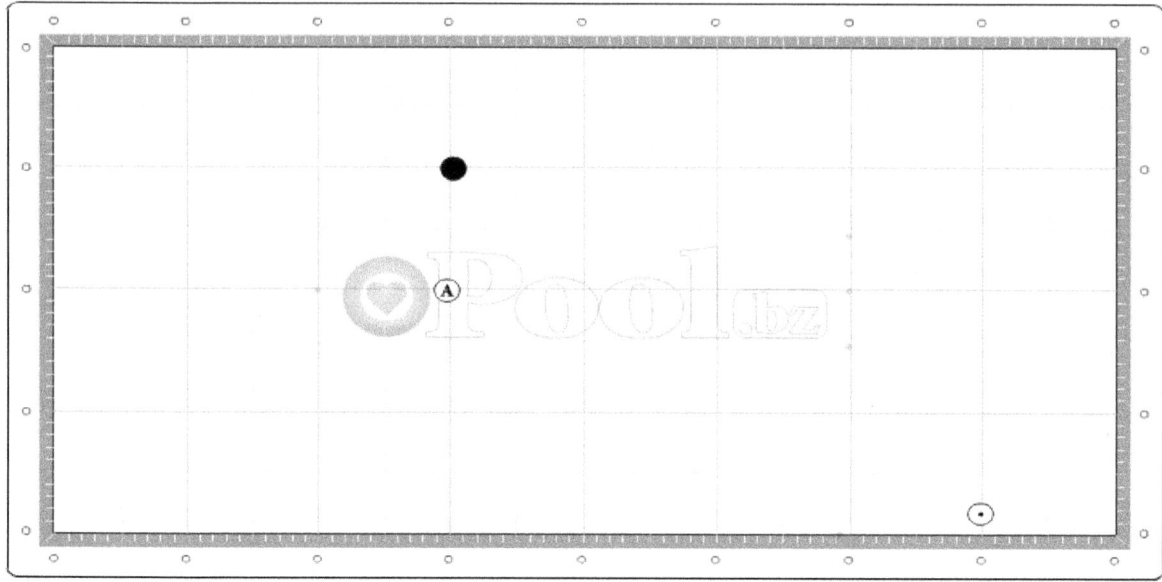

Note e idee:

Modello di colpo

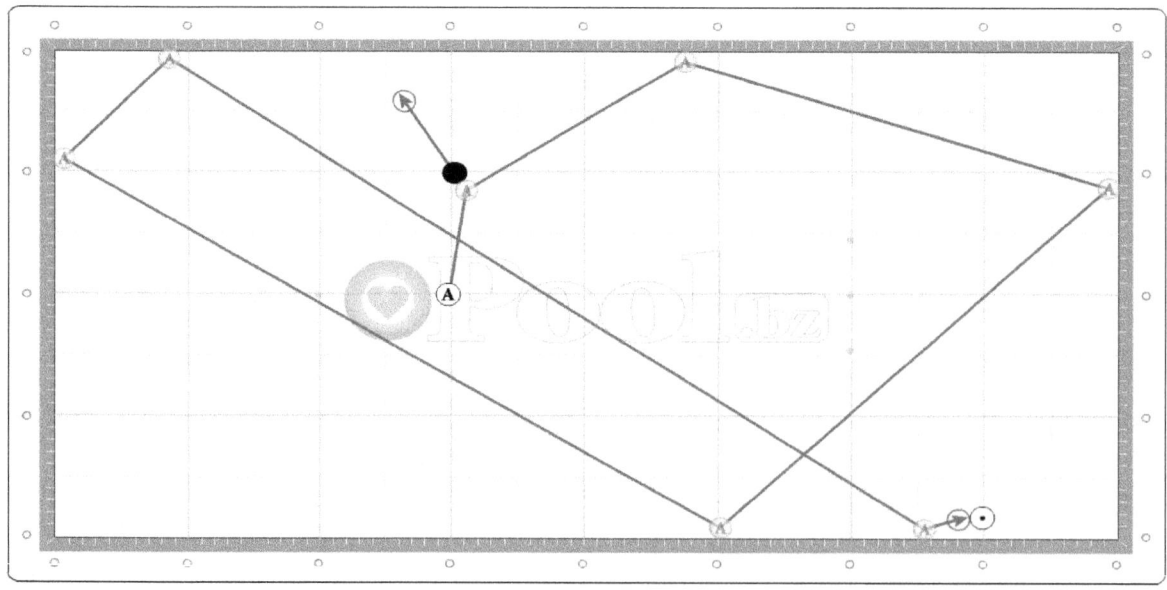

C:2d – Impostare

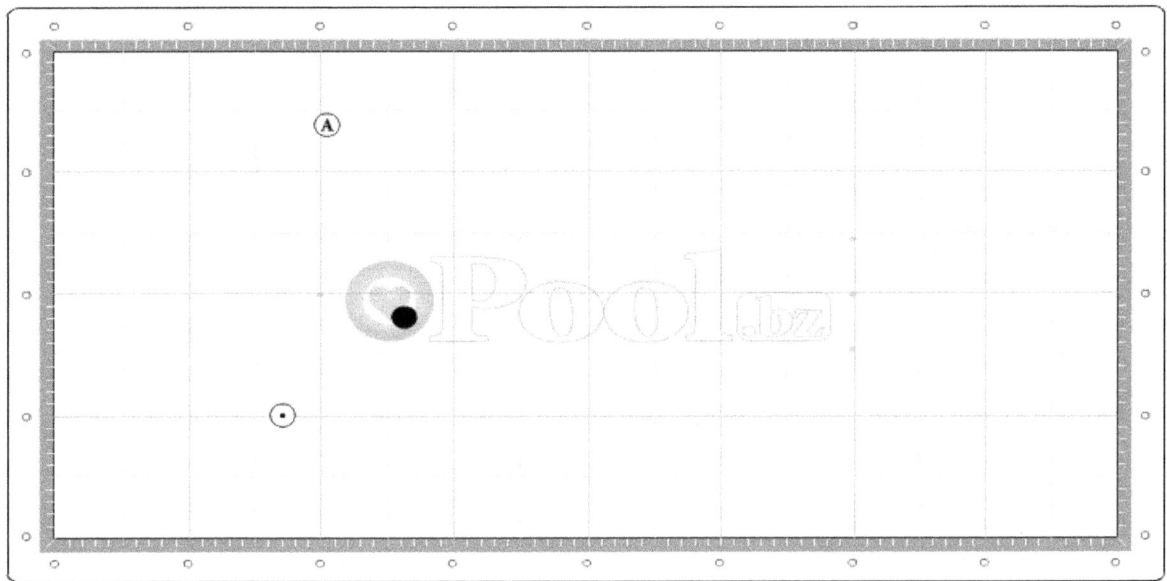

Note e idee:

Modello di colpo

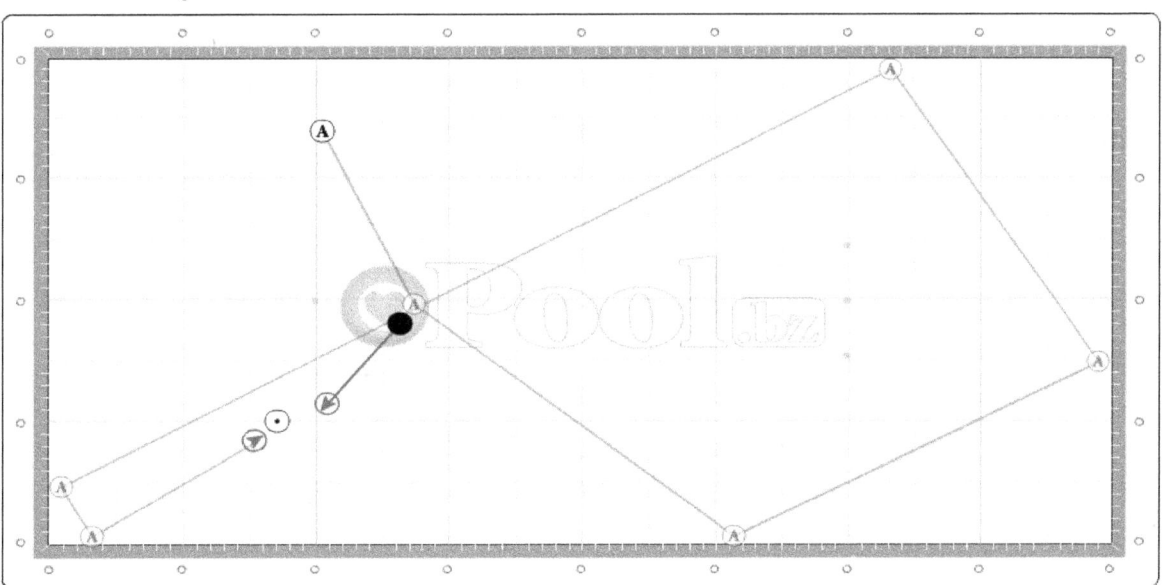

C: Gruppo 3

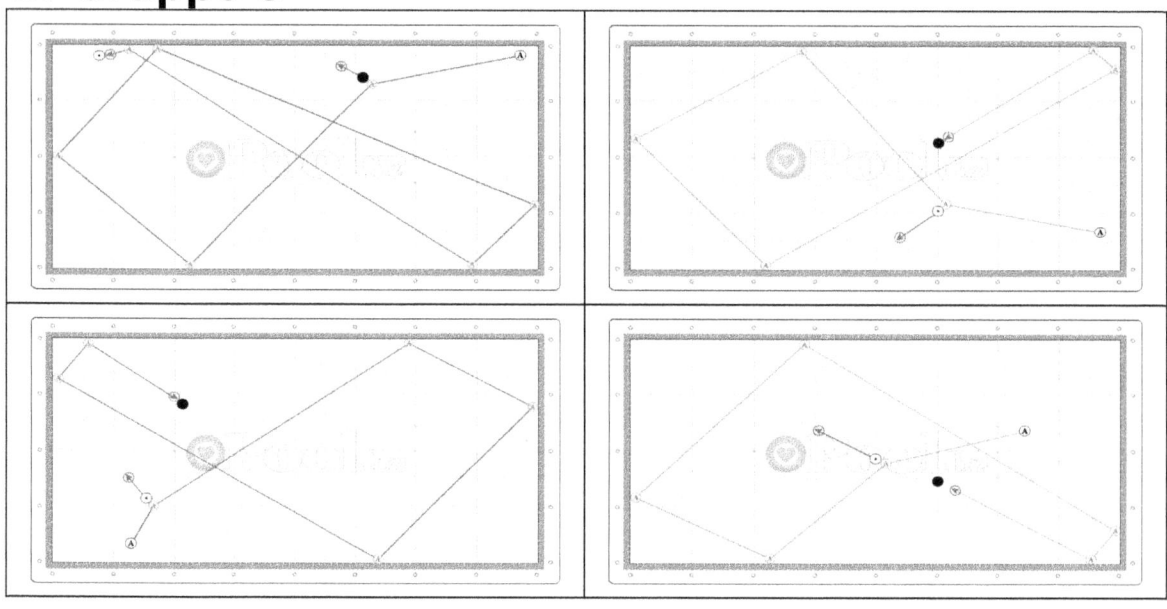

Analisi:

C:3a. _____

C:3b. _____

C:3c. _____

C:3d. _____

C:3a – Impostare

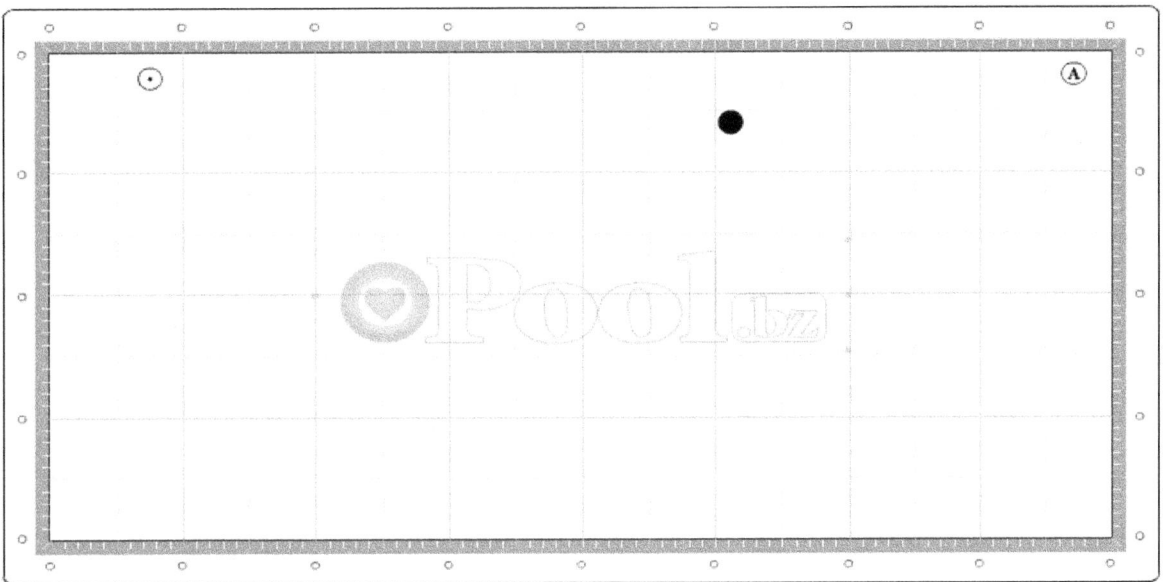

Note e idee:

Modello di colpo

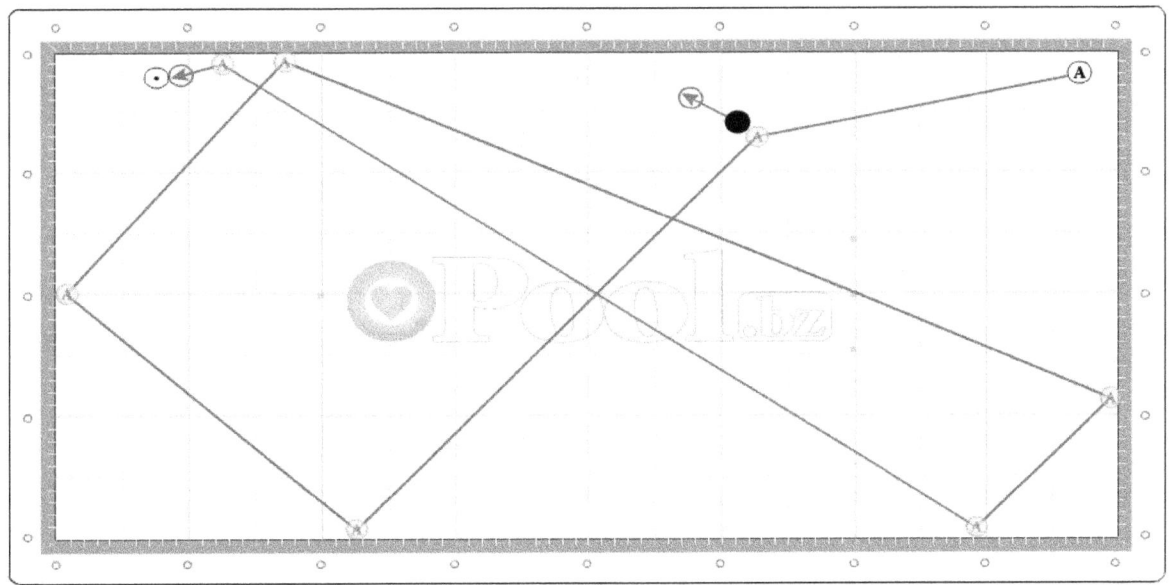

C:3b – Impostare

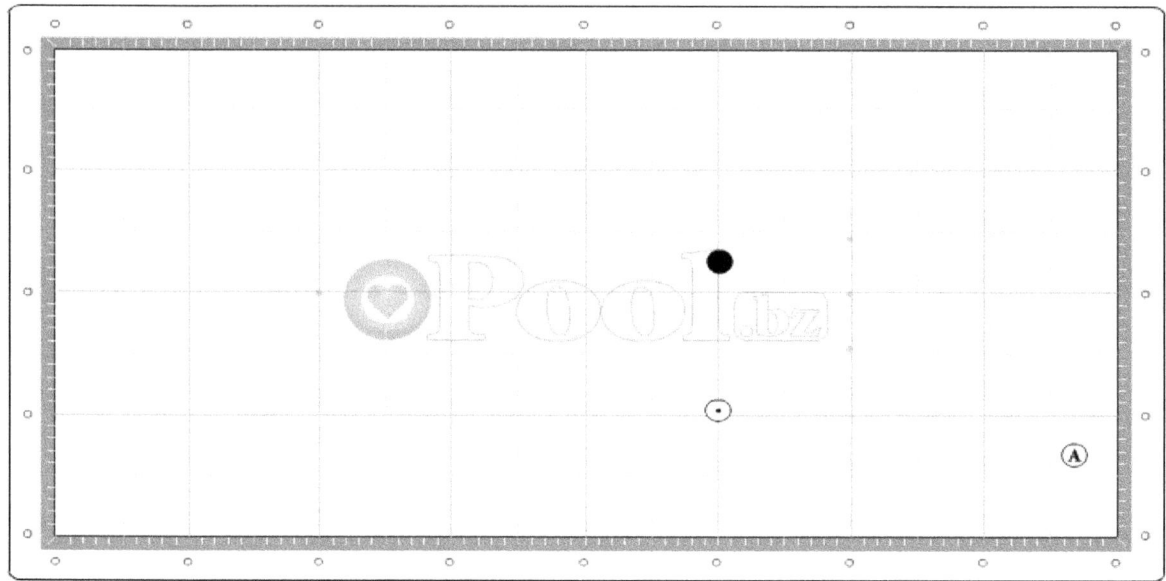

Note e idee:

Modello di colpo

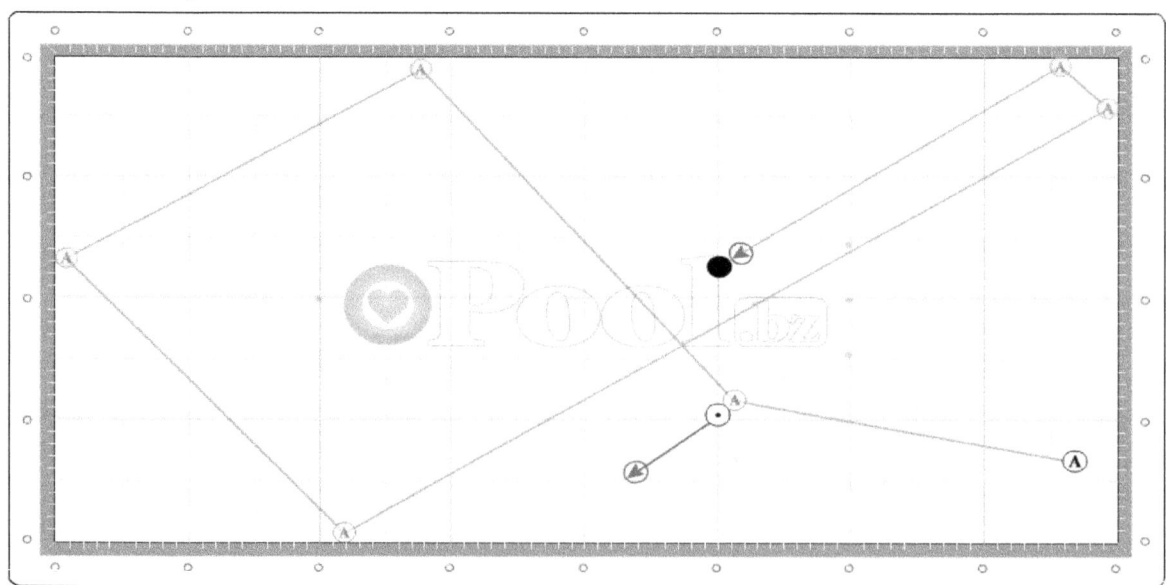

C:3c – Impostare

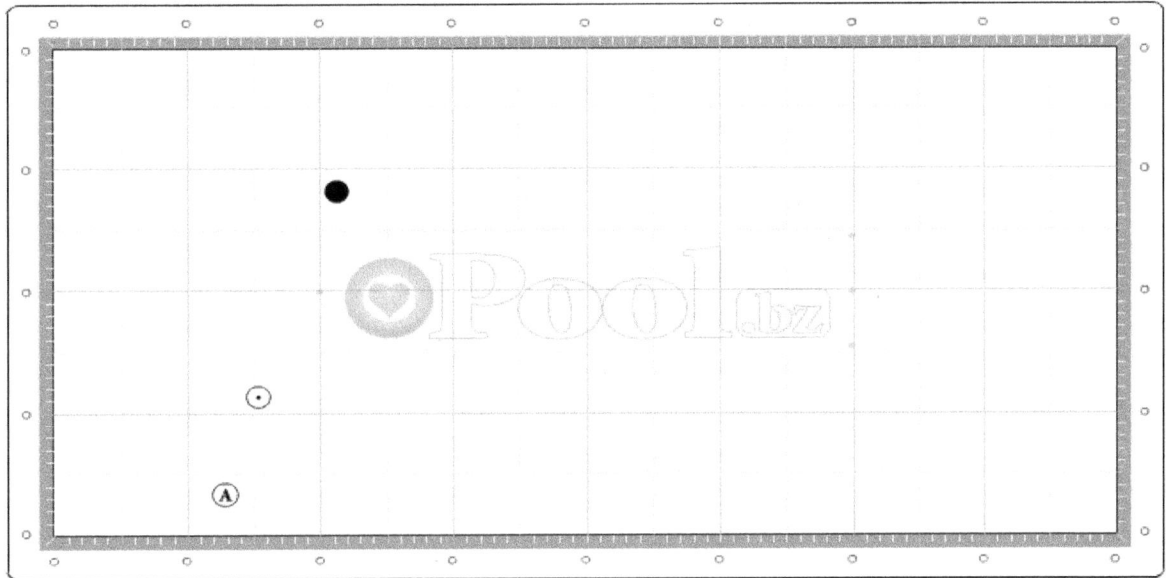

Note e idee:

Modello di colpo

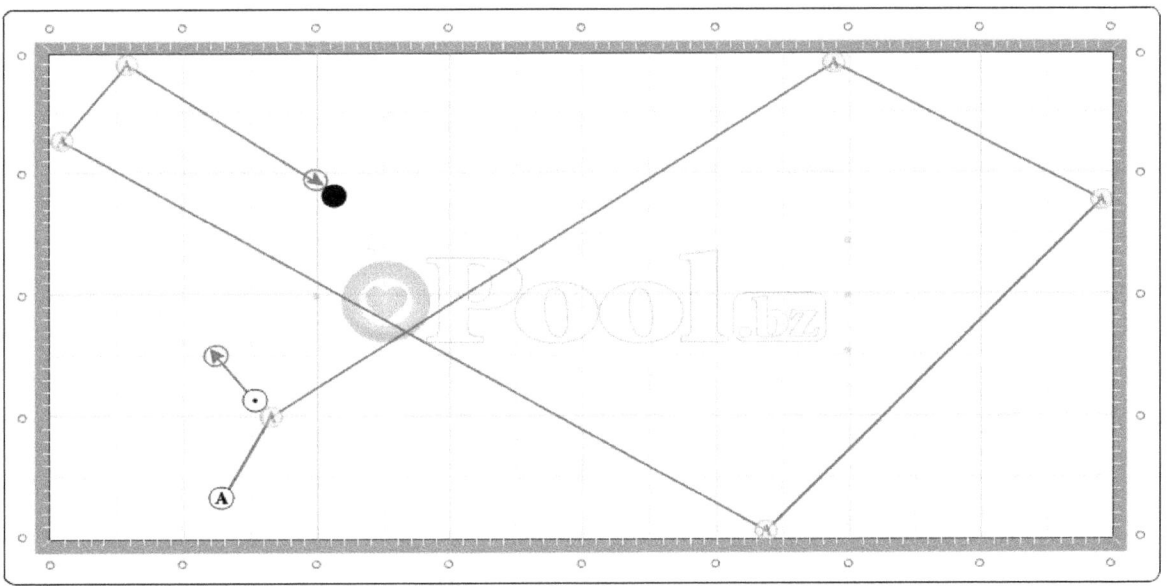

C:3d – Impostare

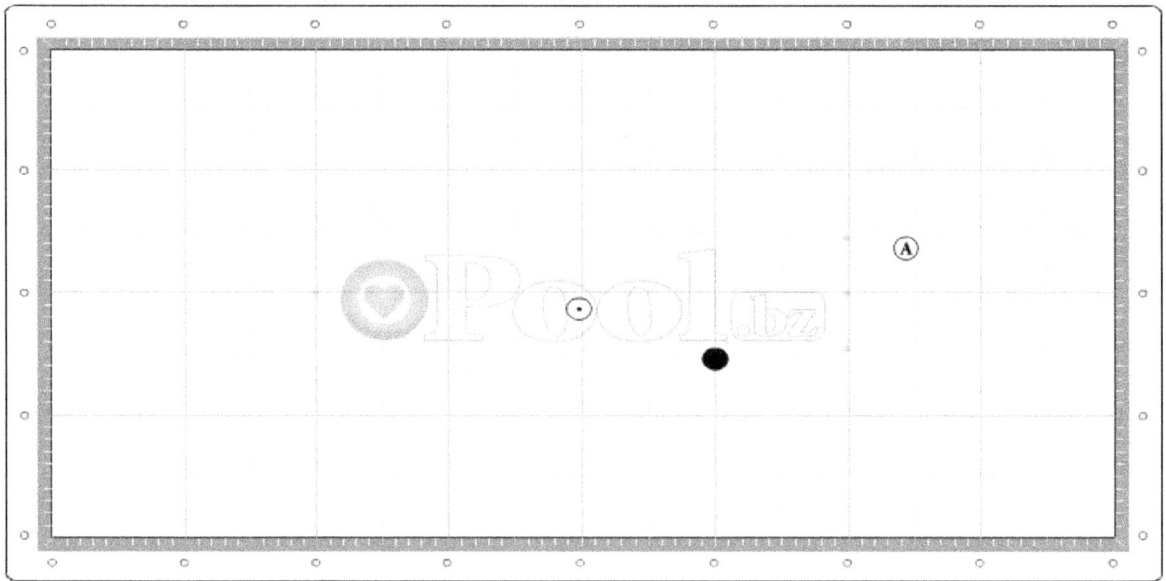

Note e idee:

Modello di colpo

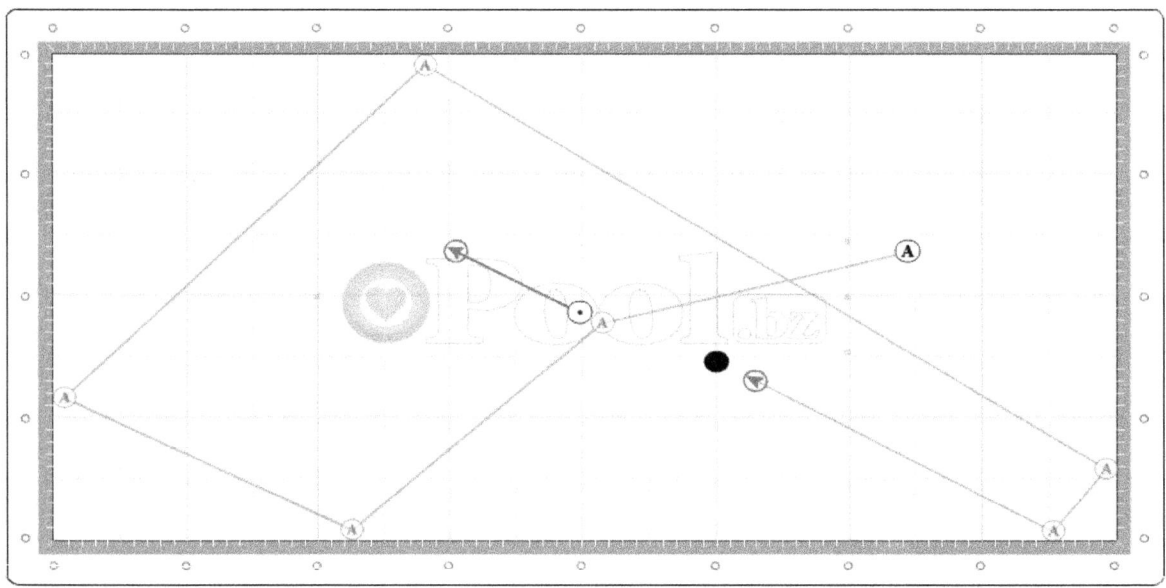

D: Grande palla nell'angolo di casa

Il (CB) si stacca dal primo (OB) e segue la base attorno al modello del mondo. Poiché l'altro (OB) si trova nell'angolo, l'obiettivo (OB) è "più grande".

Ⓐ (CB) (la tua palla) - ⊙ (OB) (palla dell'avversario) - ● (OB) (palla rossa)

D: Gruppo 1

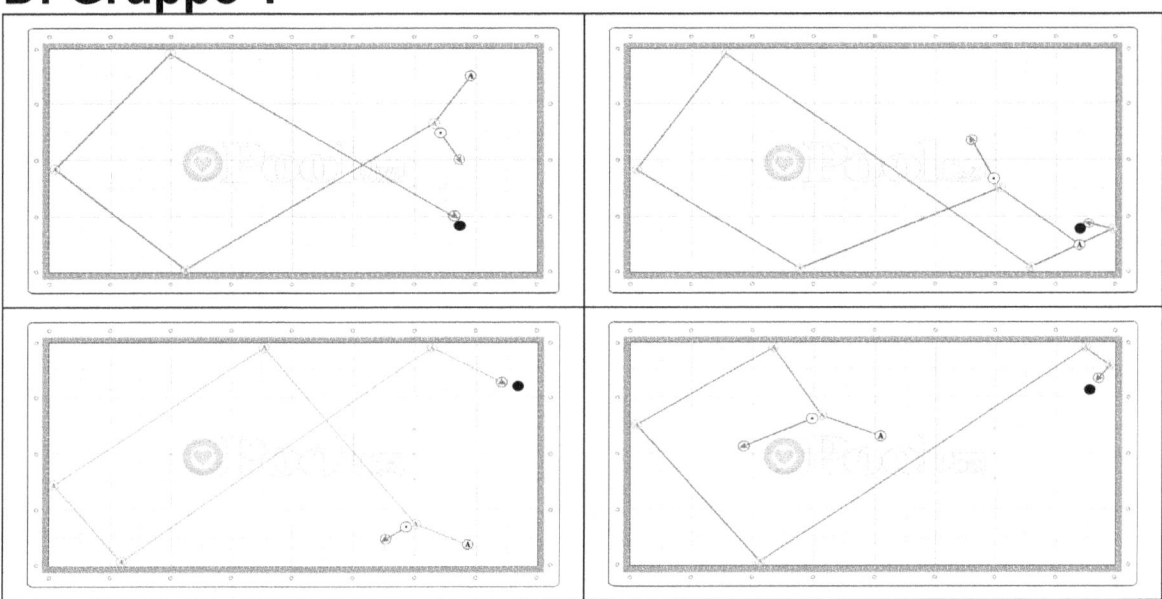

Analisi:

D:1a. _____

D:1b. _____

D:1c. _____

D:1d. _____

D:1a – Impostare

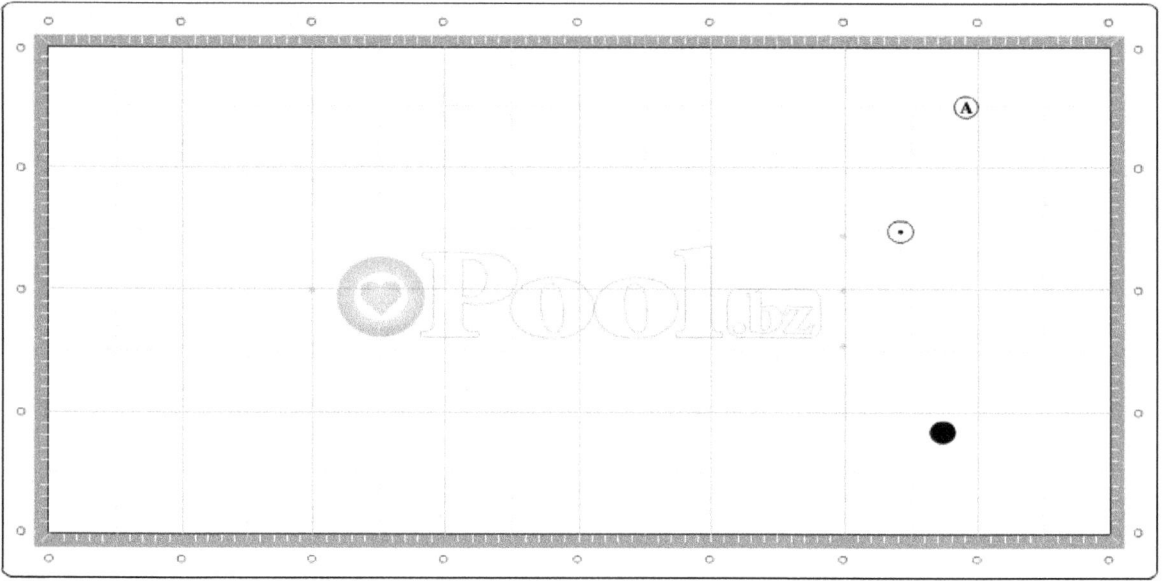

Note e idee:

Modello di colpo

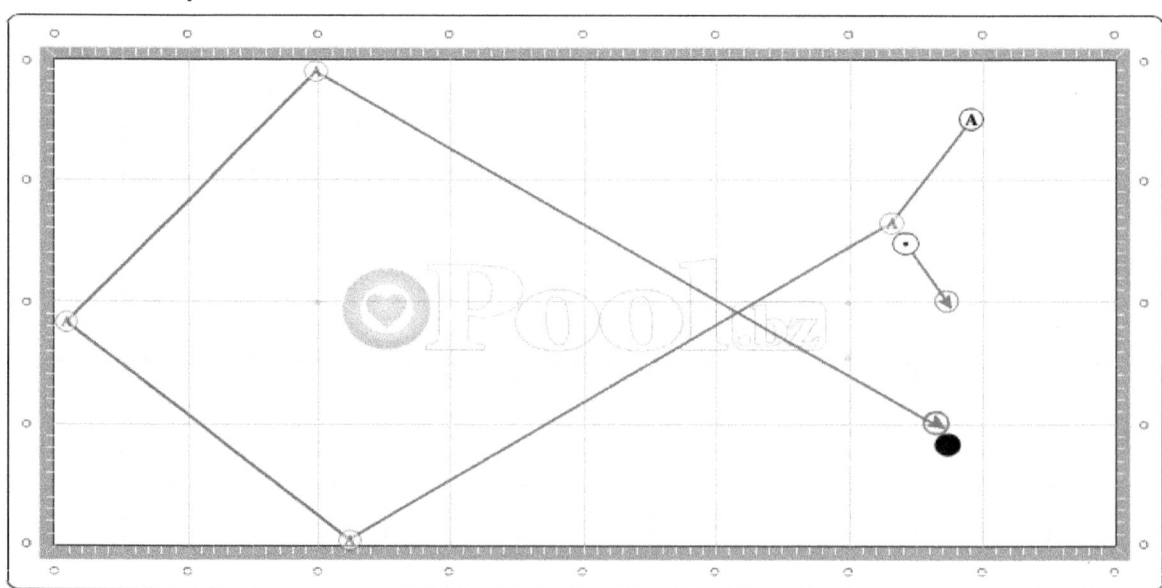

D:1b – Impostare

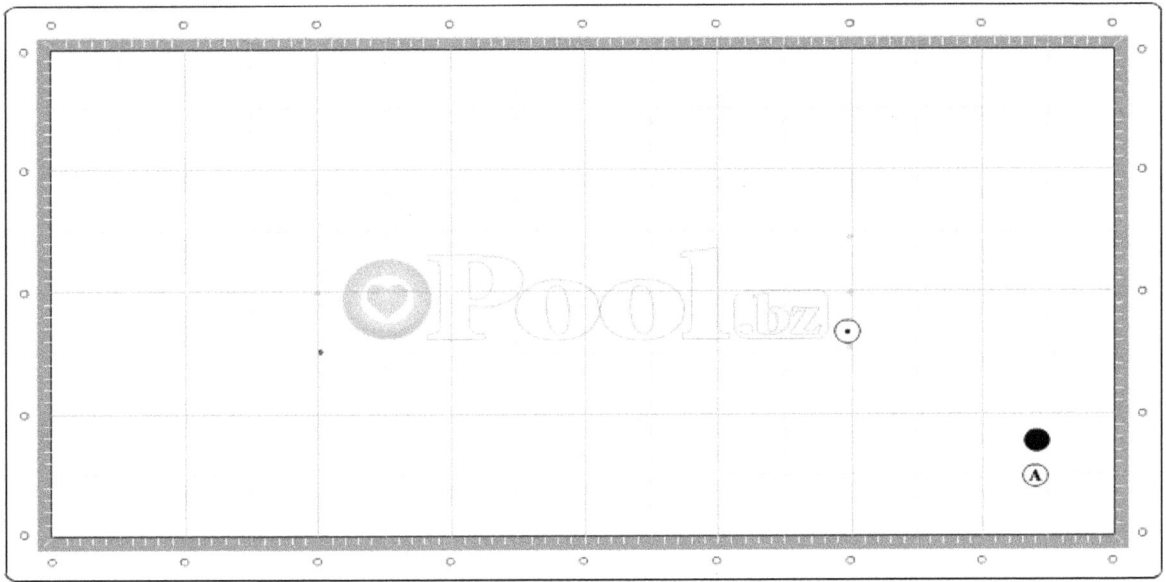

Note e idee:

Modello di colpo

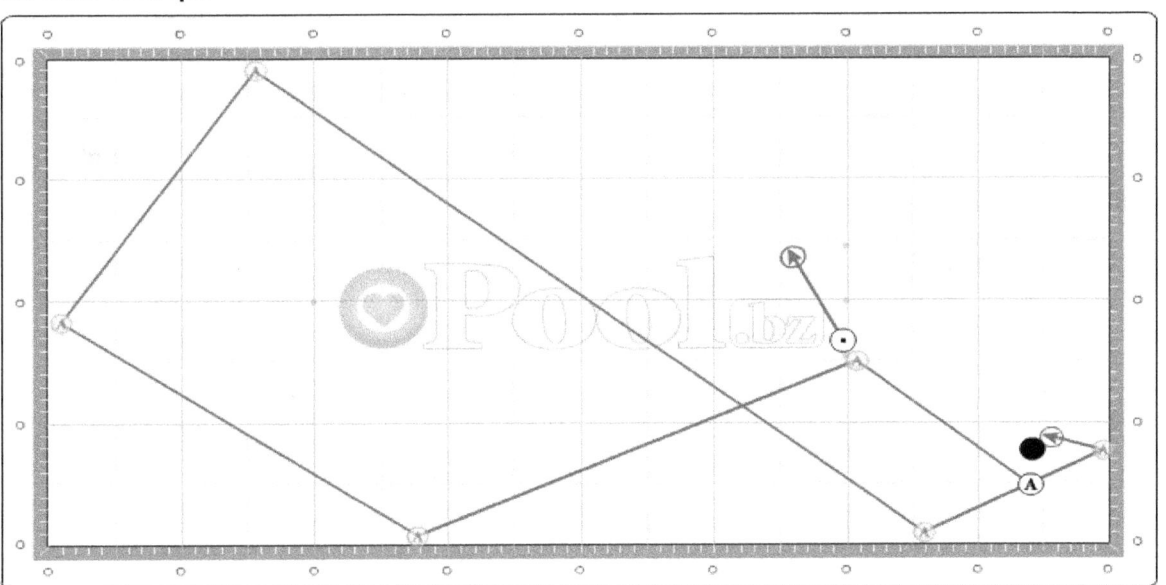

D:1c – Impostare

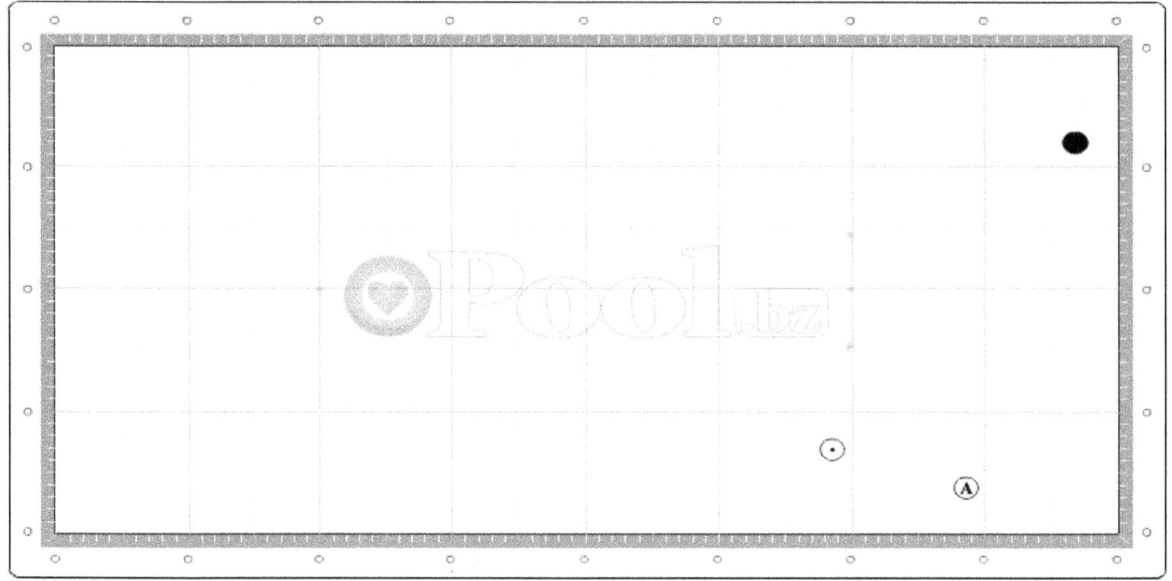

Note e idee:

Modello di colpo

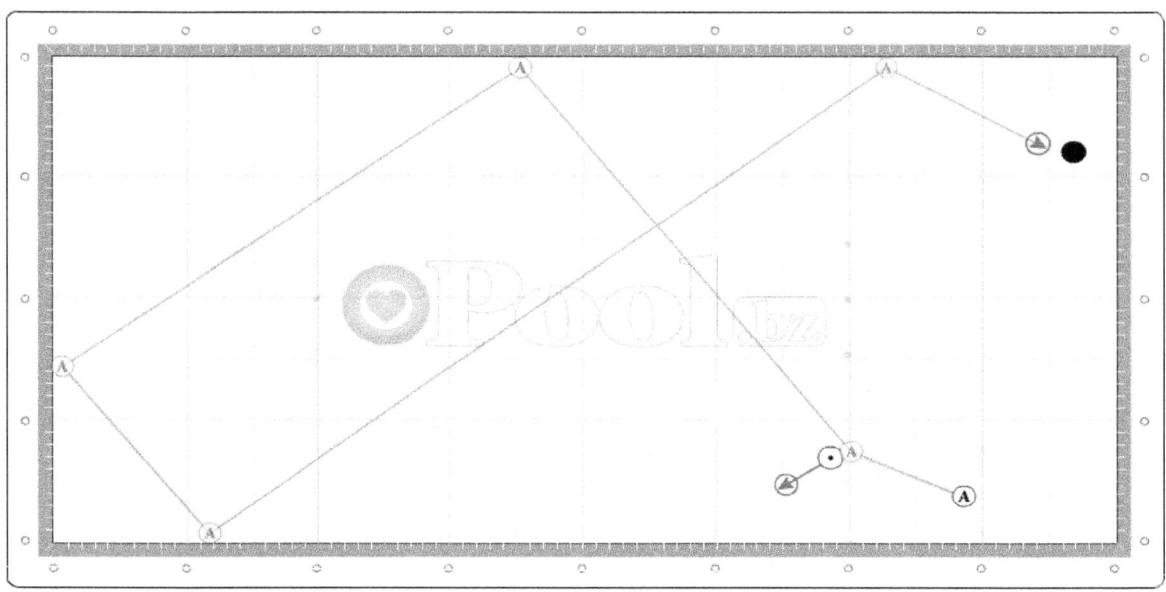

D:1d – Impostare

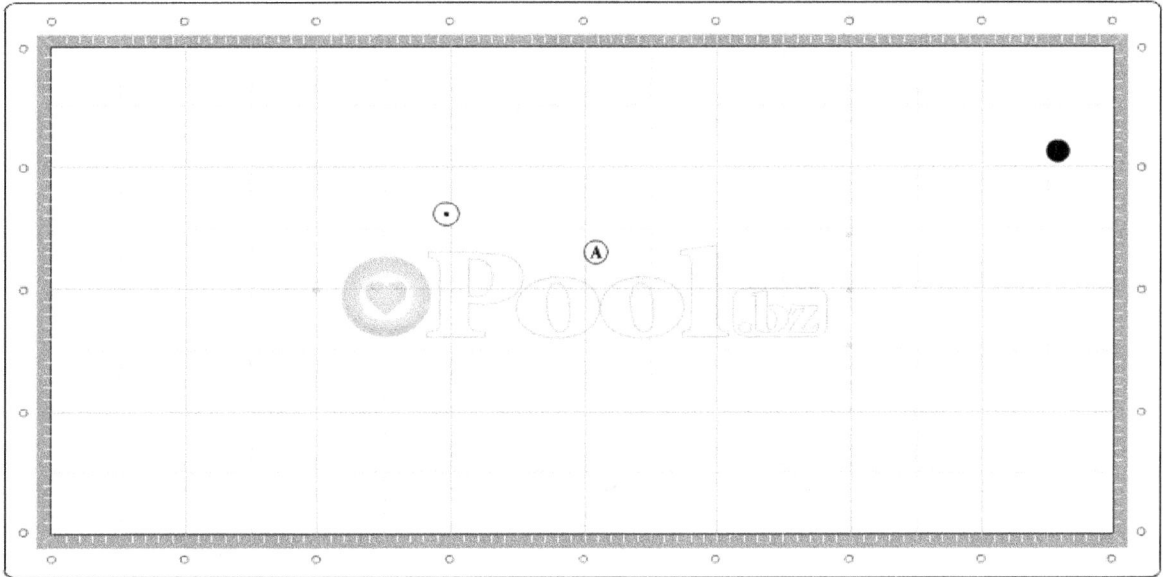

Note e idee:

Modello di colpo

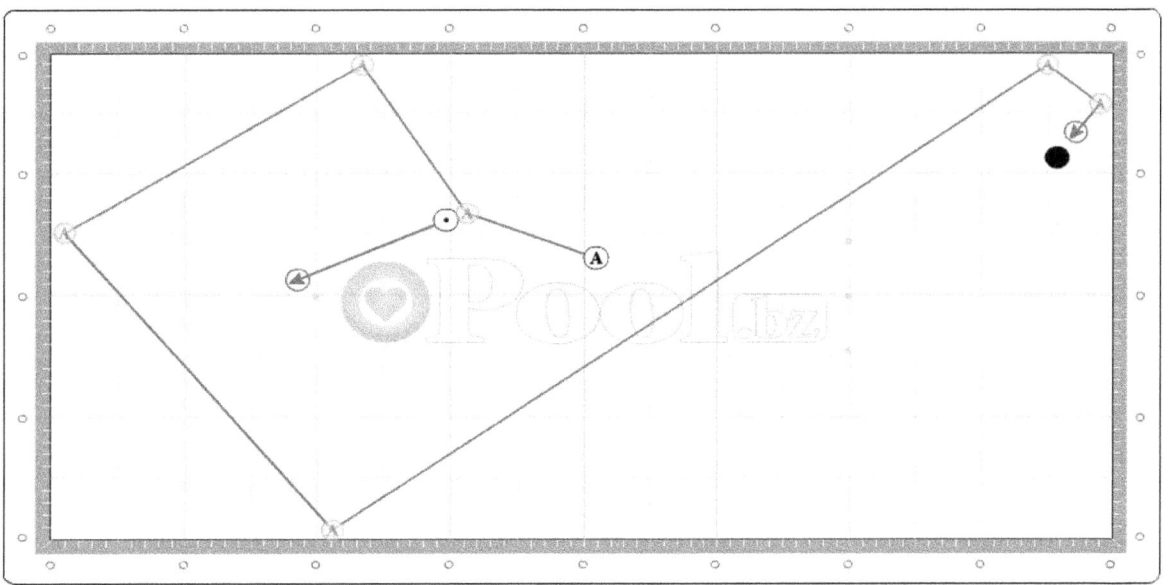

D: Gruppo 2

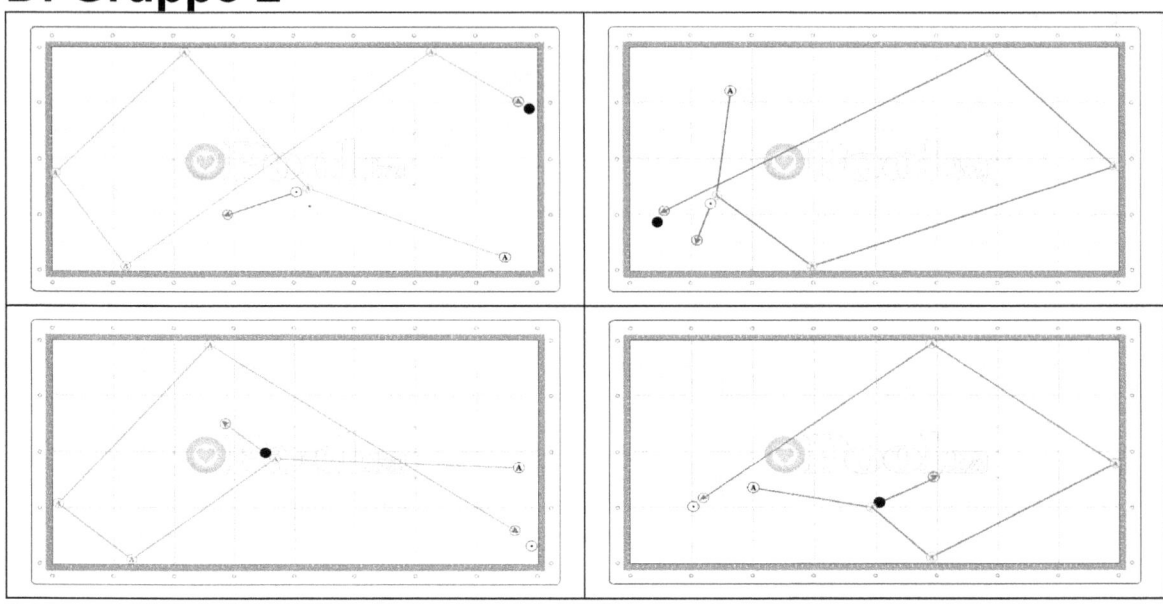

Analisi:

D:2a. _____

D:2b. _____

D:2c. _____

D:2d. _____

D:2a – Impostare

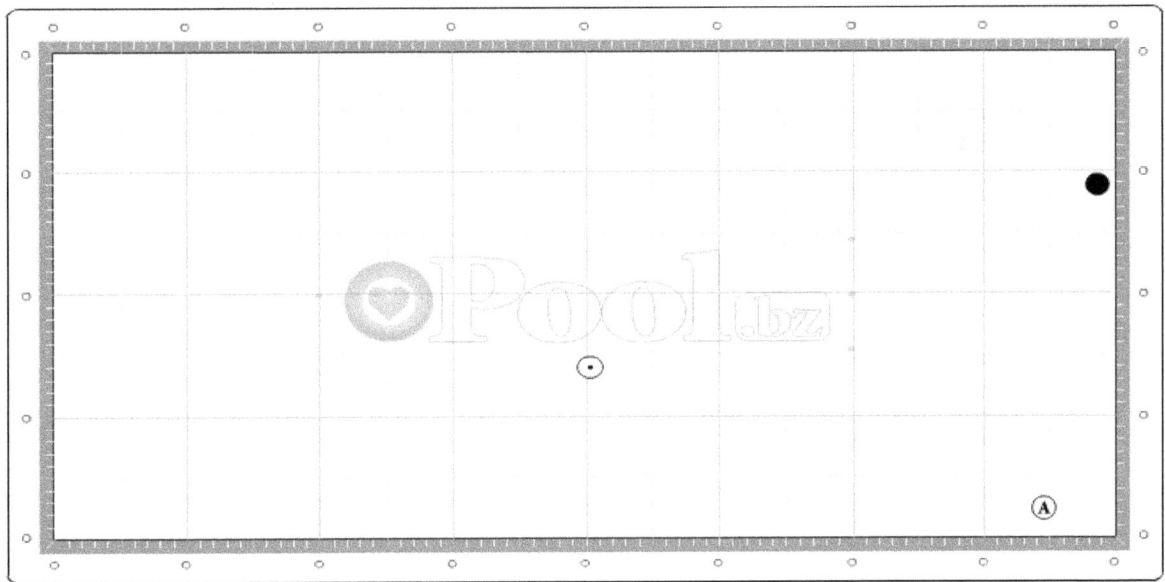

Note e idee:

Modello di colpo

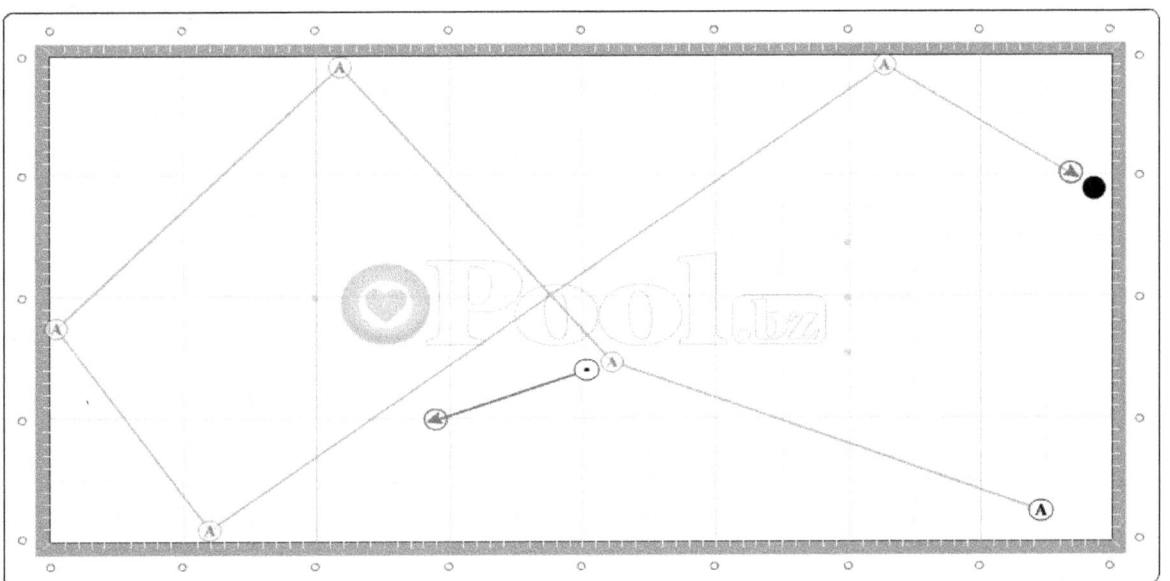

D:2b – Impostare

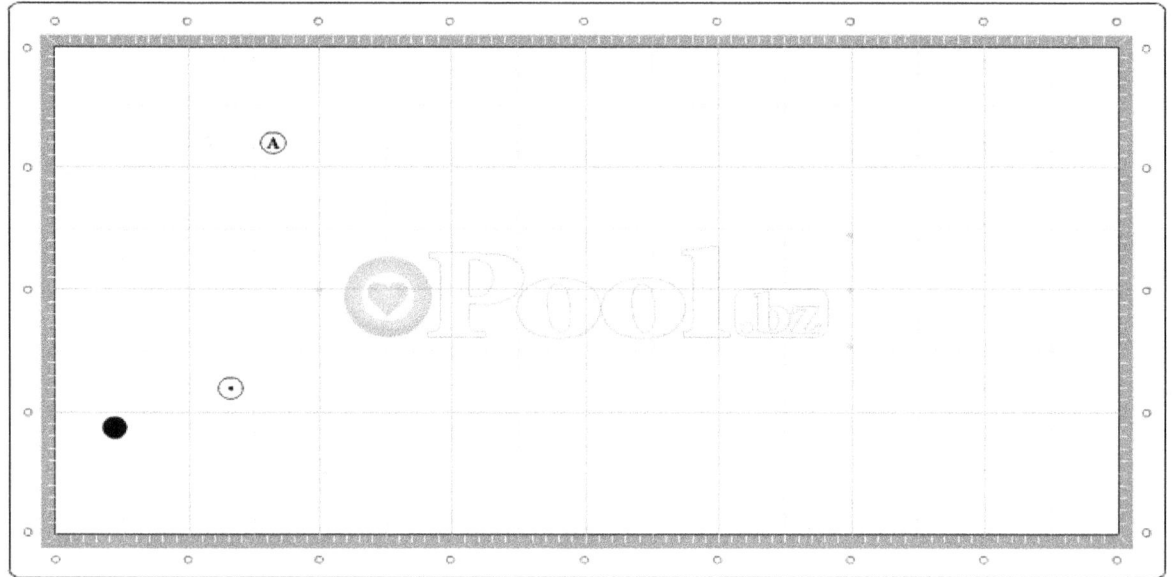

Note e idee:

Modello di colpo

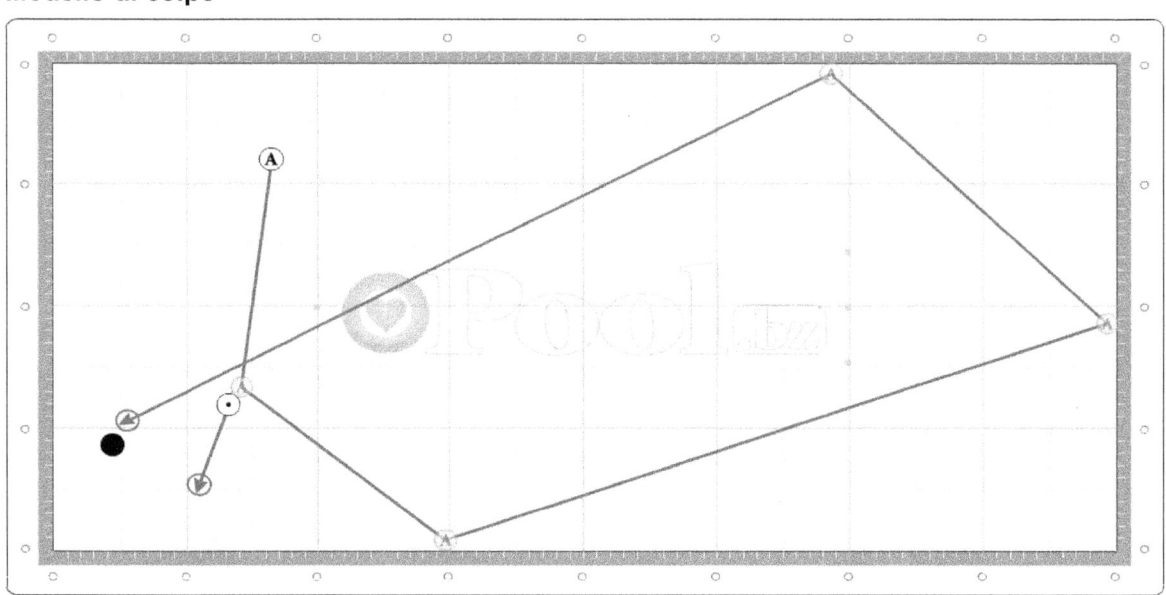

D:2c – Impostare

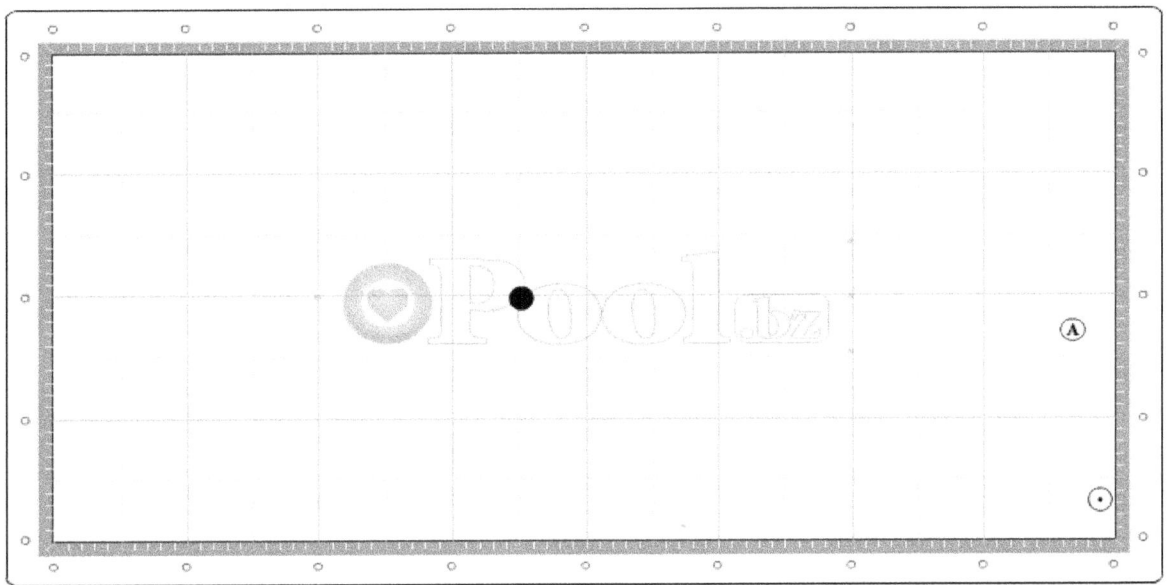

Note e idee:

Modello di colpo

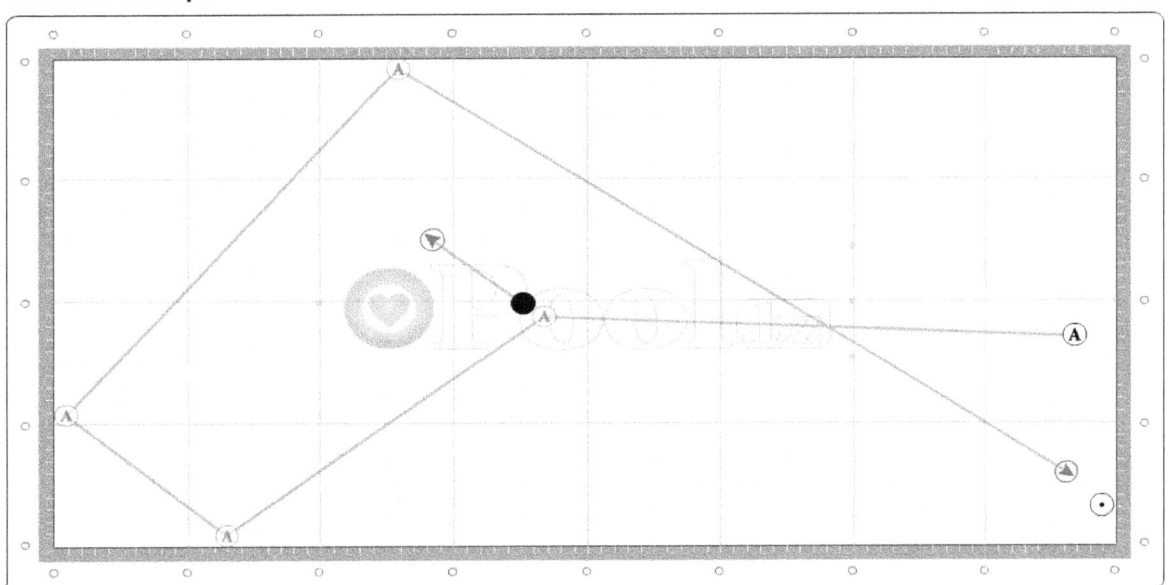

D:2d – Impostare

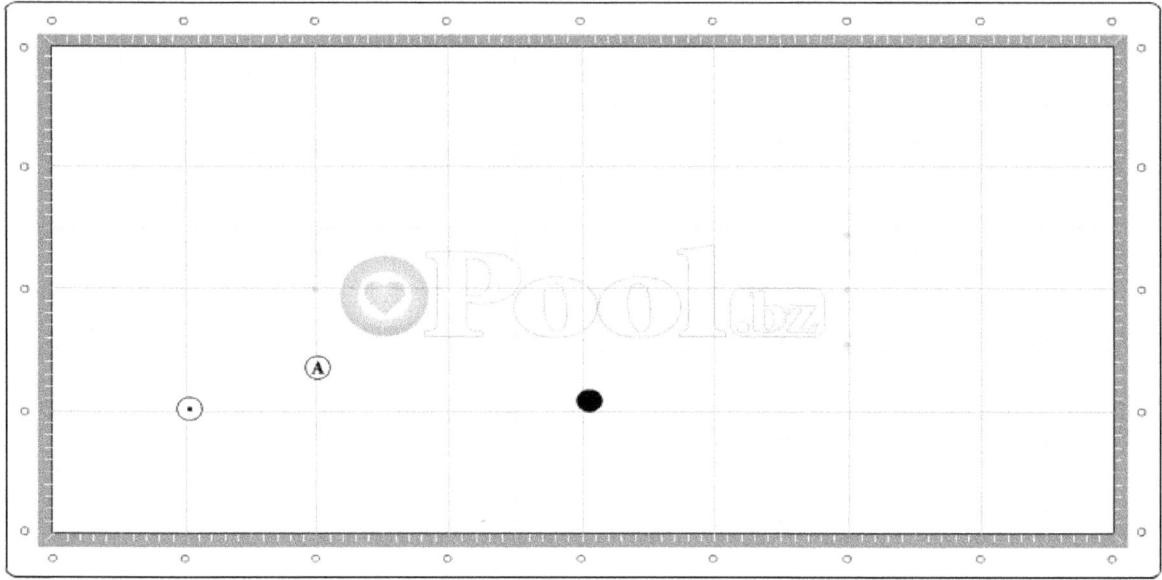

Note e idee:

Modello di colpo

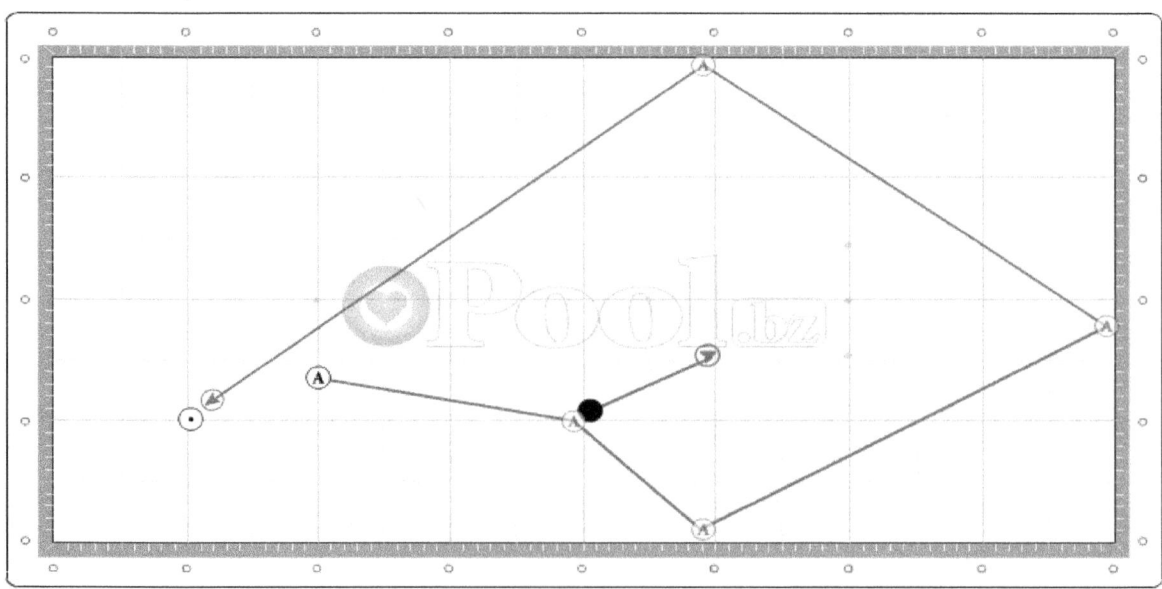

D: Gruppo 3

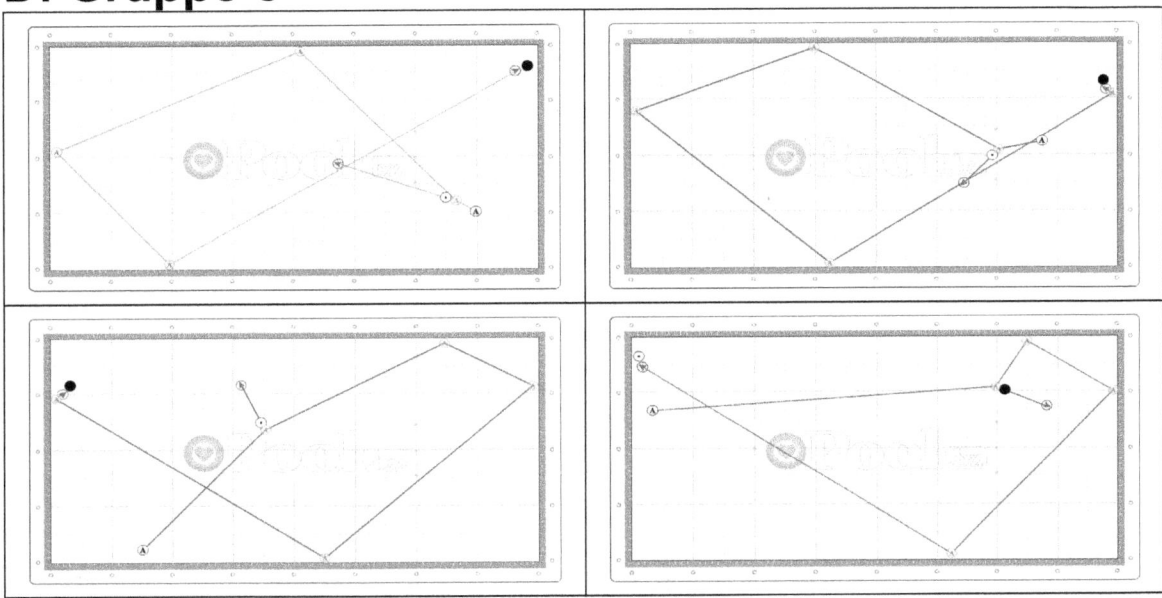

Analisi:

D:3a. _____

D:3b. _____

D:3c. _____

D:3d. _____

D:3a – Impostare

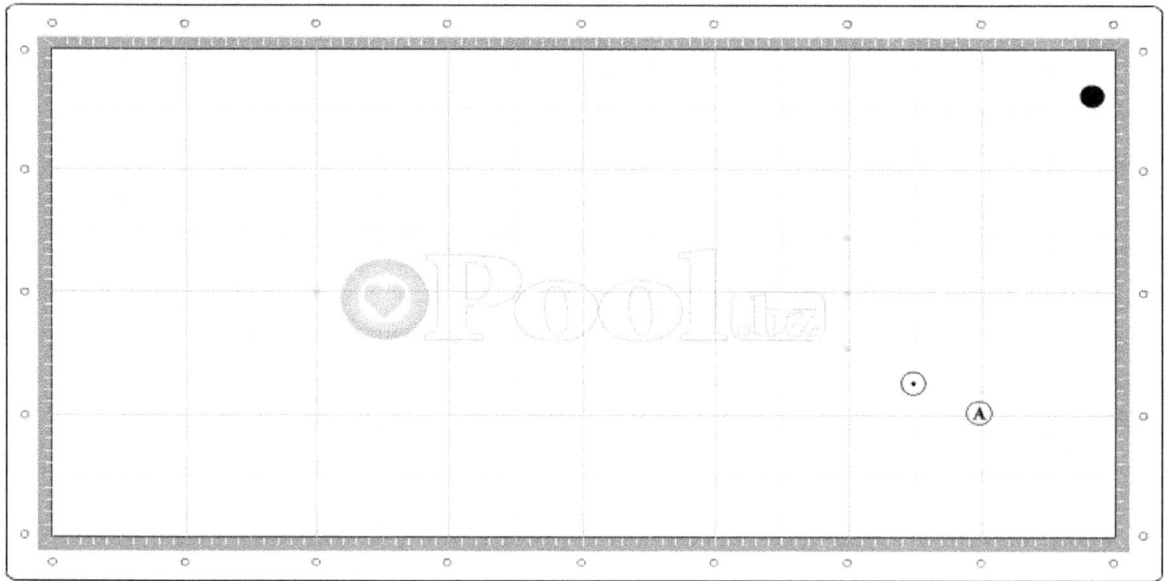

Note e idee:

Modello di colpo

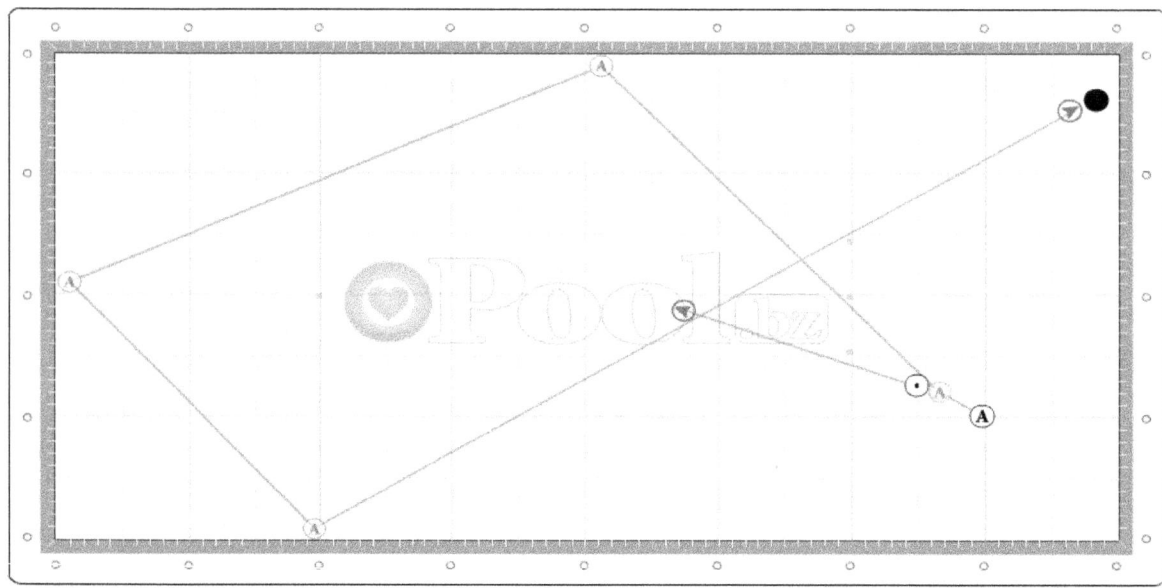

D:3b – Impostare

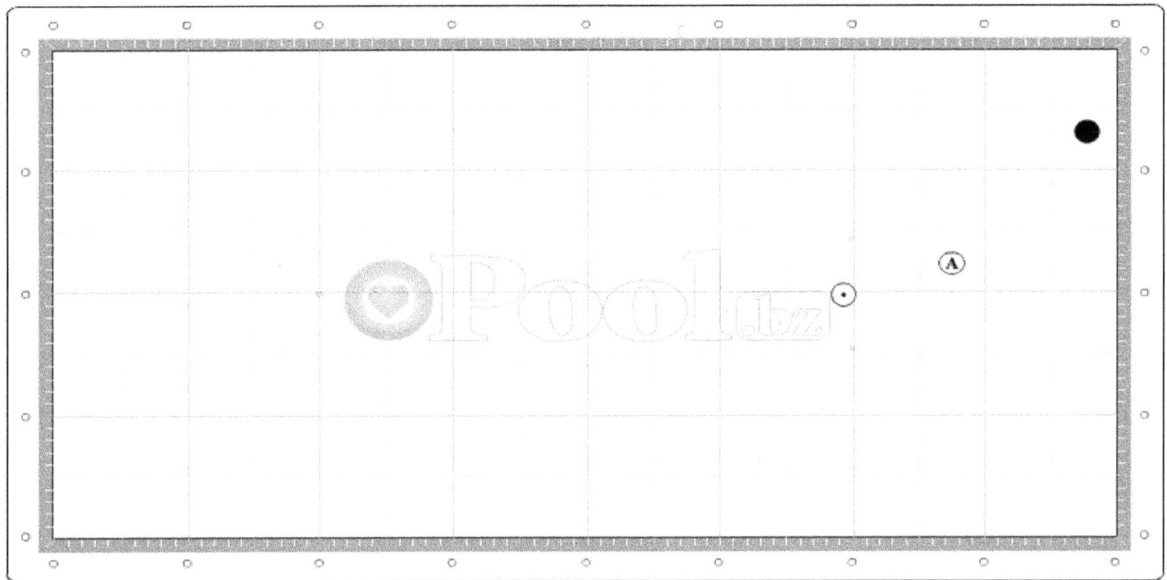

Note e idee:

Modello di colpo

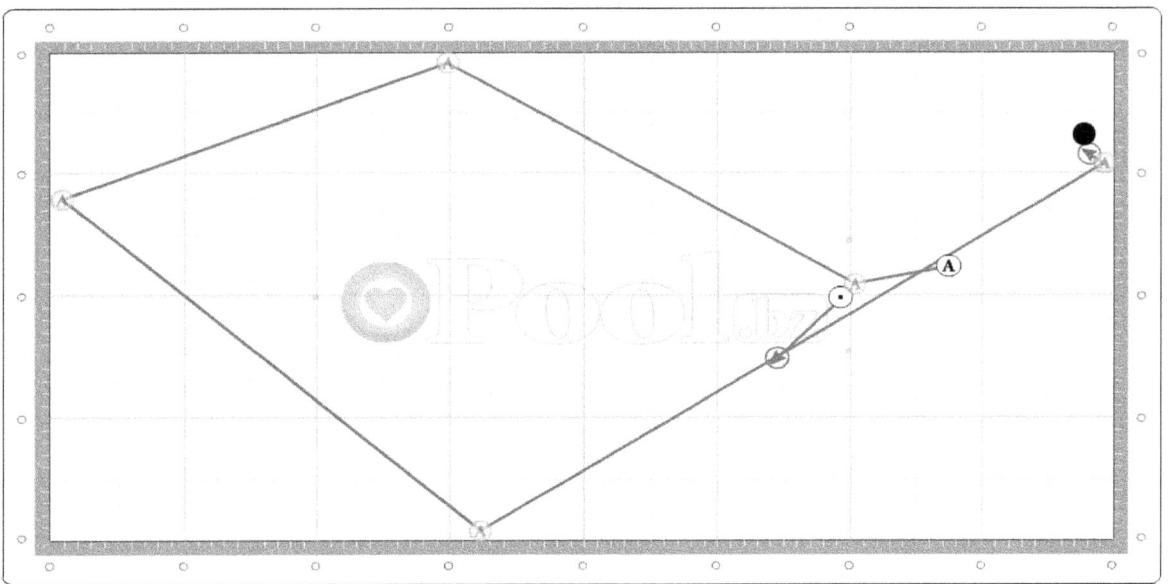

D:3c – Impostare

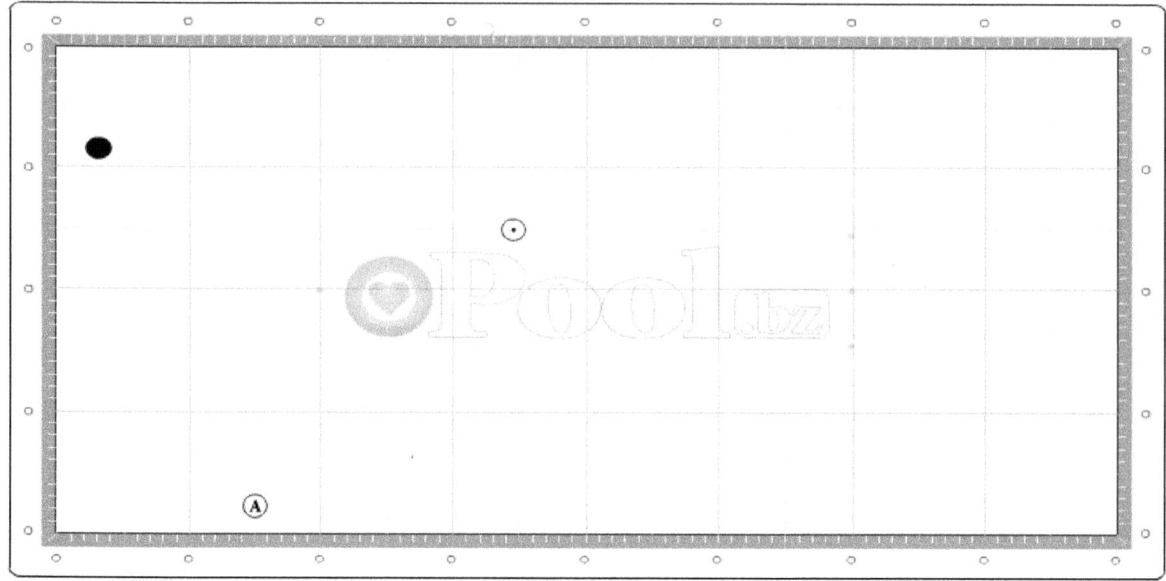

Note e idee:

Modello di colpo

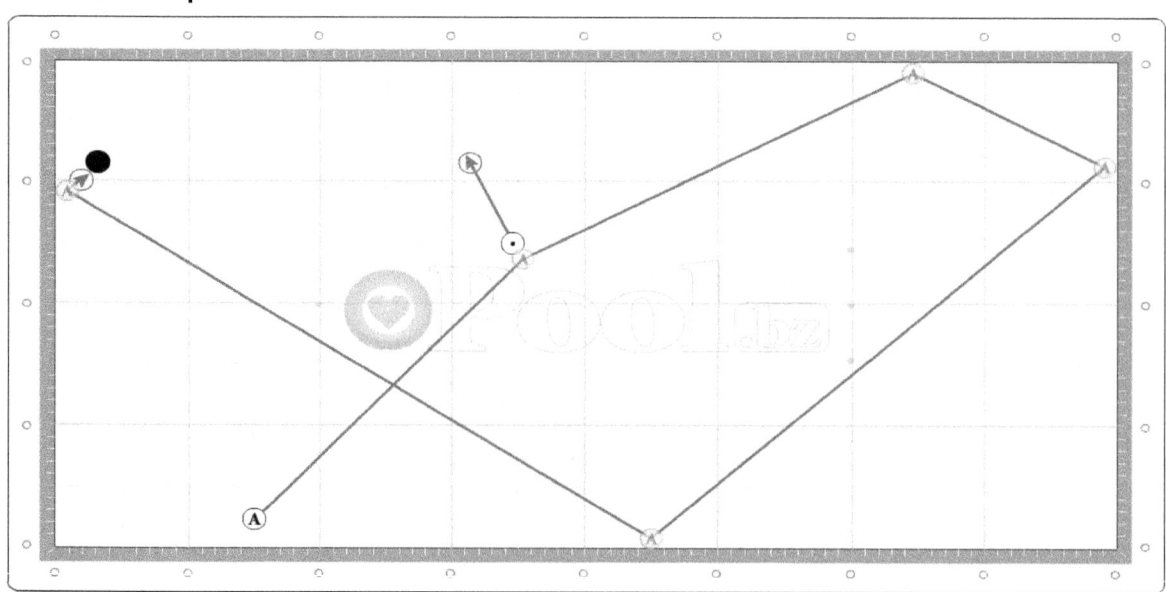

D:3d – Impostare

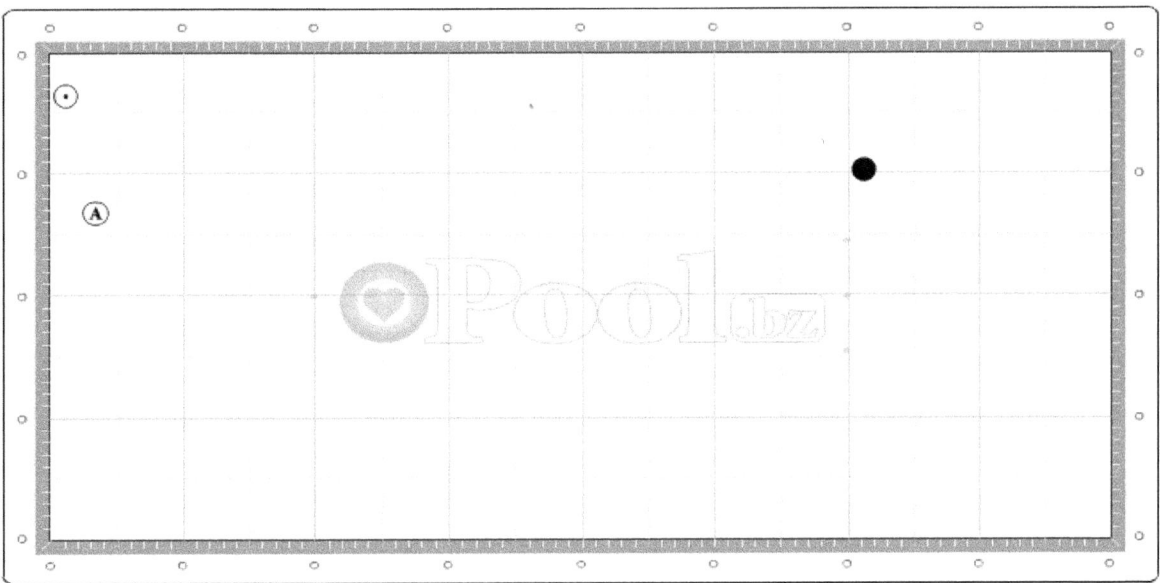

Note e idee:

Modello di colpo

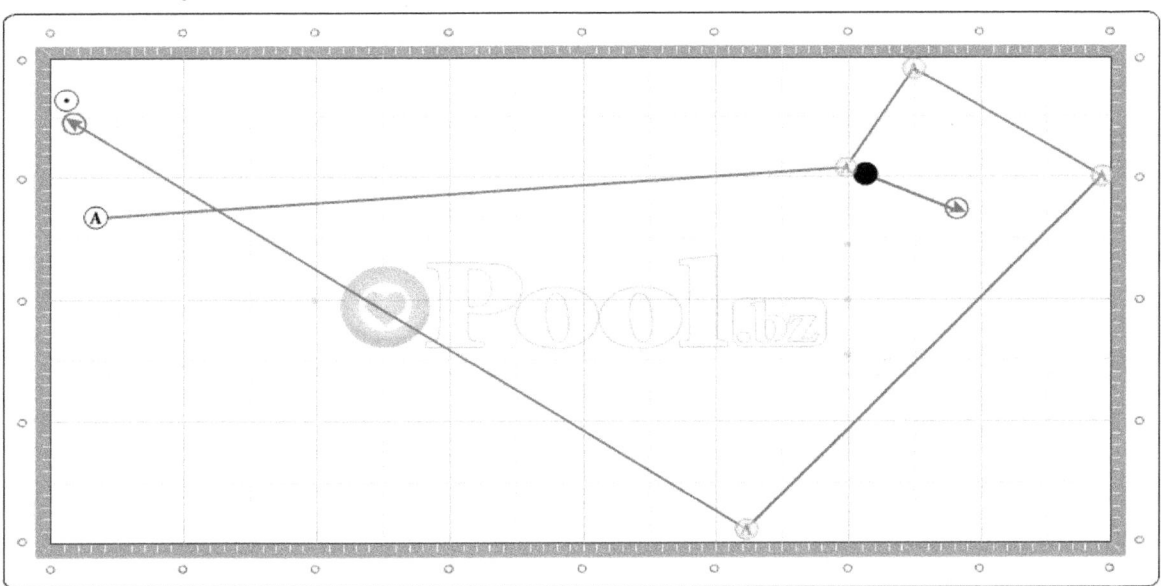

D: Gruppo 4

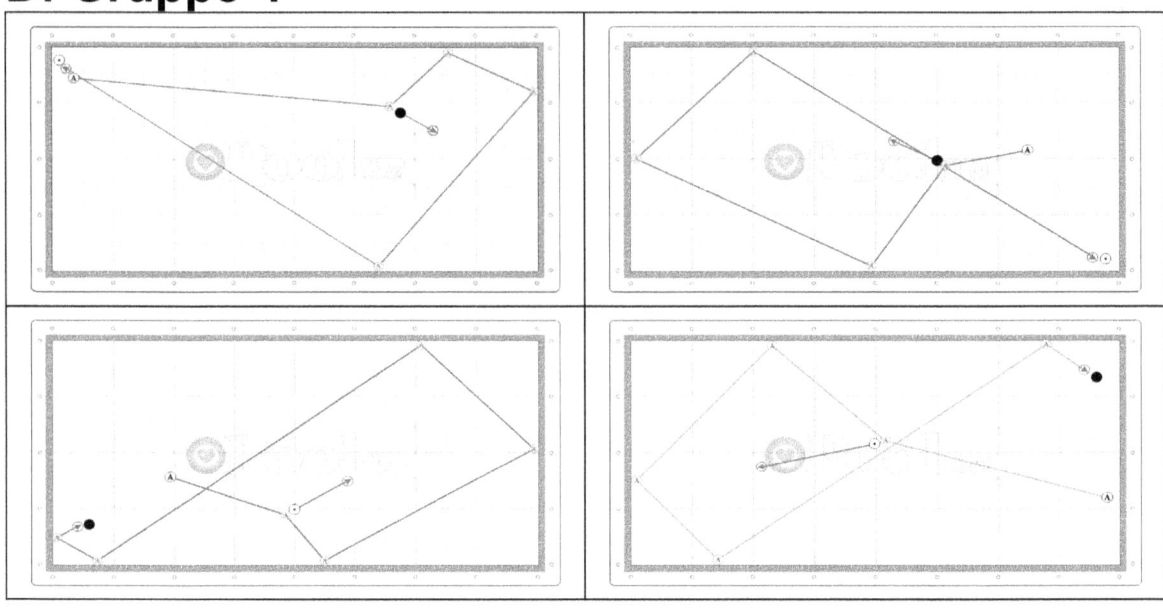

Analisi:

D:4a. _____

D:4b. _____

D:4c. _____

D:4d. _____

D:4a – Impostare

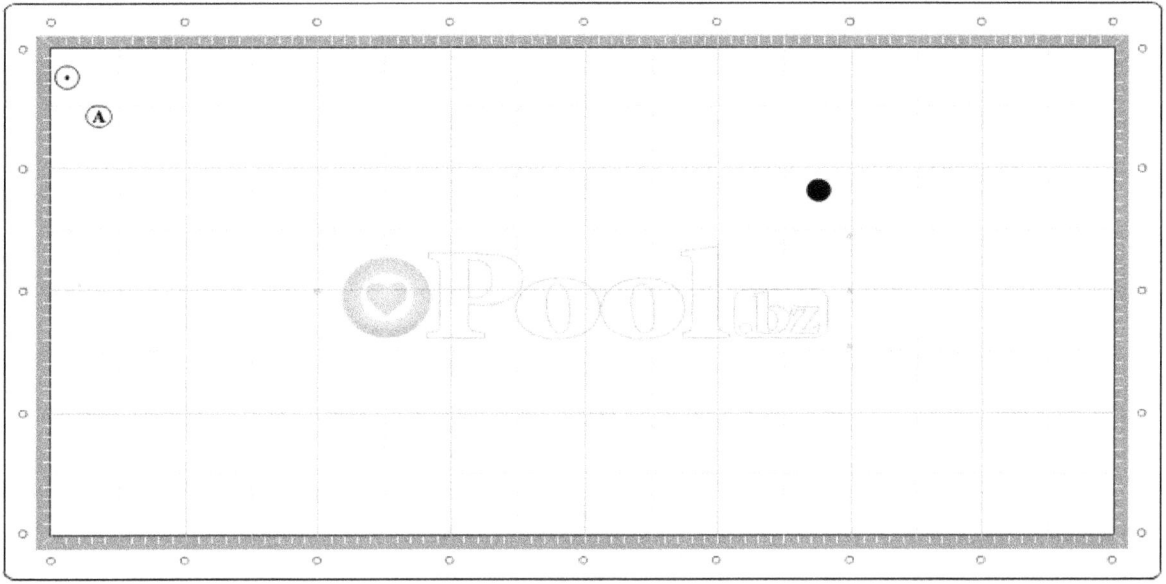

Note e idee:

Modello di colpo

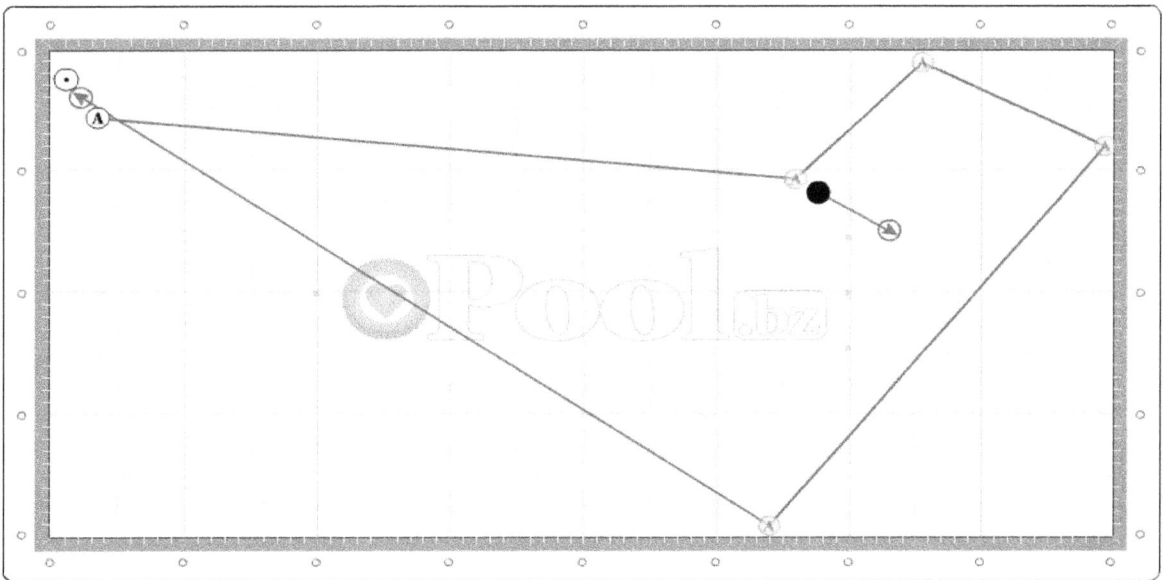

D:4b – Impostare

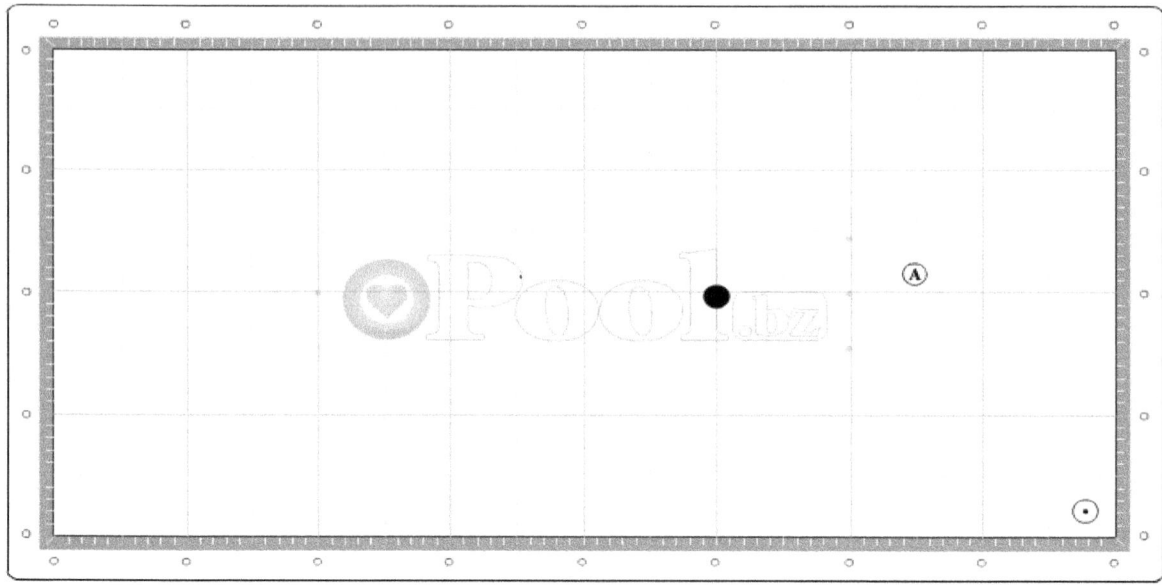

Note e idee:

Modello di colpo

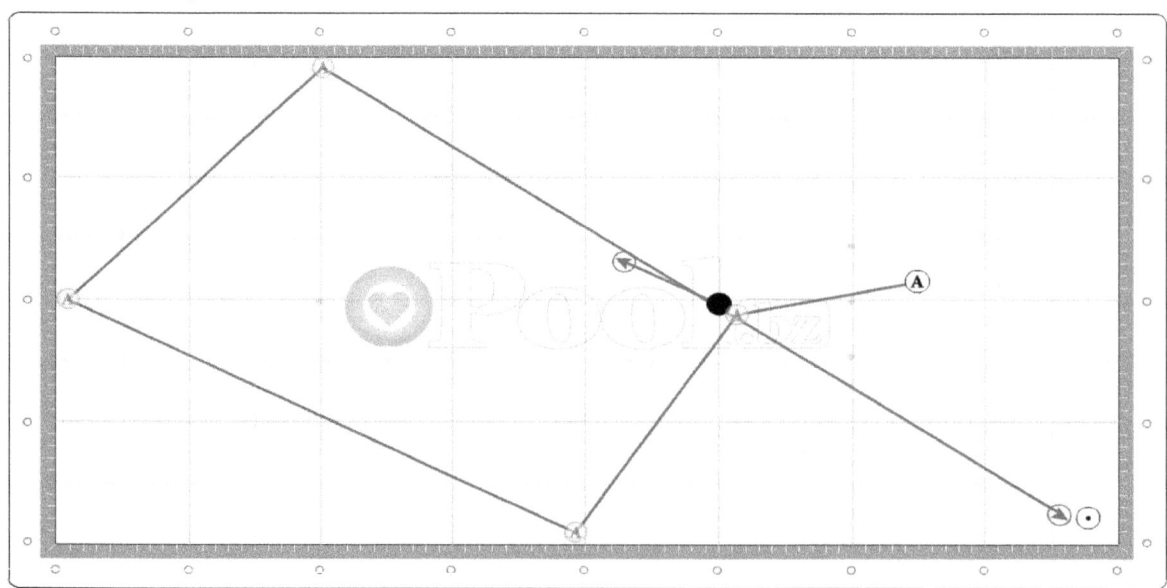

D:4c – Impostare

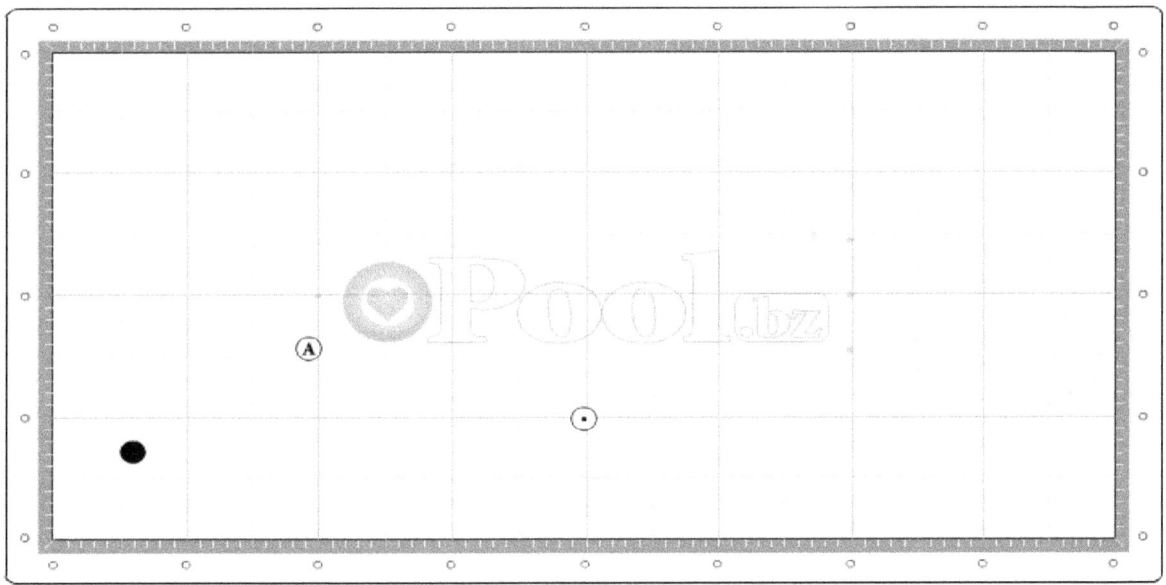

Note e idee:

Modello di colpo

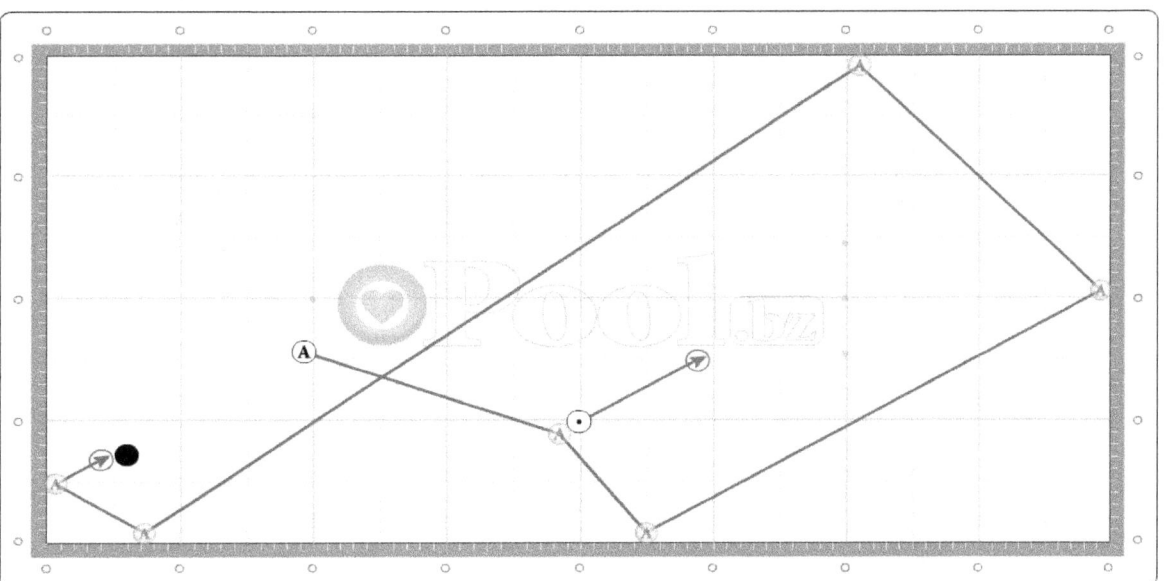

D:4d – Impostare

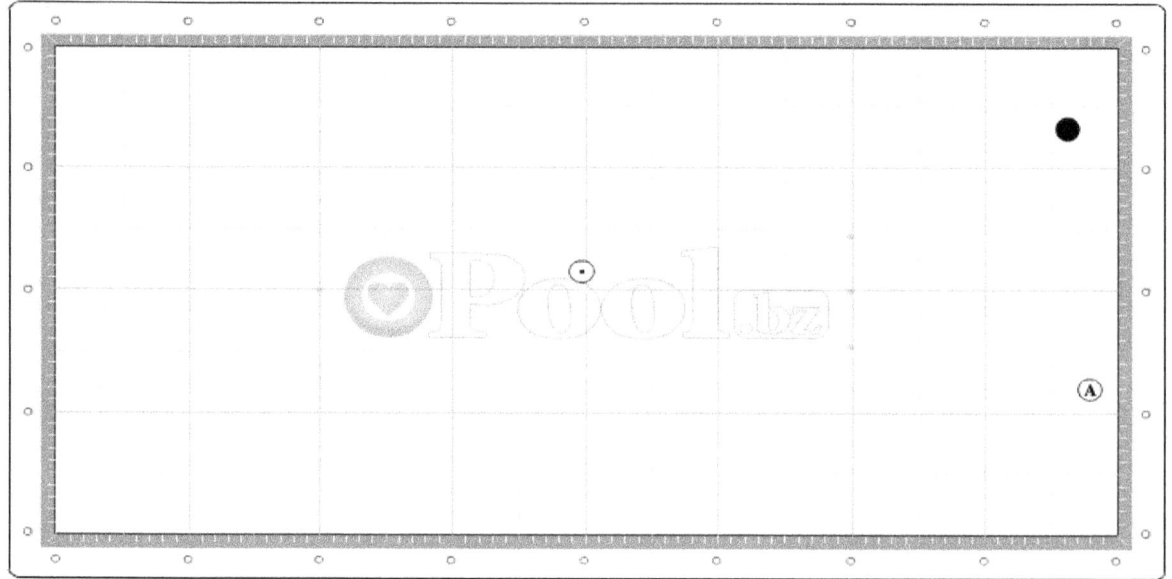

Note e idee:

Modello di colpo

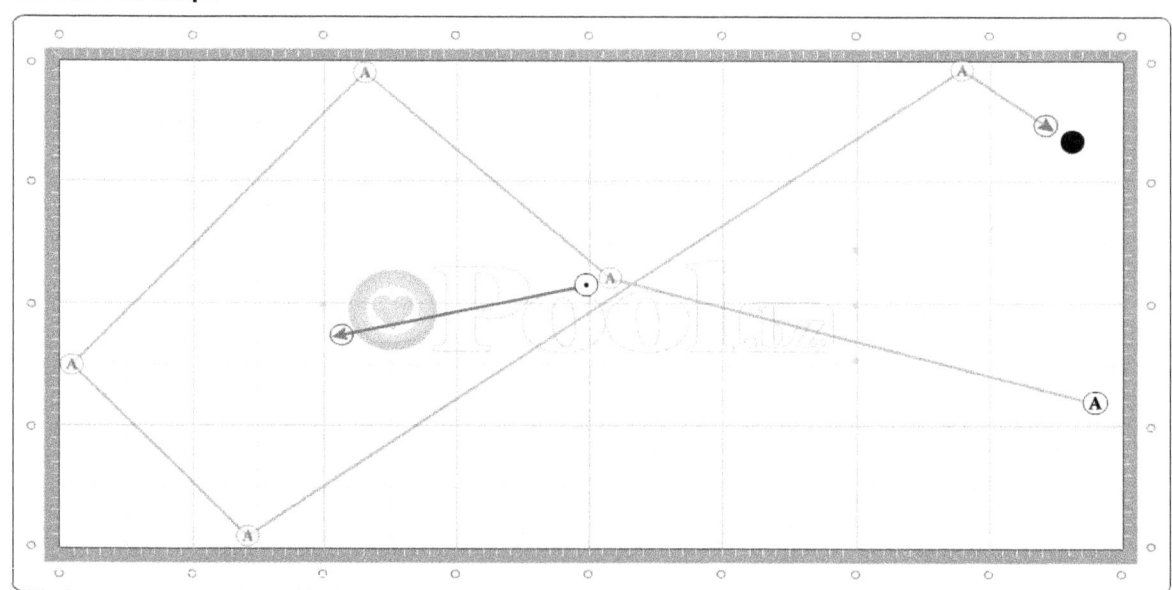

D: Gruppo 5

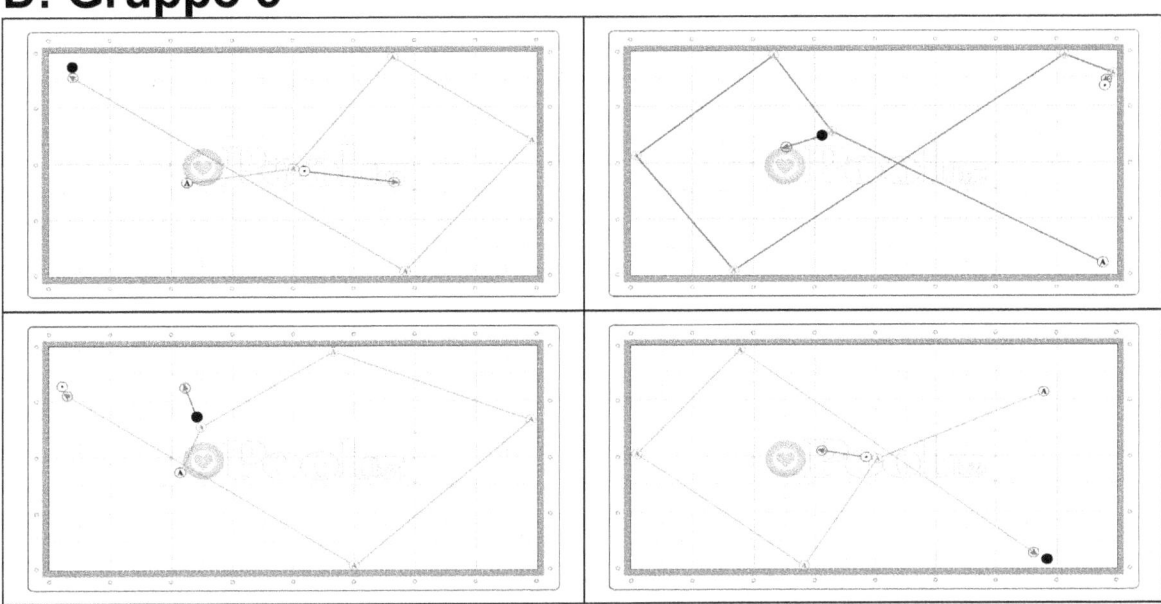

Analisi:

D:5a. _____

D:5b. _____

D:5c. _____

D:5d. _____

D:5a – Impostare

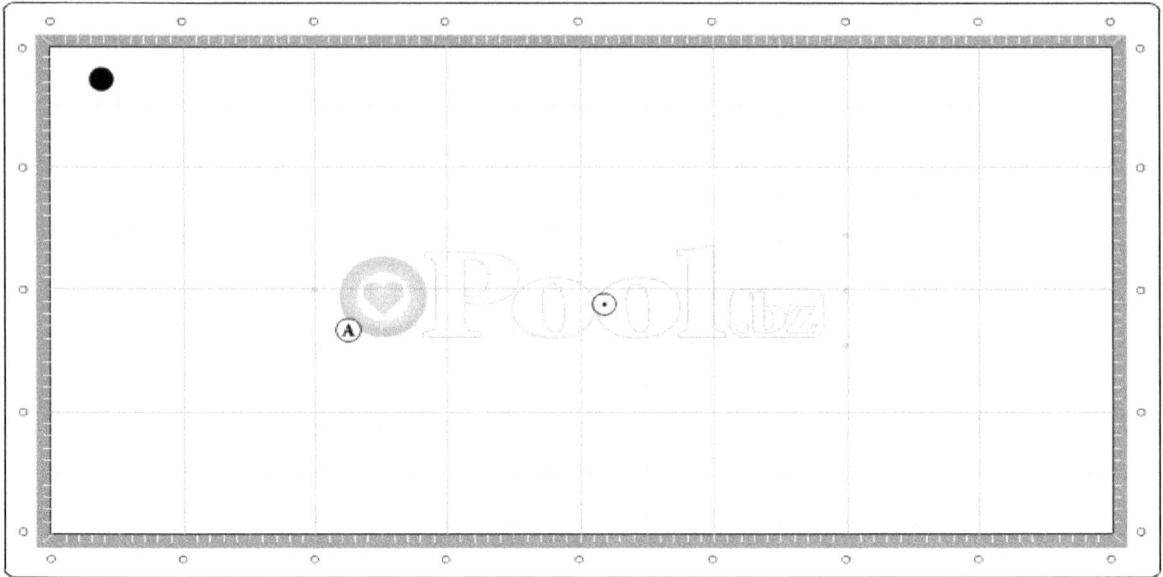

Note e idee:

Modello di colpo

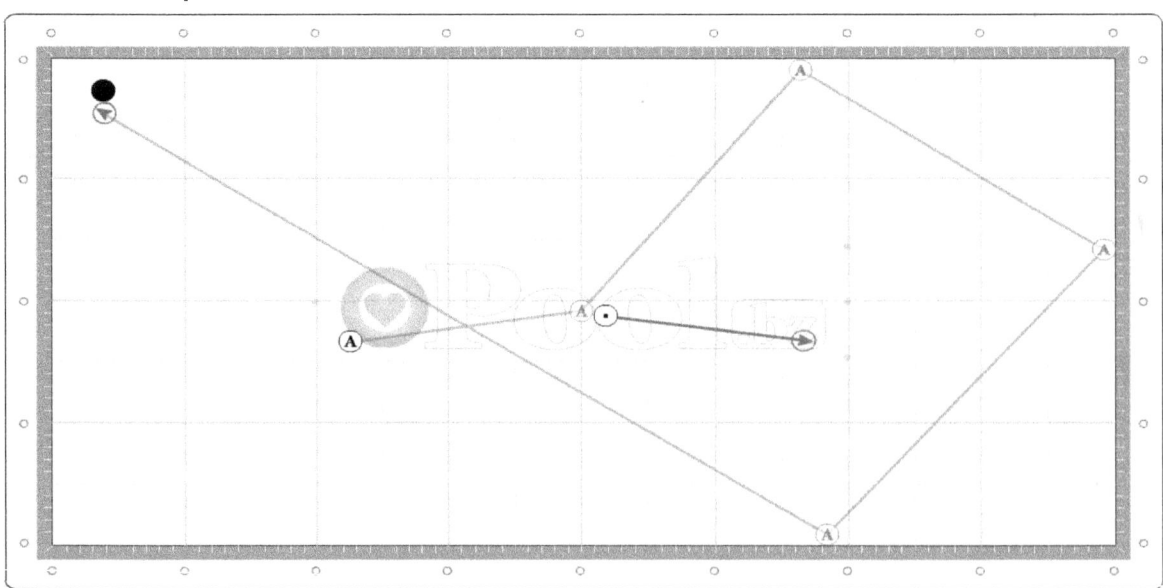

D:5b – Impostare

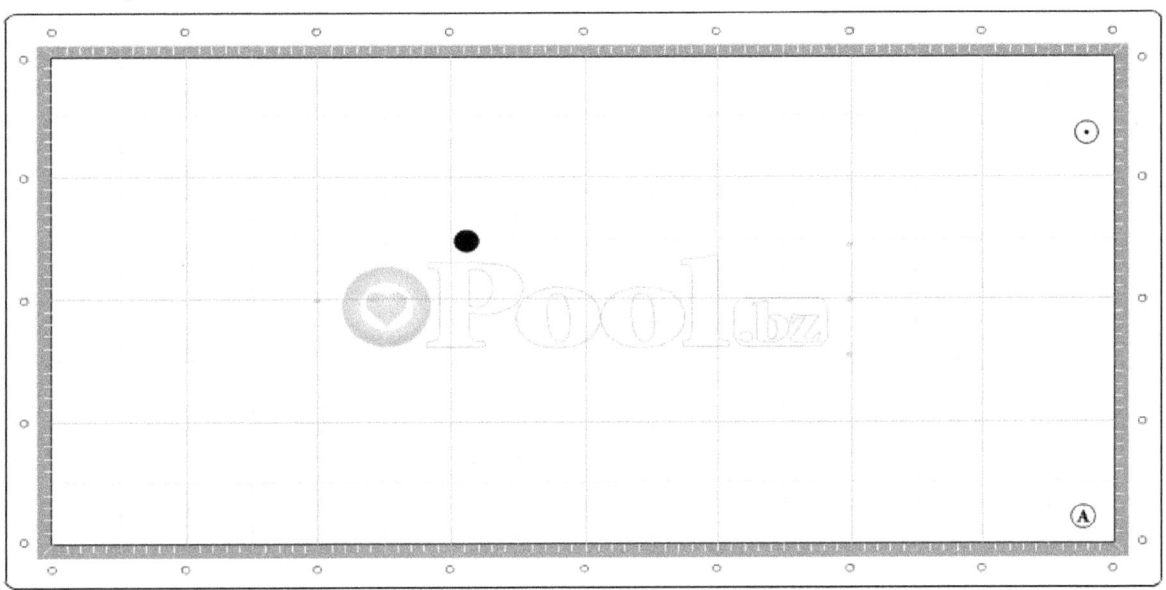

Note e idee:

Modello di colpo

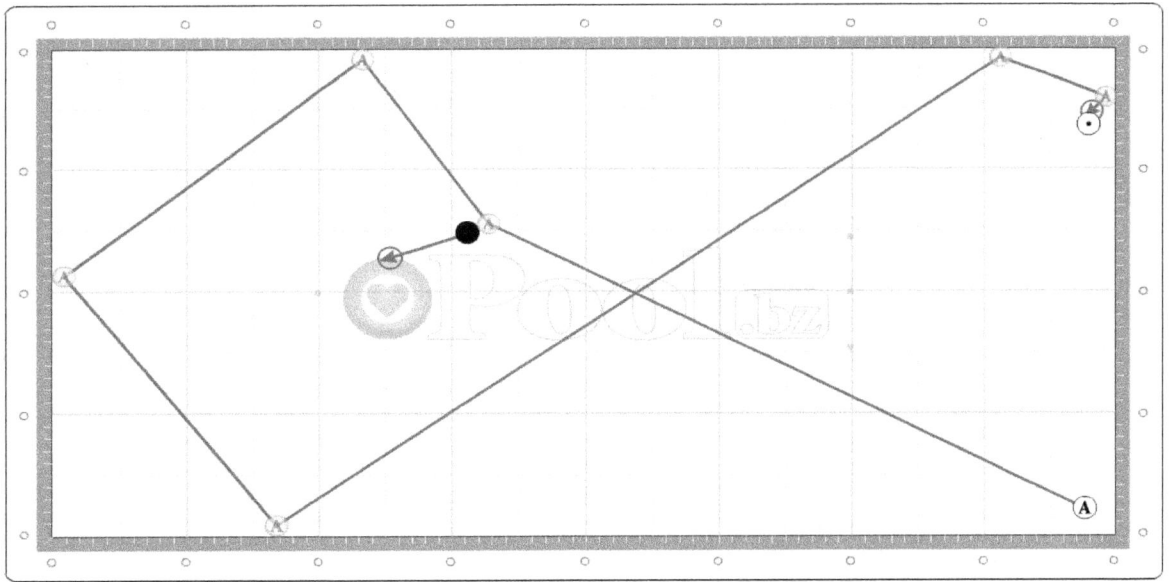

D:5c – Impostare

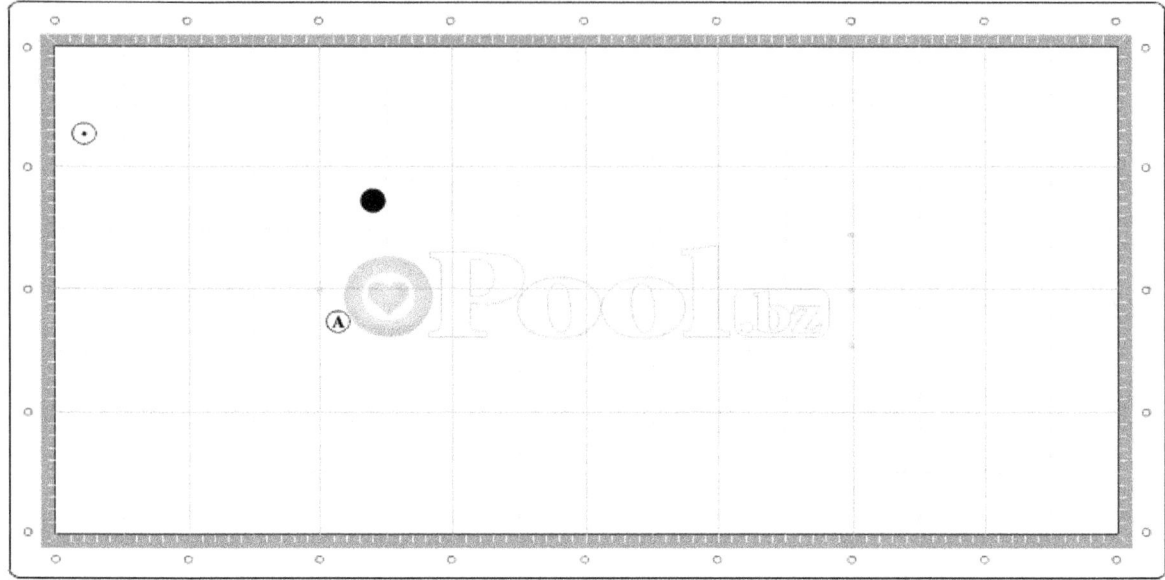

Note e idee:

Modello di colpo

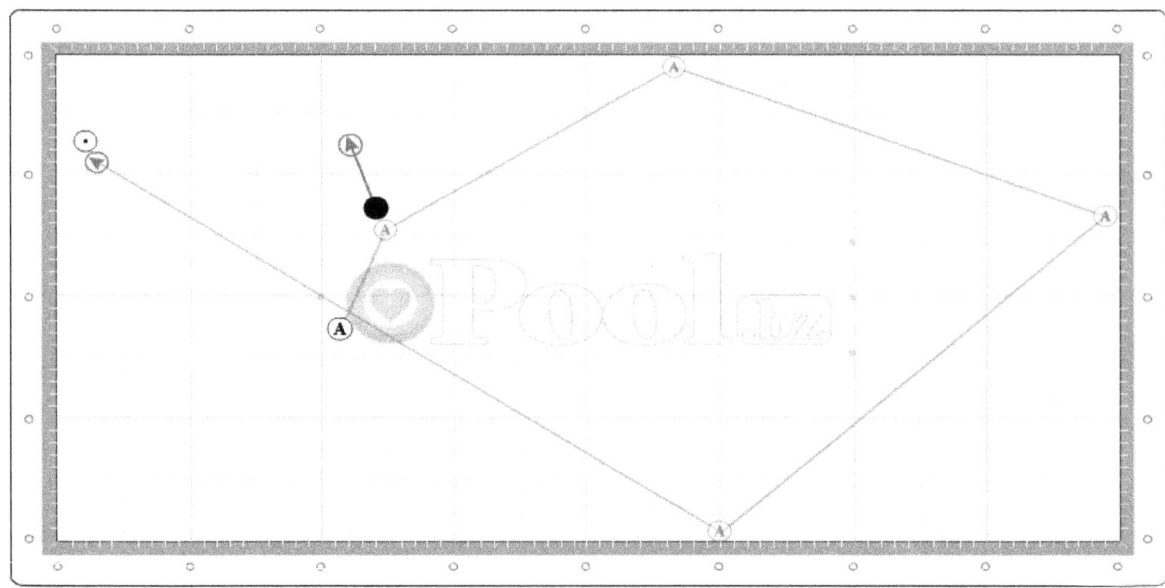

D:5d – Impostare

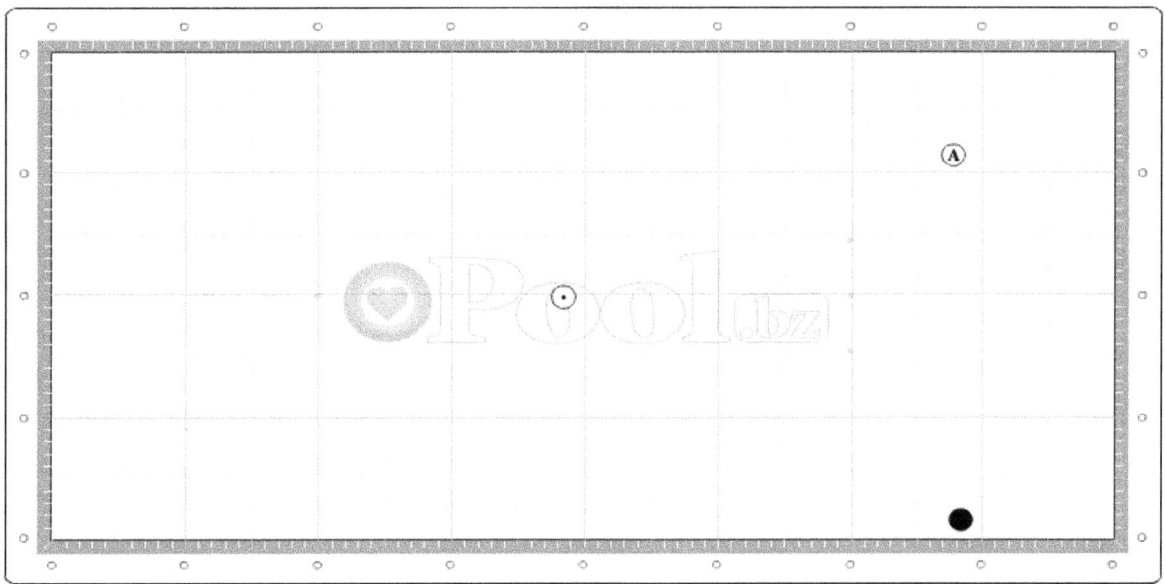

Note e idee:

Modello di colpo

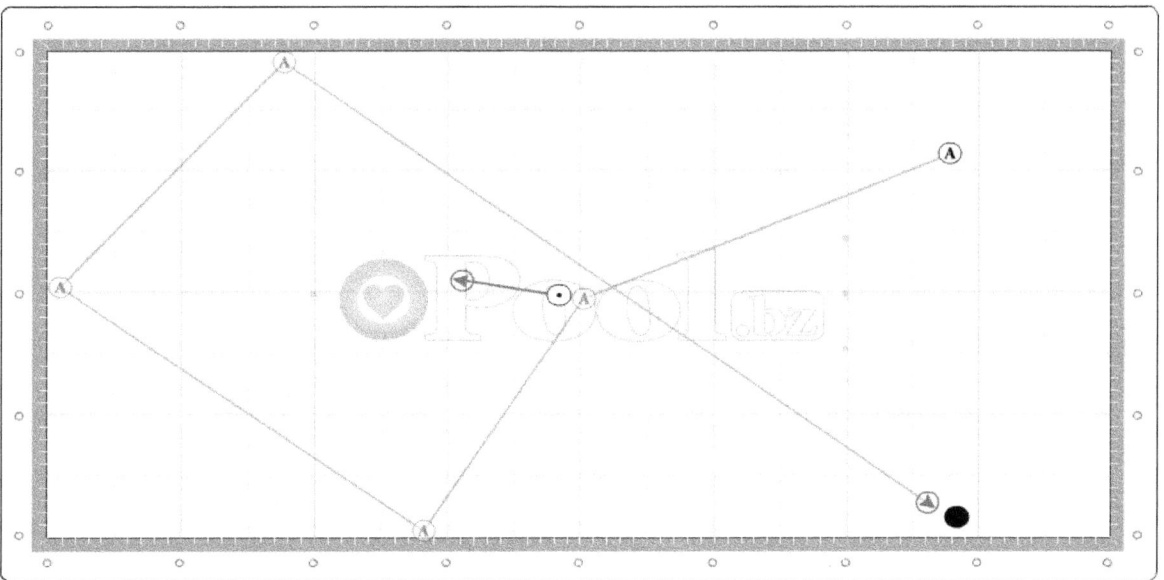

D: Gruppo 6

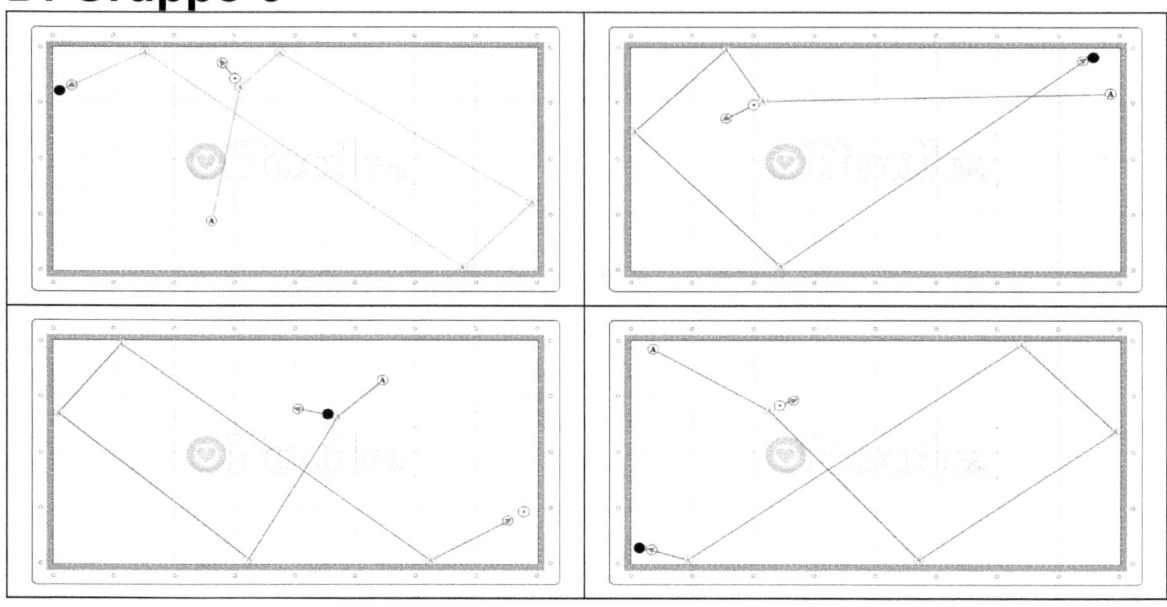

Analisi:

D:6a. _____

D:6b. _____

D:6c. _____

D:6d. _____

D:6a – Impostare

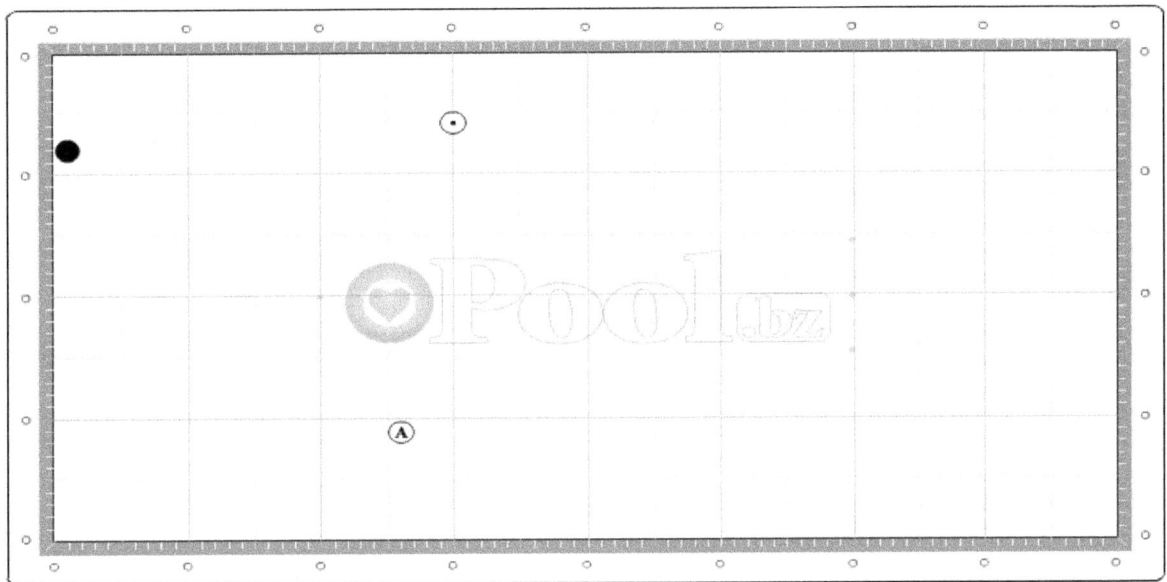

Note e idee:

Modello di colpo

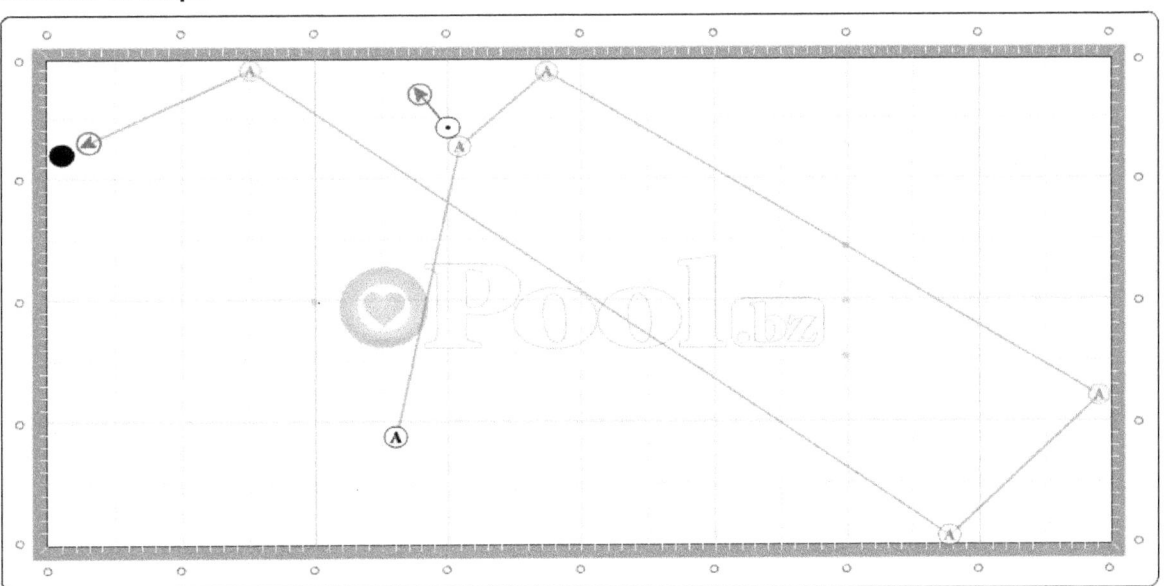

D:6b – Impostare

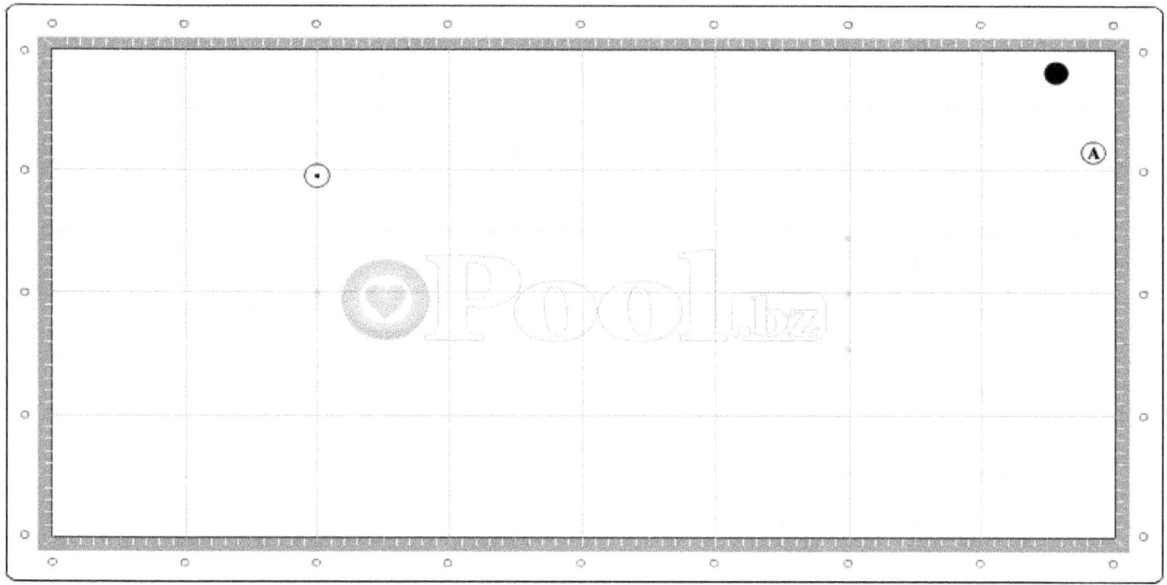

Note e idee:

Modello di colpo

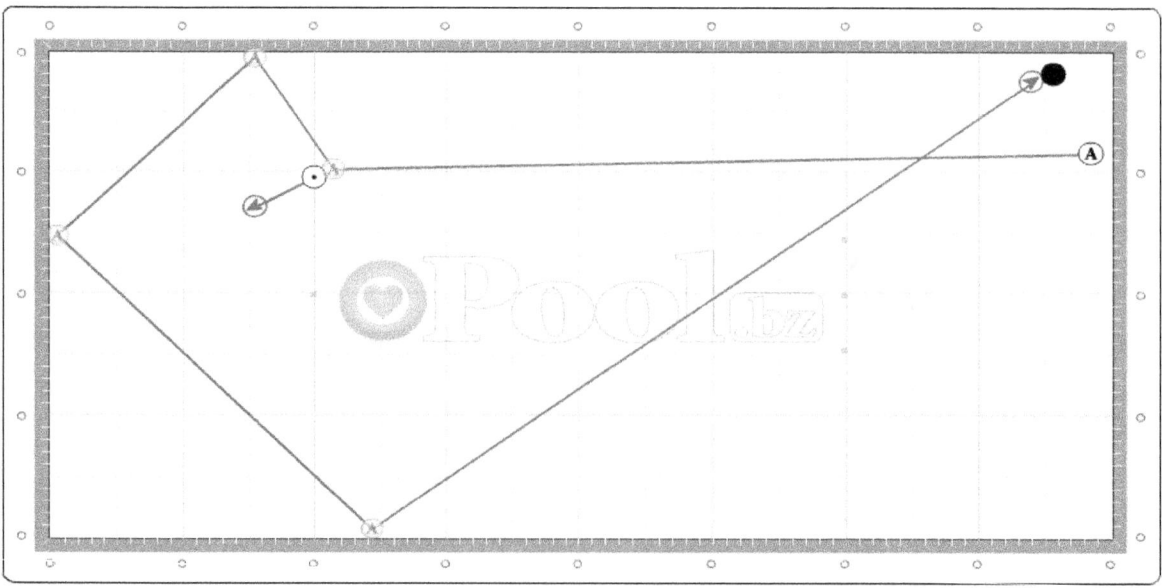

D:6c – Impostare

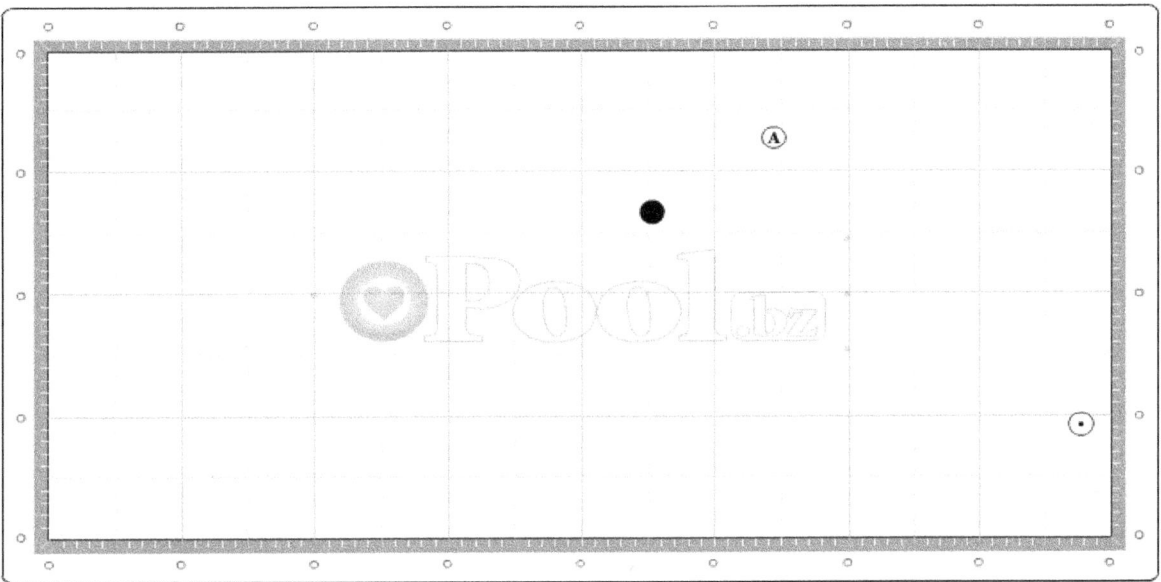

Note e idee:

Modello di colpo

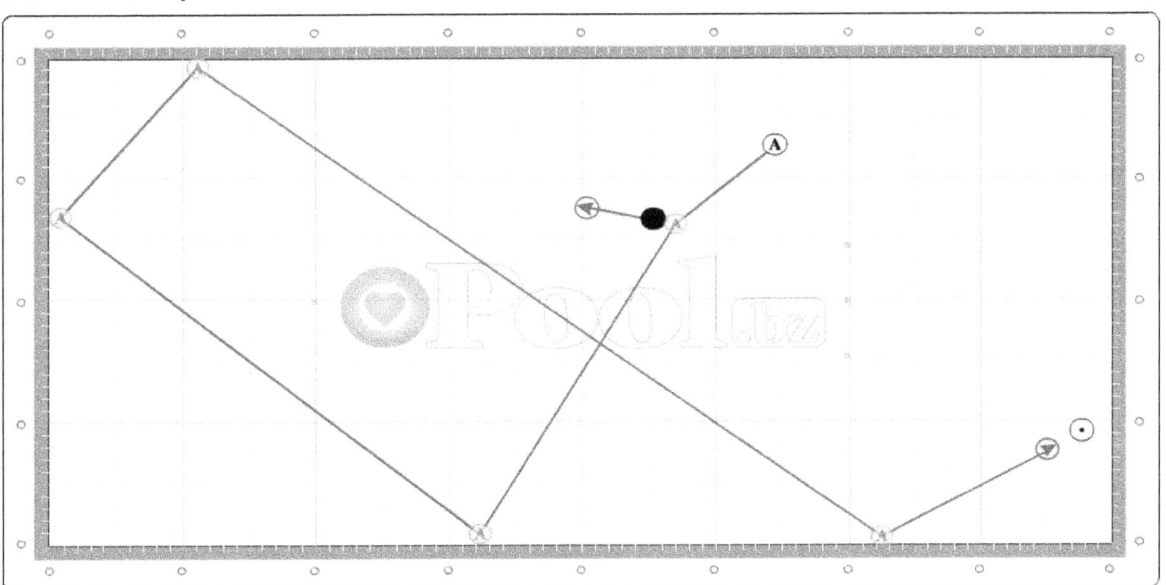

D:6d – Impostare

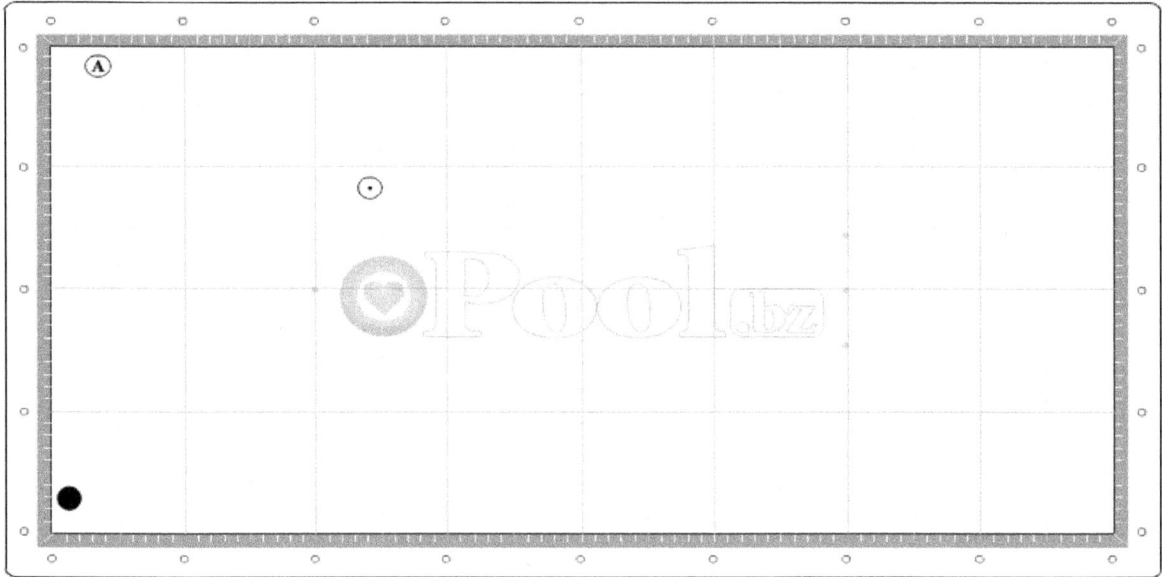

Note e idee:

Modello di colpo

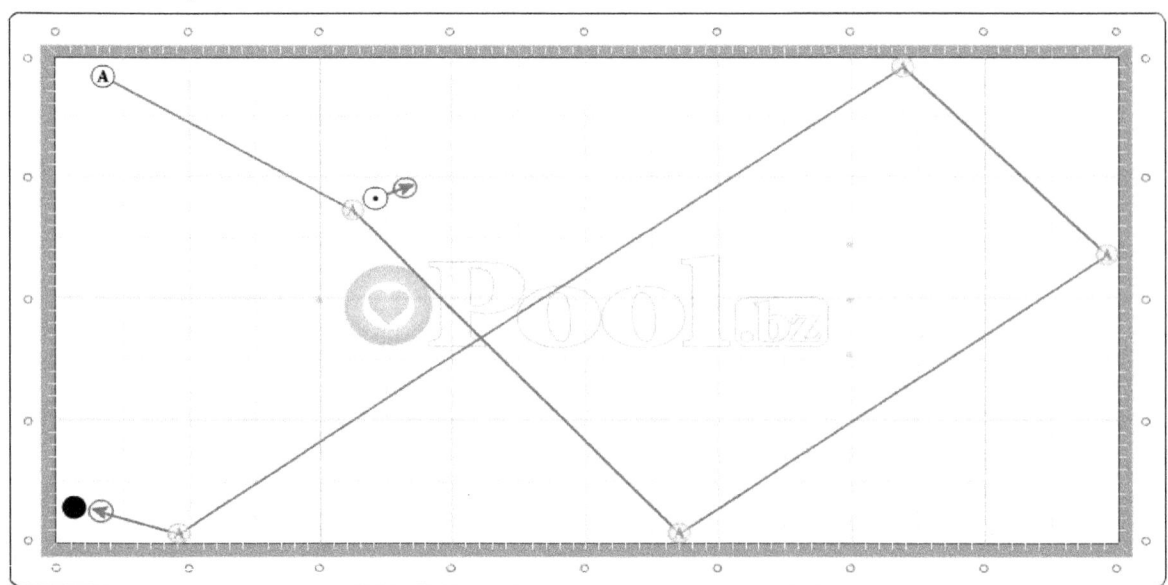

D: Gruppo 7

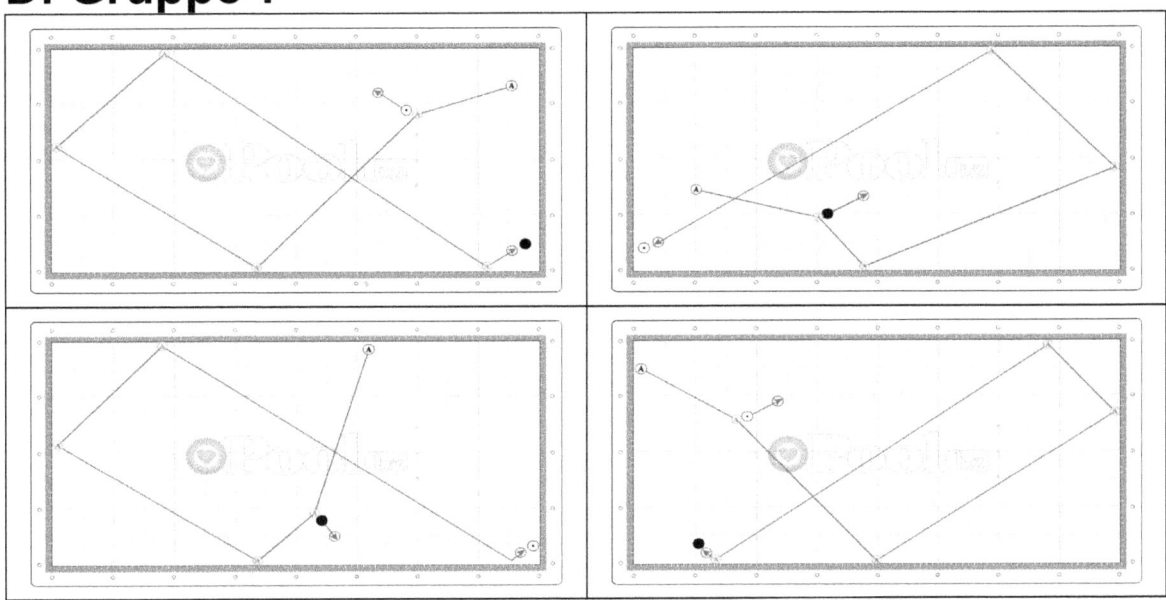

Analisi:

D:7a. _____

D:7b. _____

D:7c. _____

D:7d. _____

D:7a – Impostare

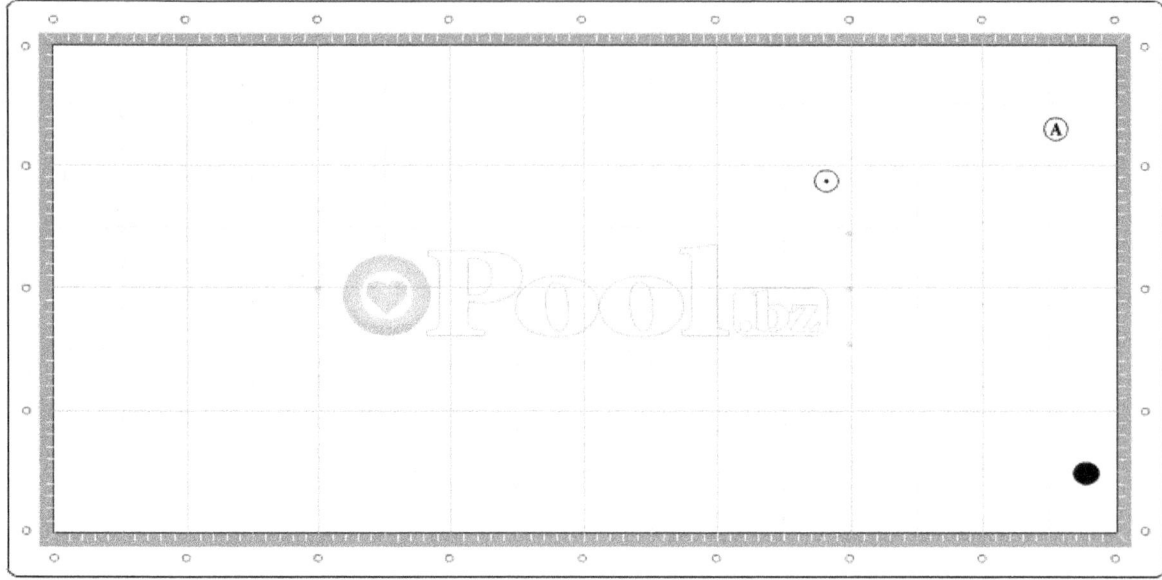

Note e idee:

Modello di colpo

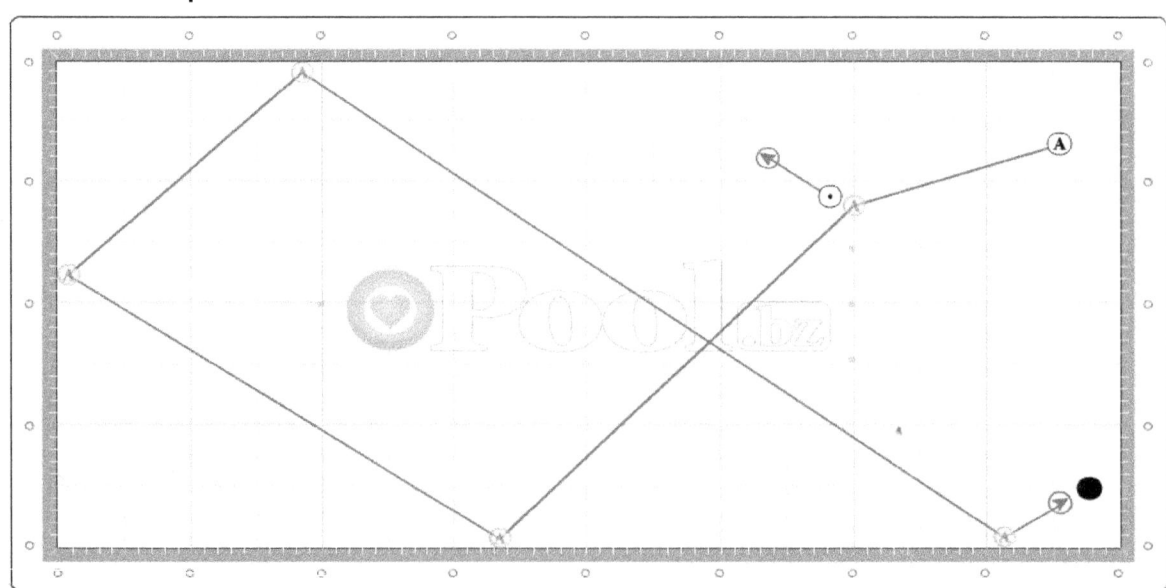

D:7b – Impostare

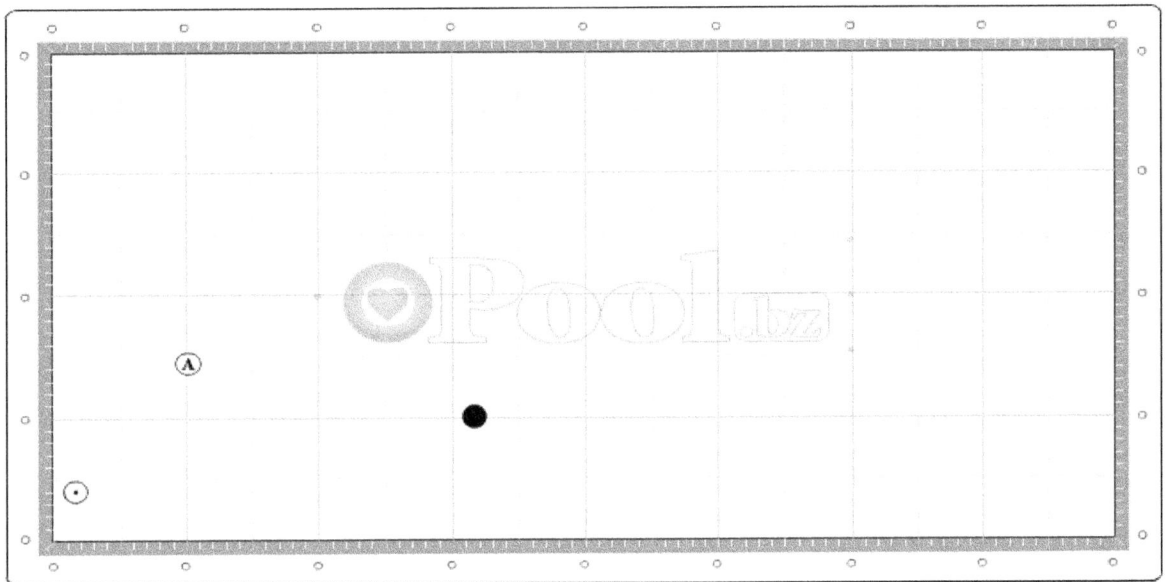

Note e idee:

Modello di colpo

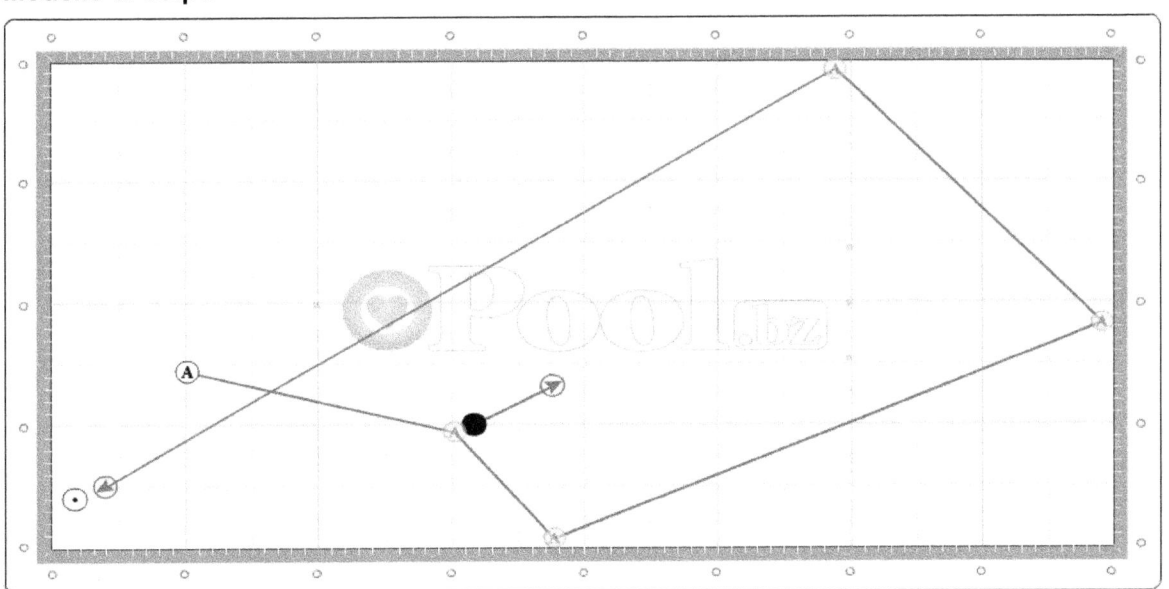

D:7c – Impostare

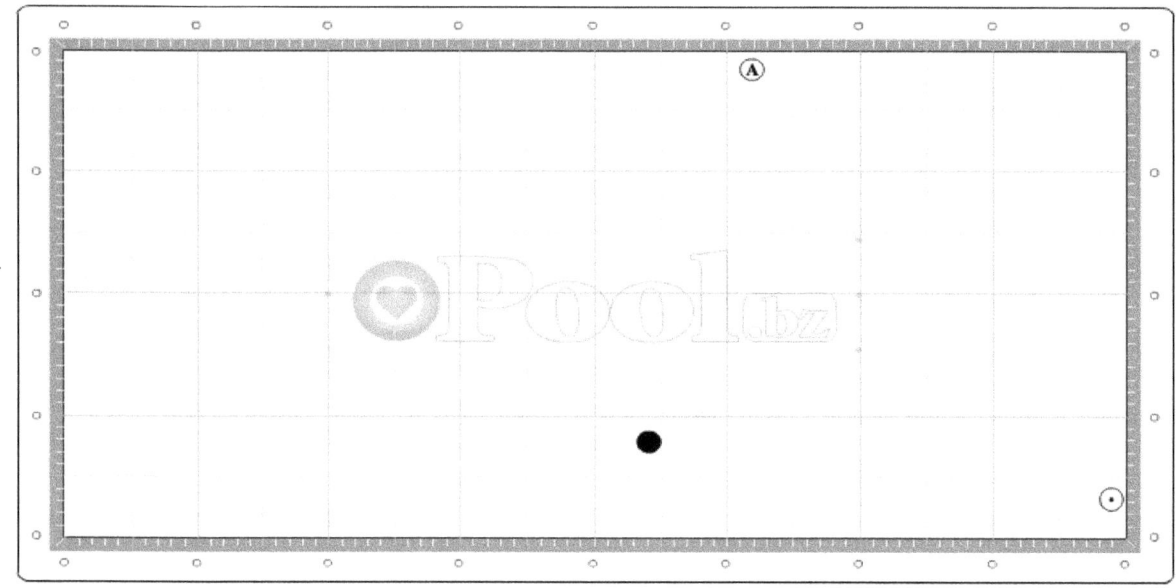

Note e idee:

Modello di colpo

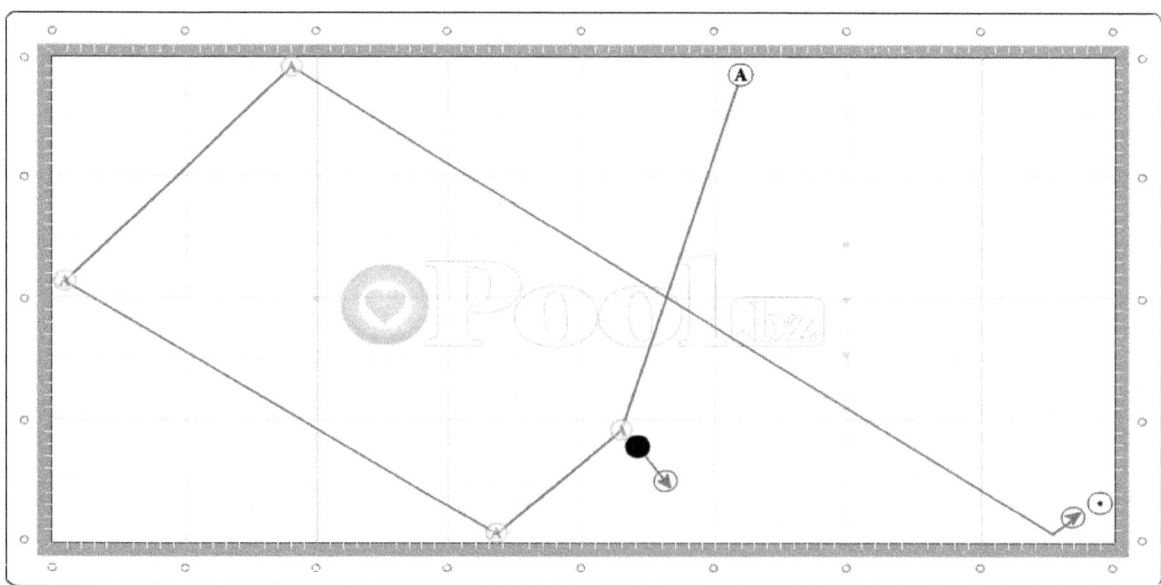

D:7d – Impostare

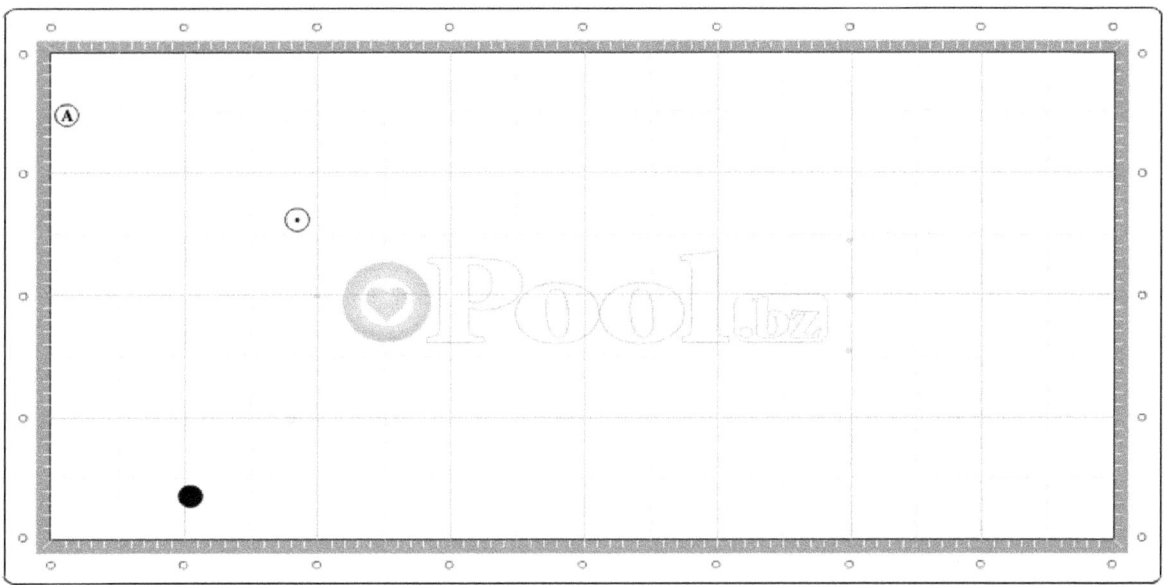

Note e idee:

Modello di colpo

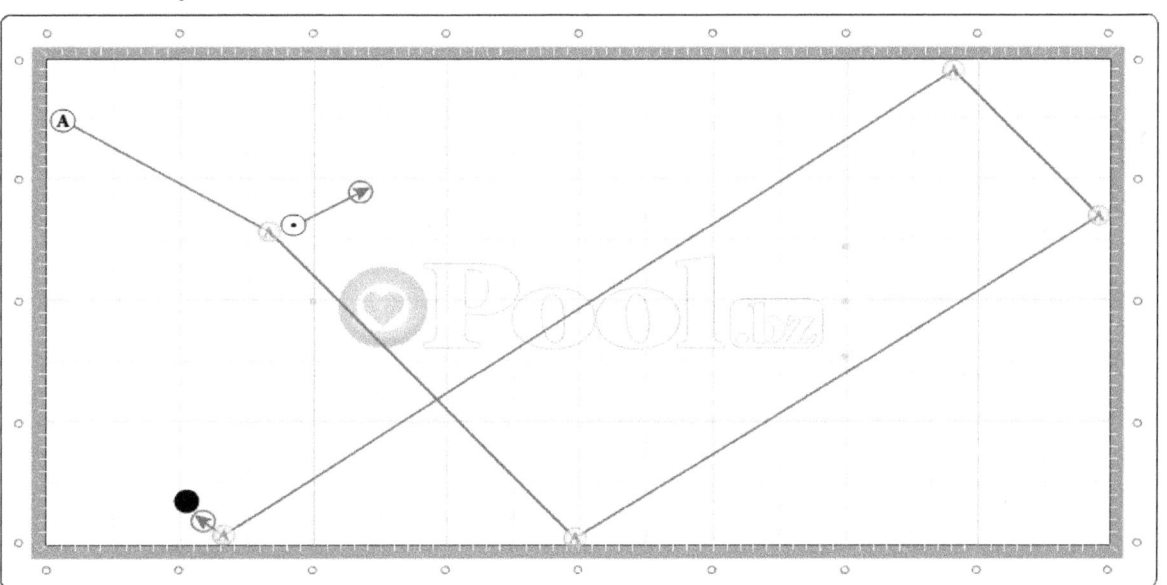

D: Gruppo 8

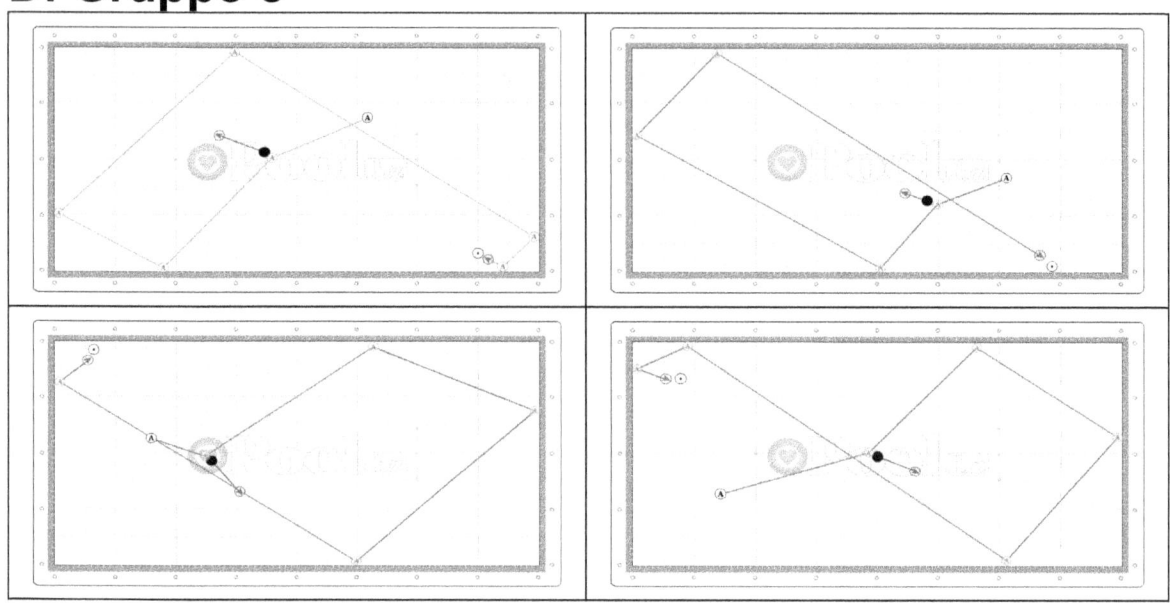

Analisi:

D:8a. _____

D:8b. _____

D:8c. _____

D:8d. _____

D:8a – Impostare

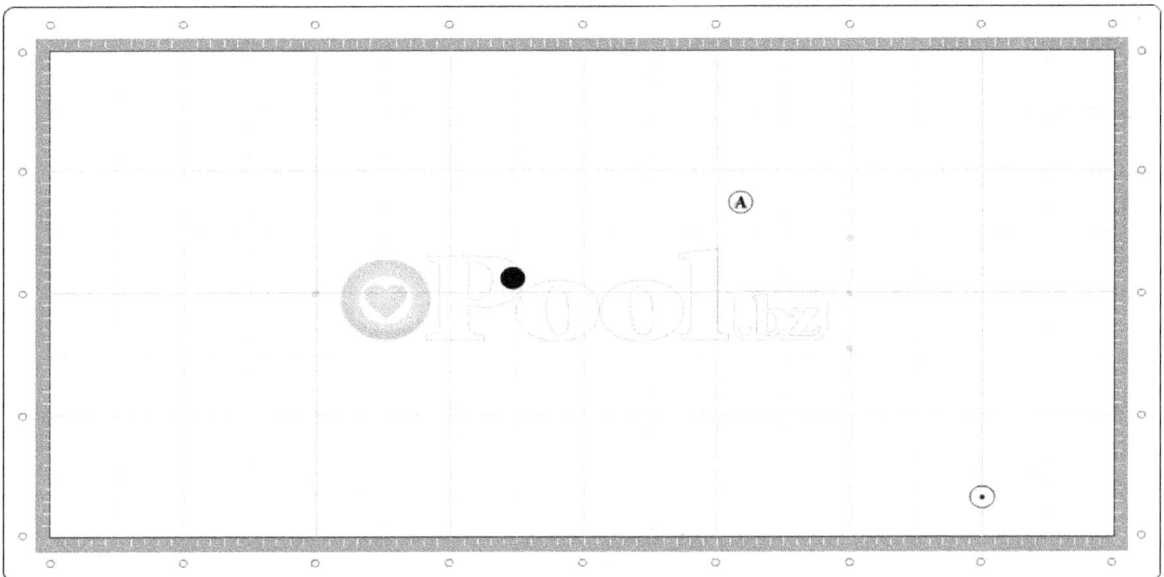

Note e idee:

Modello di colpo

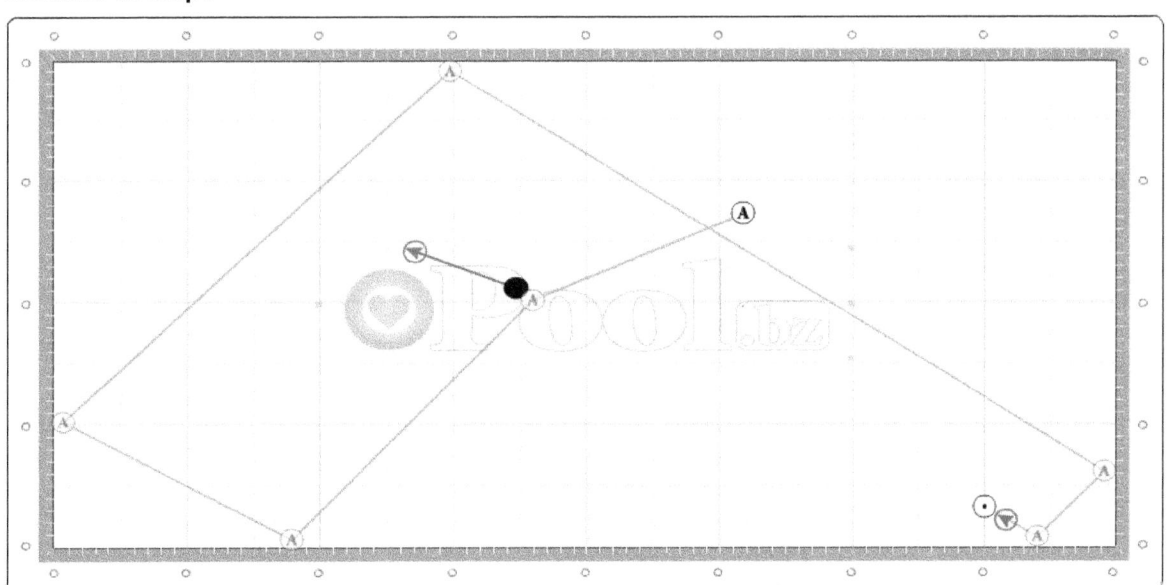

D:8b – Impostare

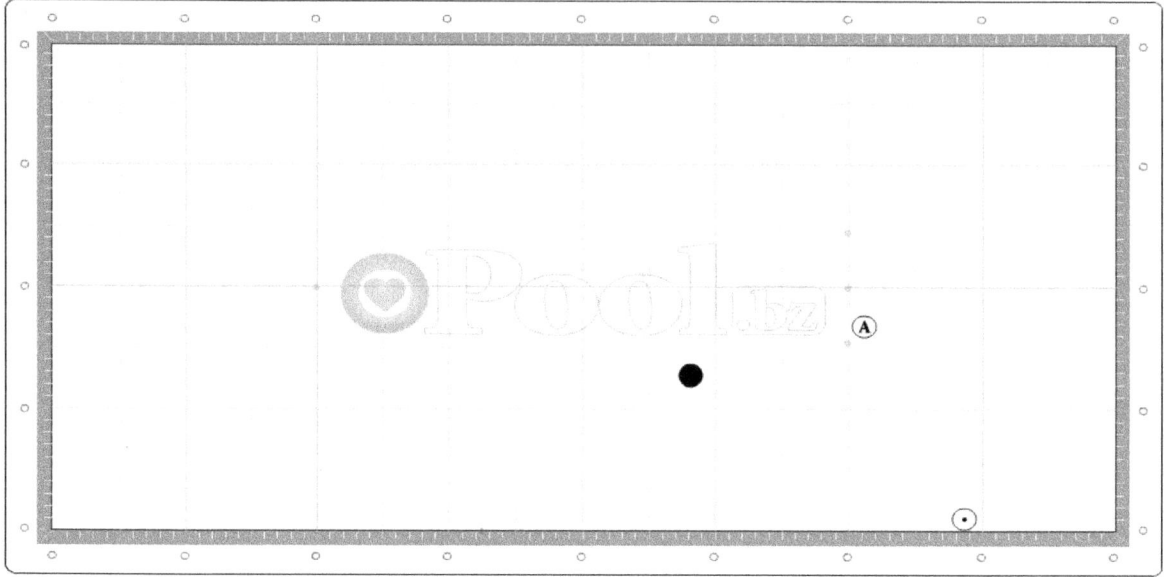

Note e idee:

Modello di colpo

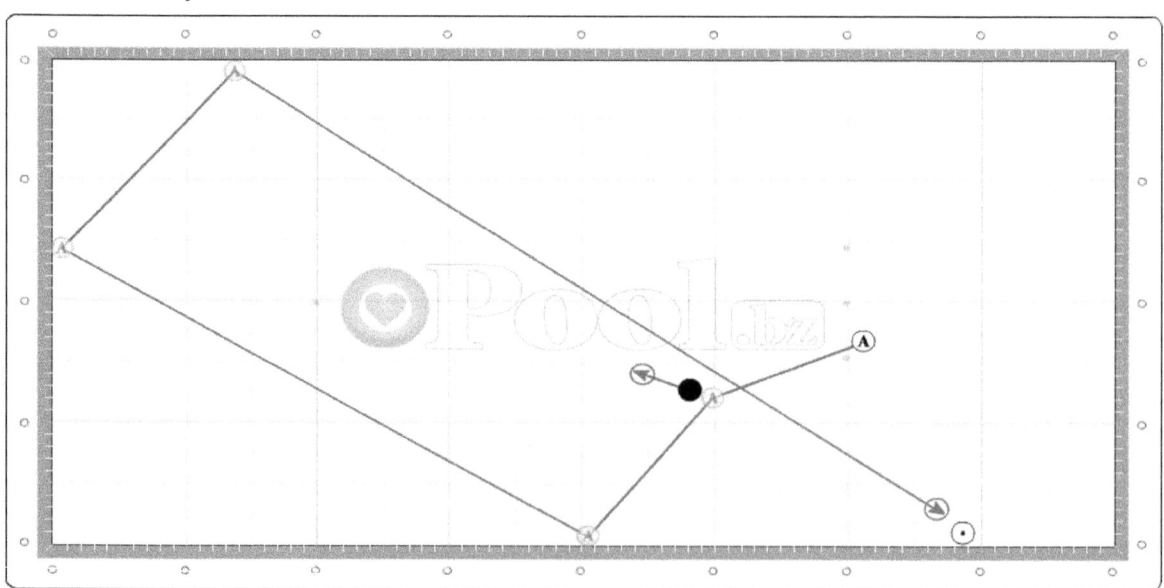

D:8c – Impostare

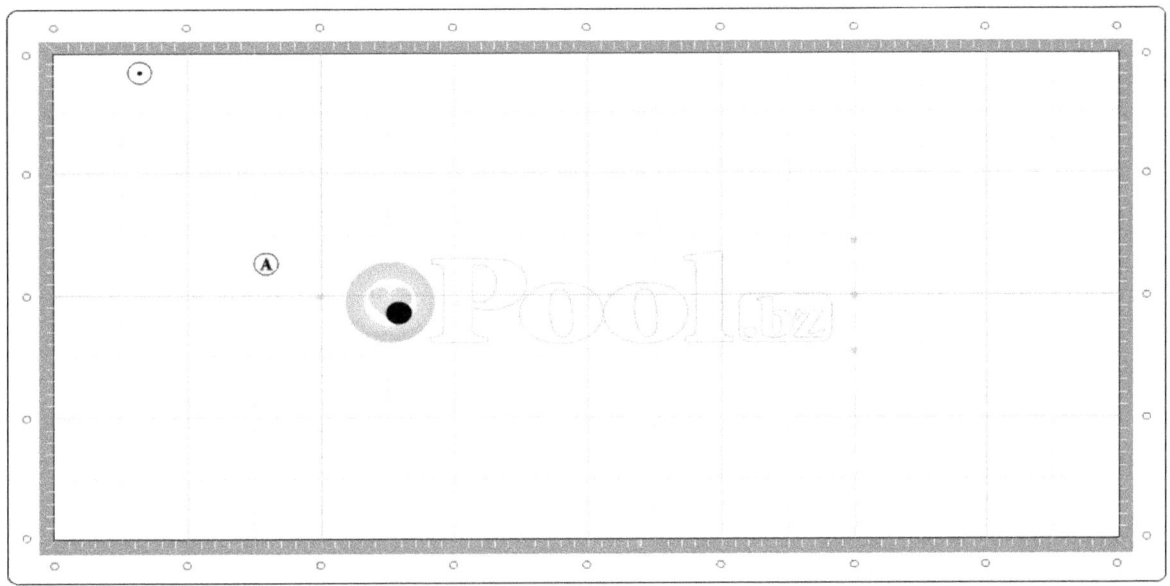

Note e idee:

Modello di colpo

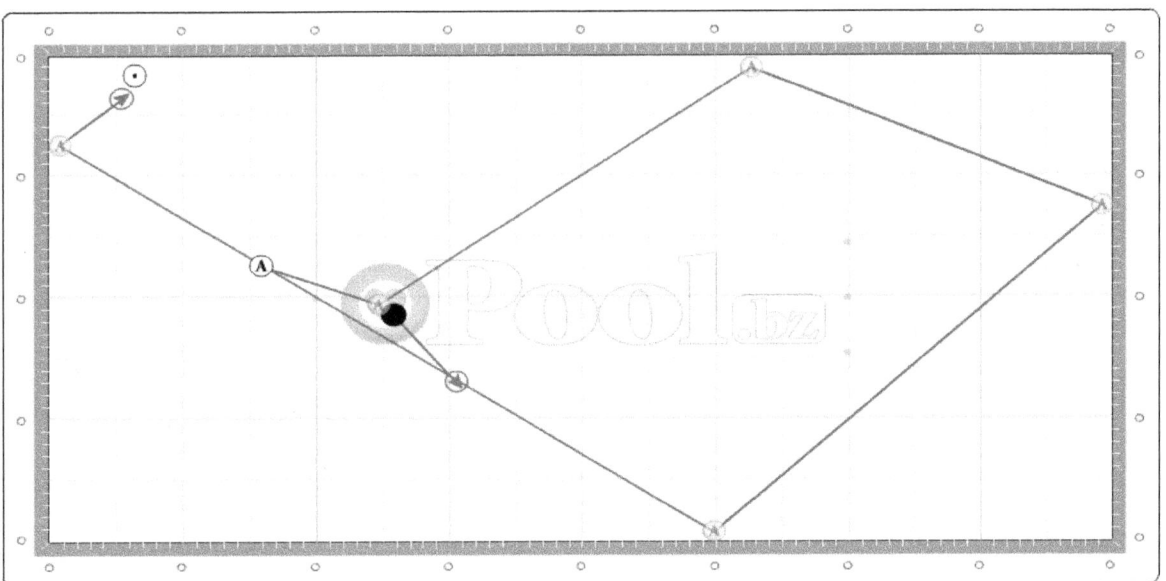

D:8d – Impostare

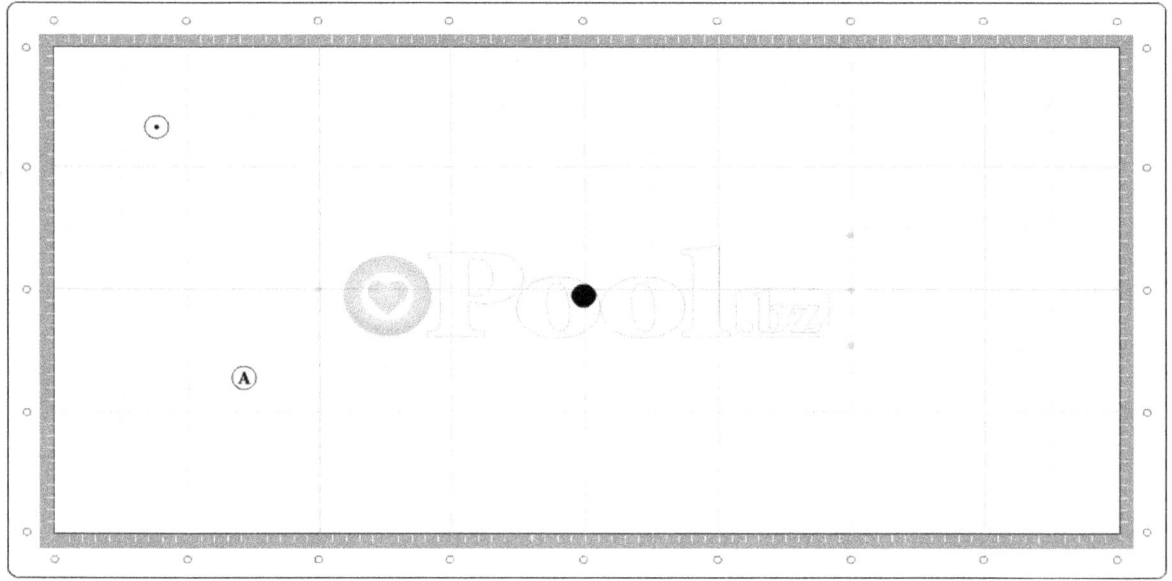

Note e idee:

Modello di colpo

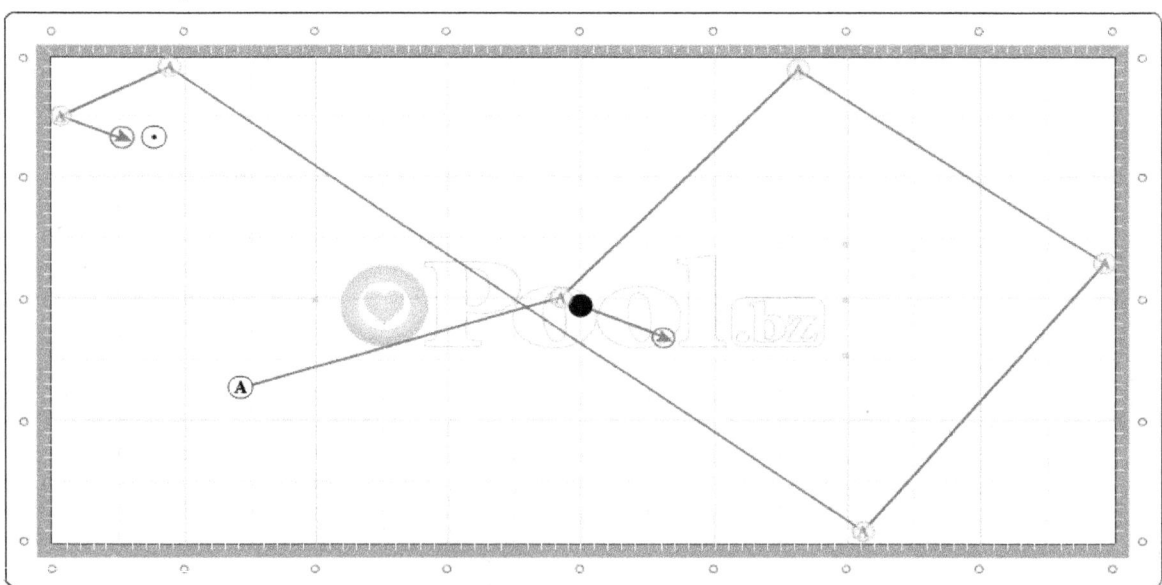

D: Gruppo 9

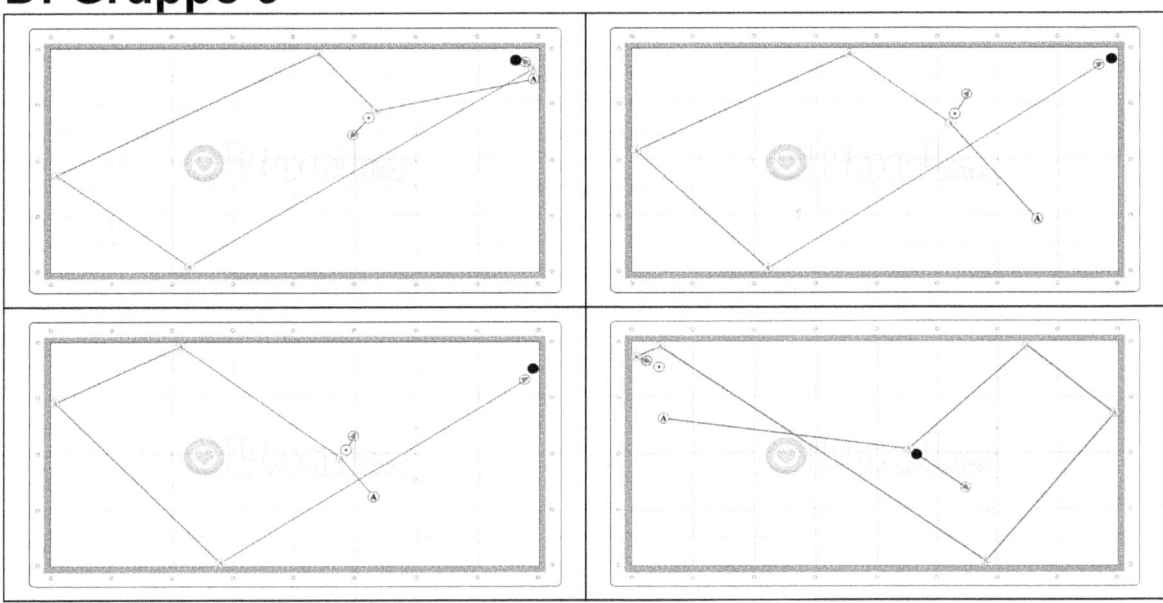

Analisi:

D:9a. _____

D:9b. _____

D:9c. _____

D:9d. _____

D:9a – Impostare

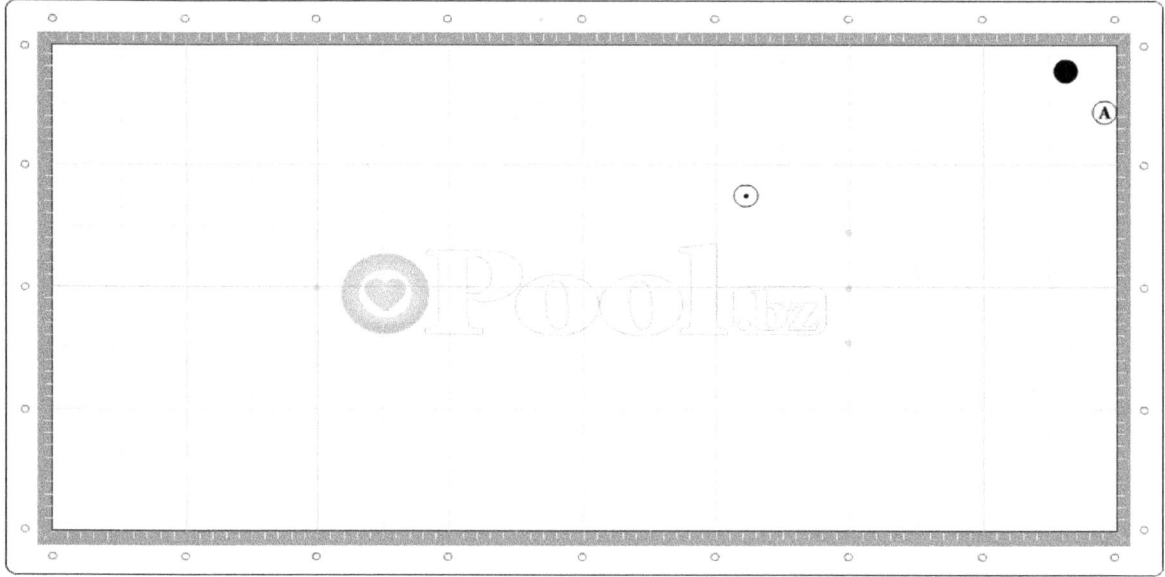

Note e idee:

Modello di colpo

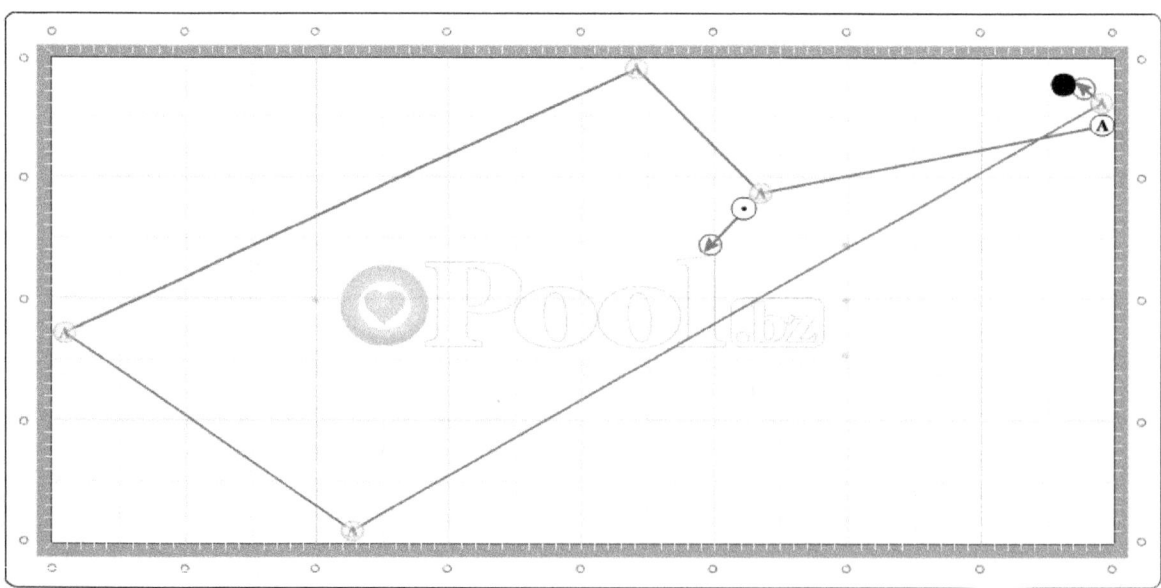

D:9b – Impostare

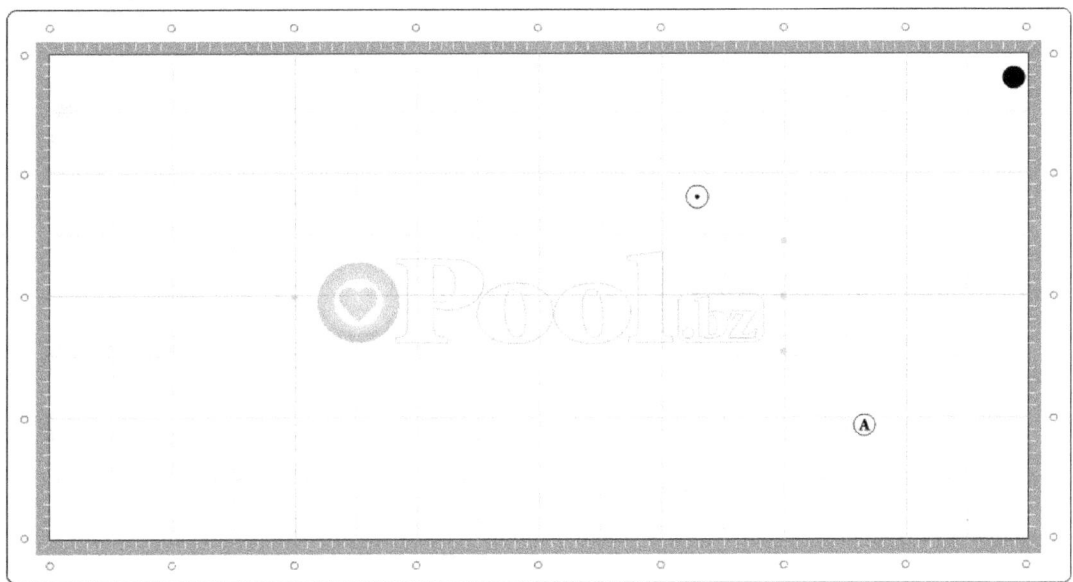

Note e idee:

Modello di colpo

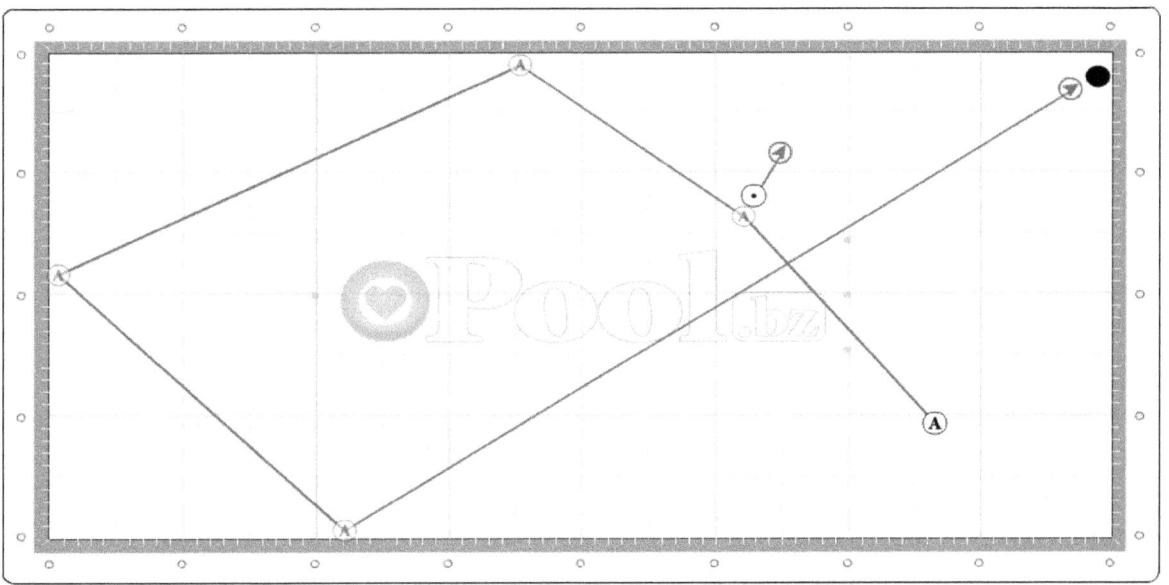

D:9c – Impostare

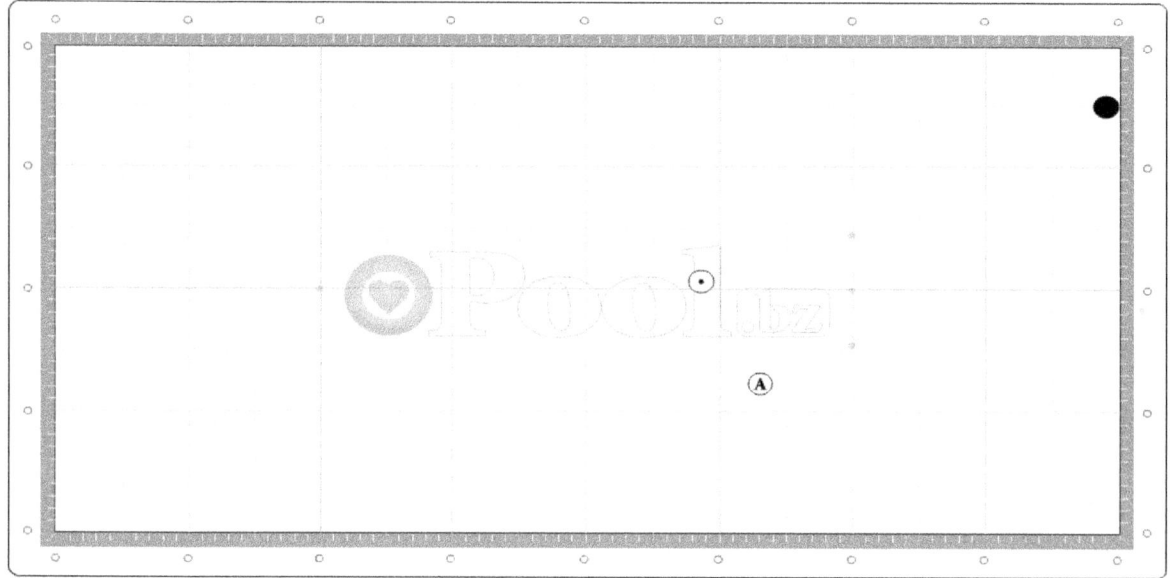

Note e idee:

Modello di colpo

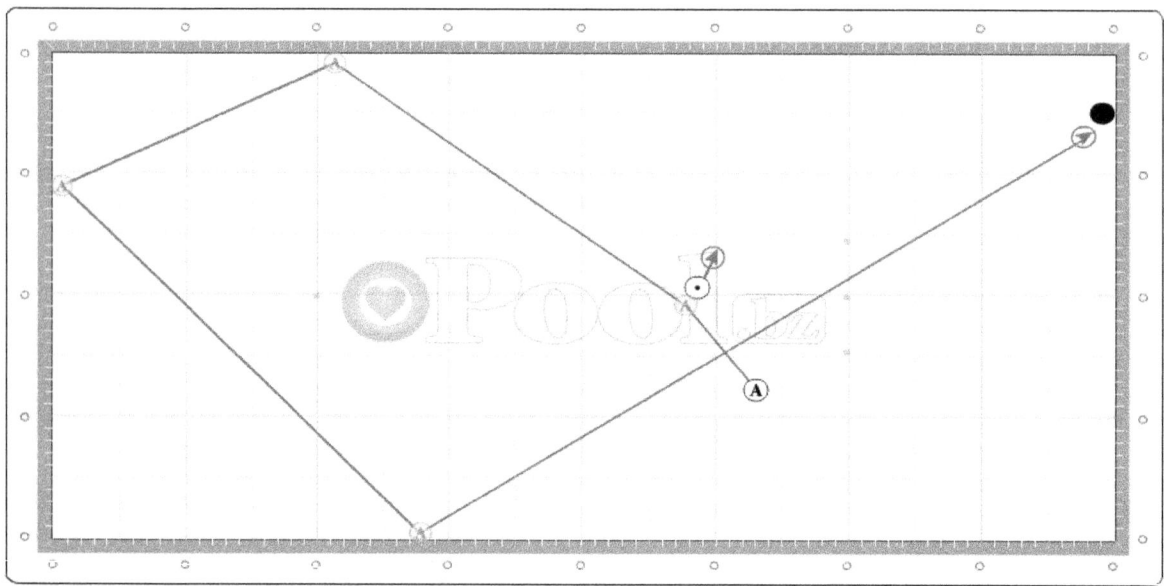

D:9d – Impostare

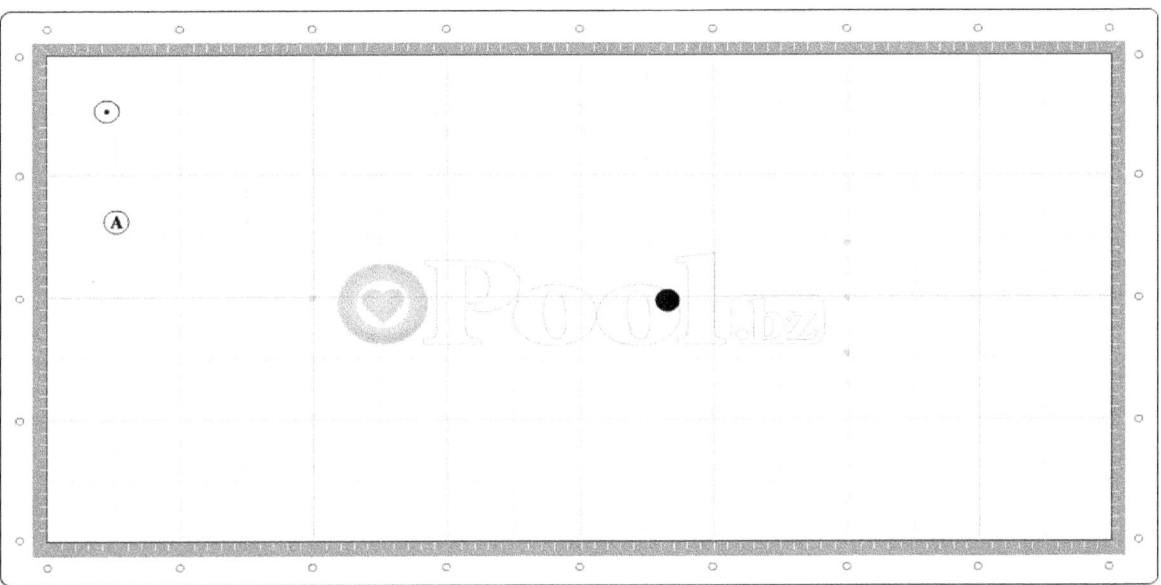

Note e idee:

Modello di colpo

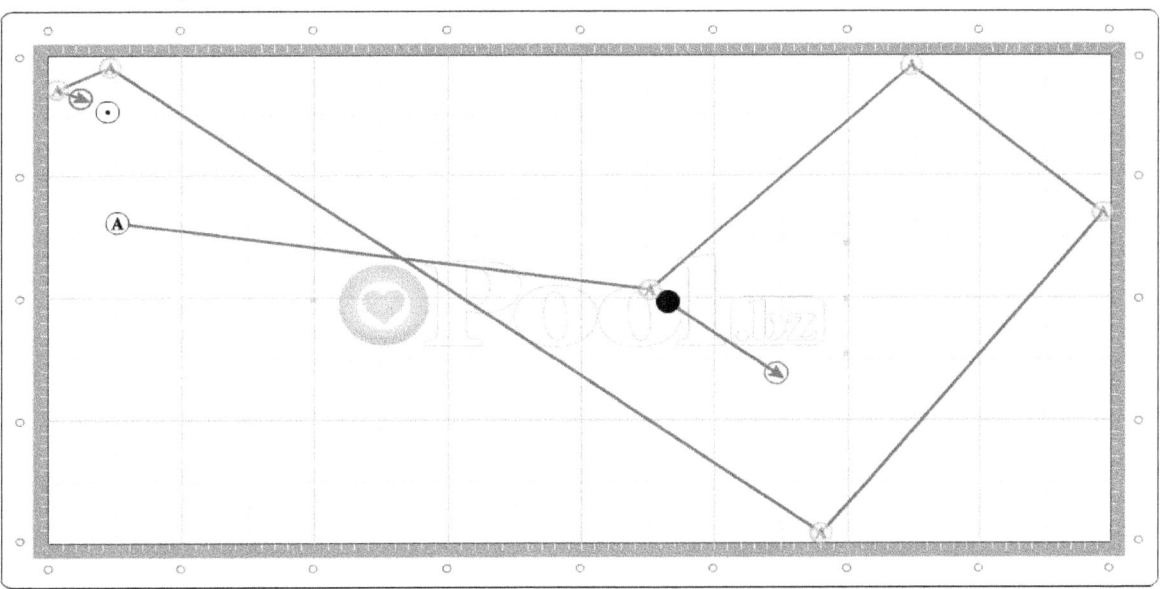

E: Segui in un angolo

Il (CB) esce dal primo (OB) e nei tre sponde successivi, seguendo lo standard attorno al modello del mondo. Poiché l'altro (OB) si trova sul percorso (CB) nell'angolo di casa, il (CB) può colpire l'altro (OB) per un punteggio.

Ⓐ (CB) (la tua palla) - ◉ (OB) (palla dell'avversario) - ● (OB) (palla rossa)

E: Gruppo 1

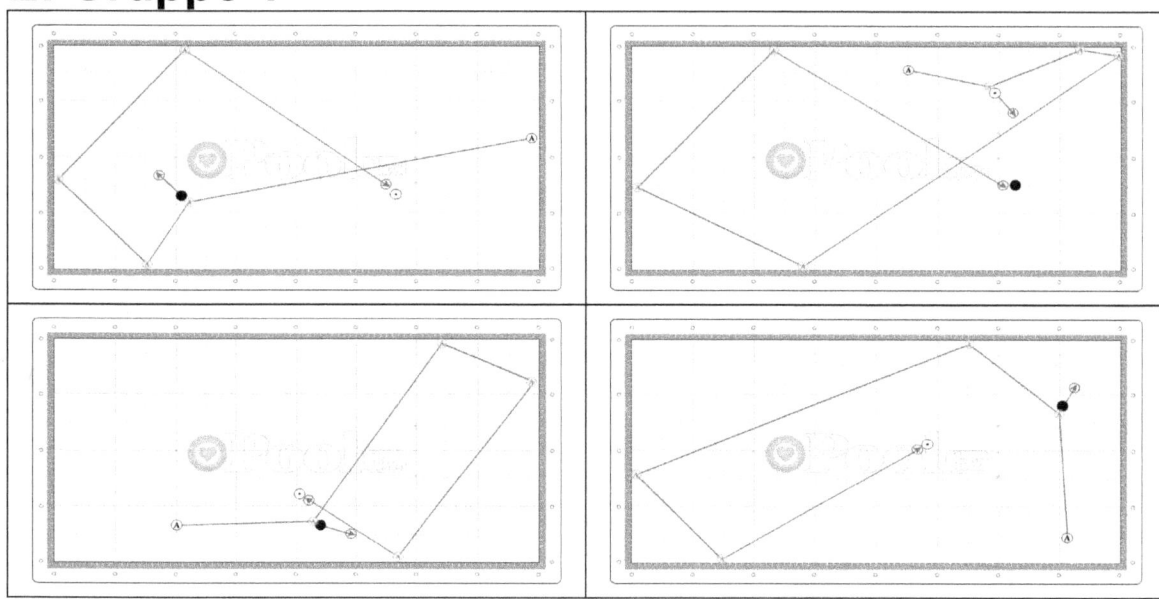

Analisi:

E:1a. _____

E:1b. _____

E:1c. _____

E:1d. _____

E:1a – Impostare

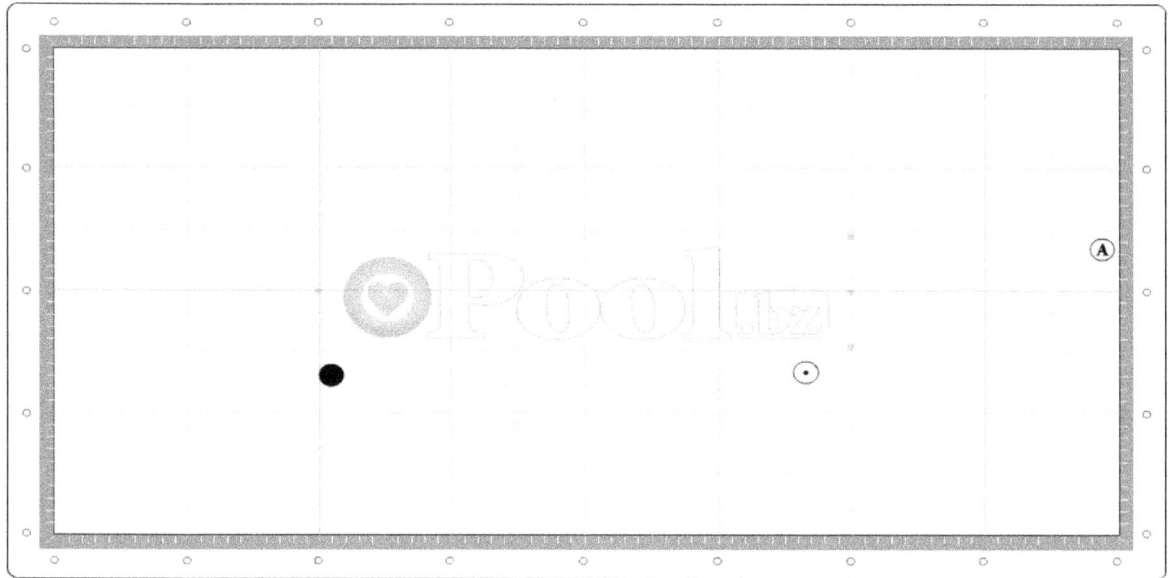

Note e idee:

Modello di colpo

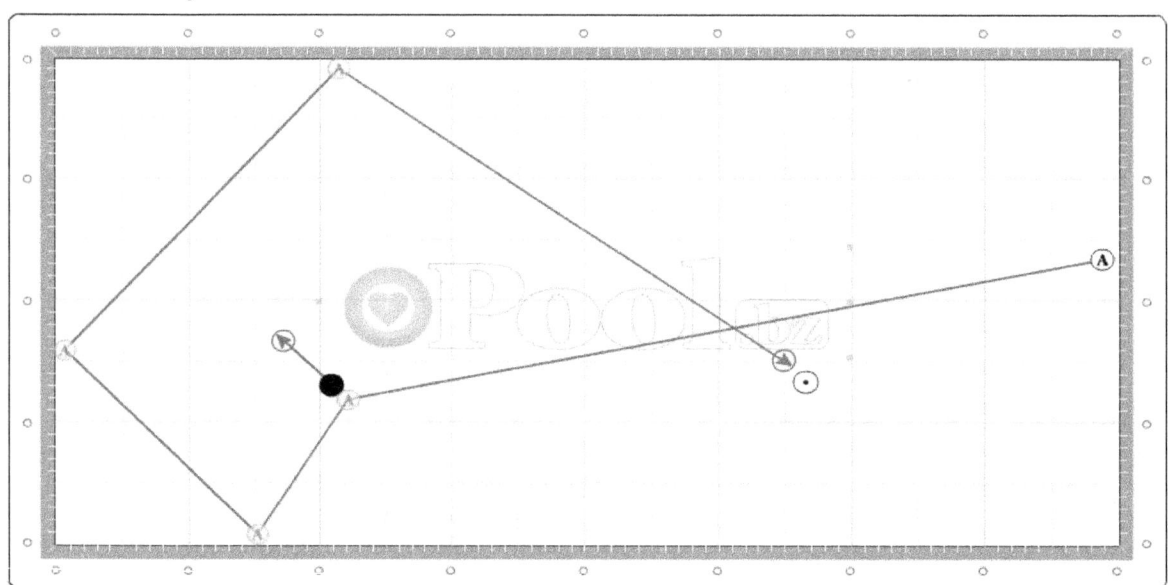

E:1b – Impostare

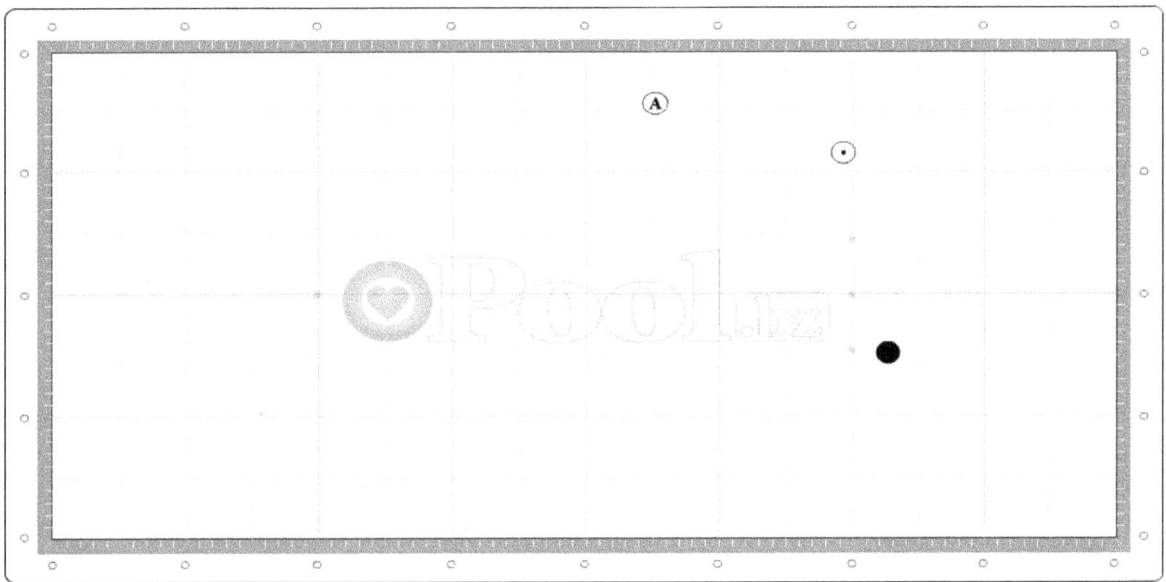

Note e idee:

Modello di colpo

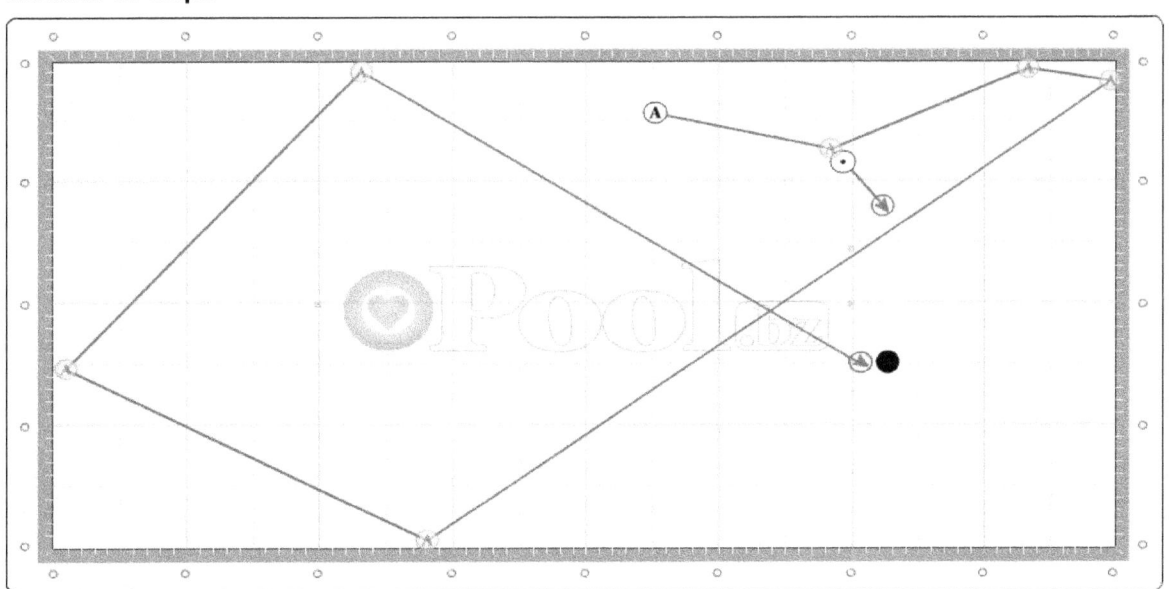

E:1c – Impostare

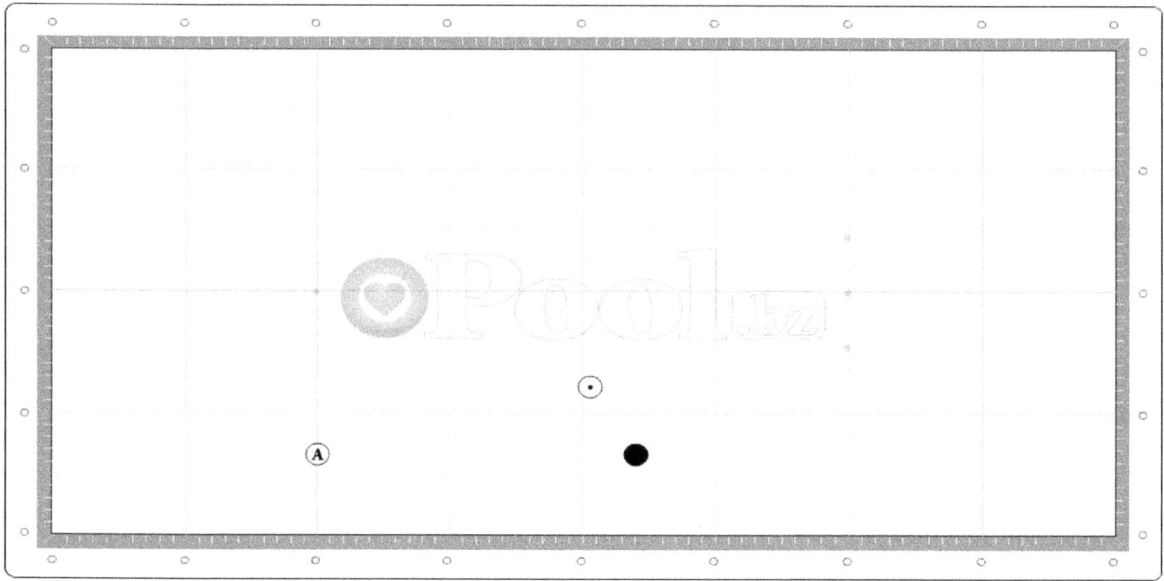

Note e idee:

Modello di colpo

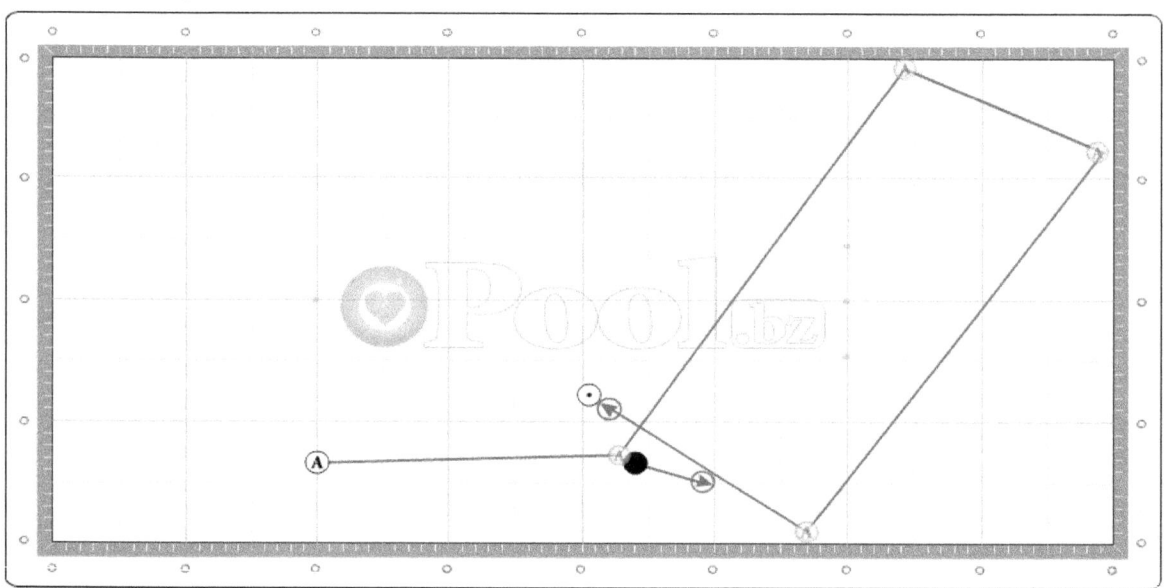

E:1d – Impostare

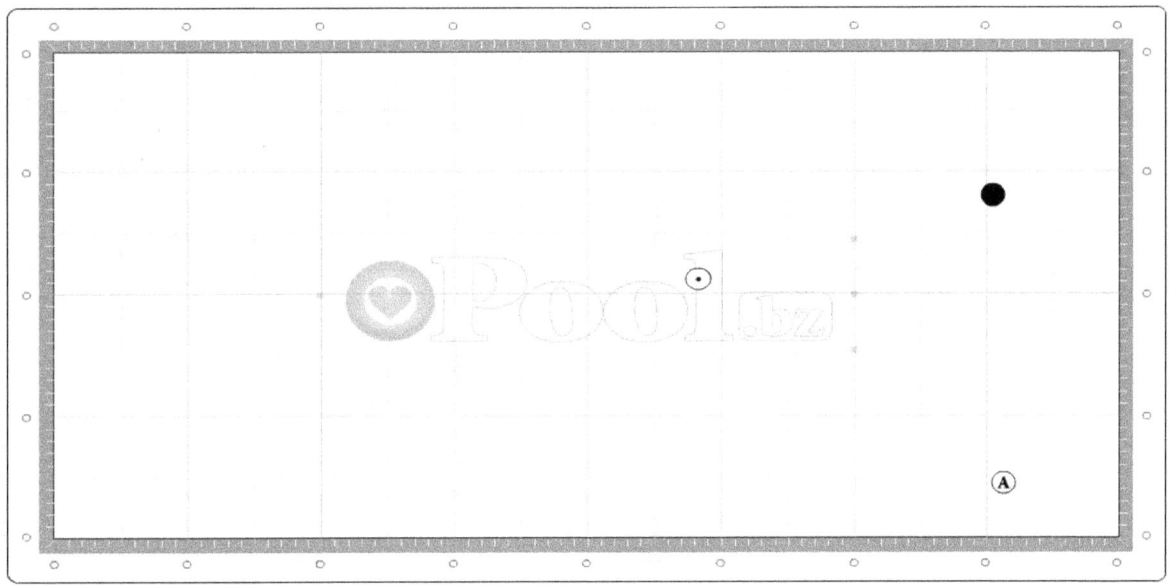

Note e idee:

Modello di colpo

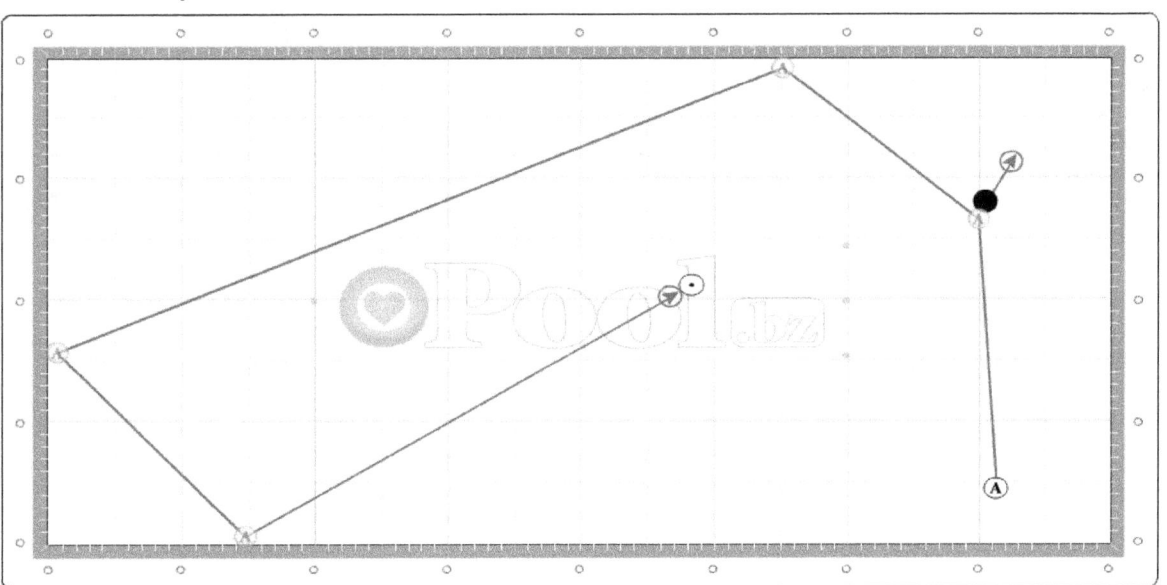

E: Gruppo 2

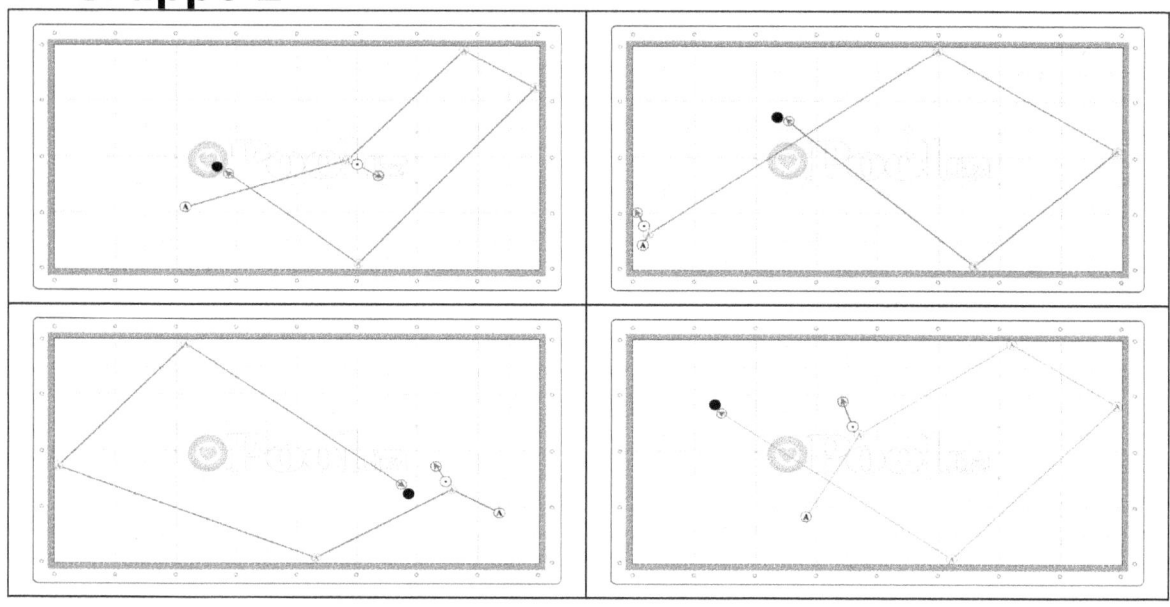

Analisi:

E:2a. _____

E:2b. _____

E:2c. _____

E:2d. _____

E:2a – Impostare

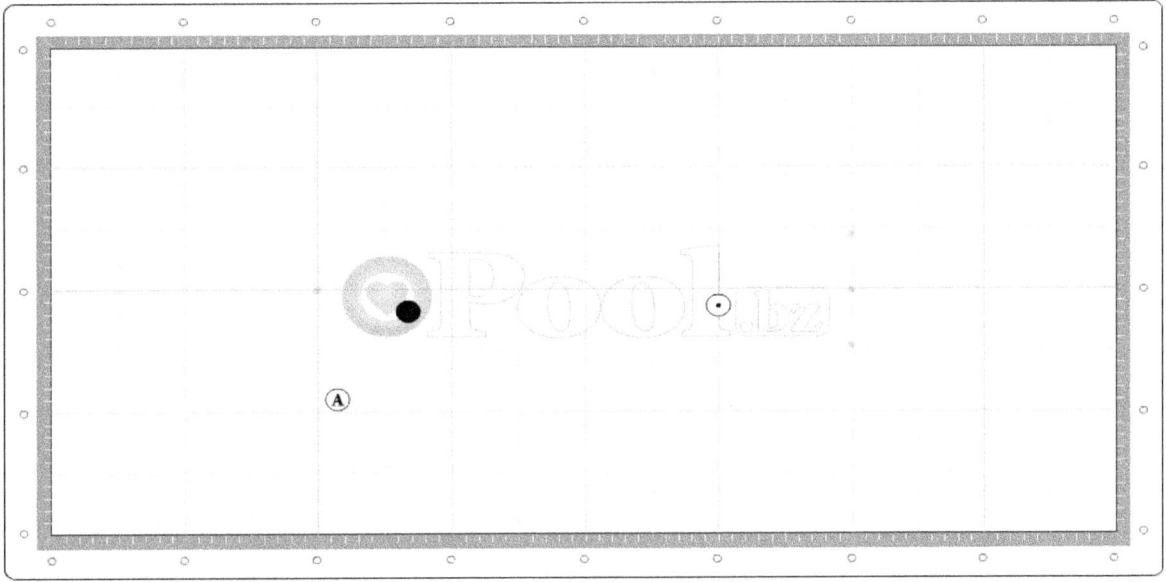

Note e idee:

Modello di colpo

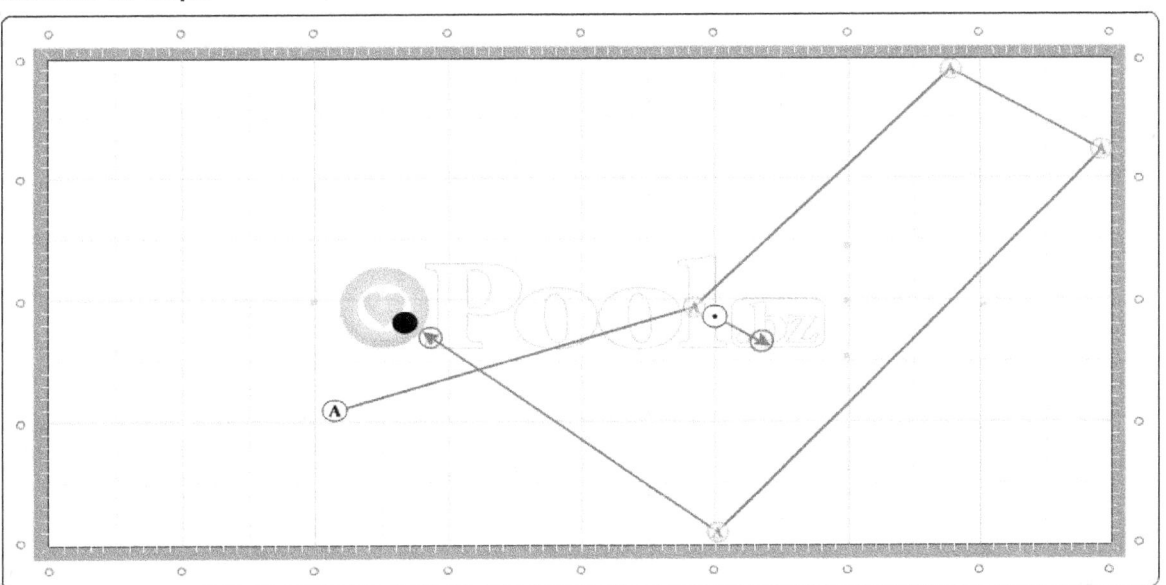

E:2b – Impostare

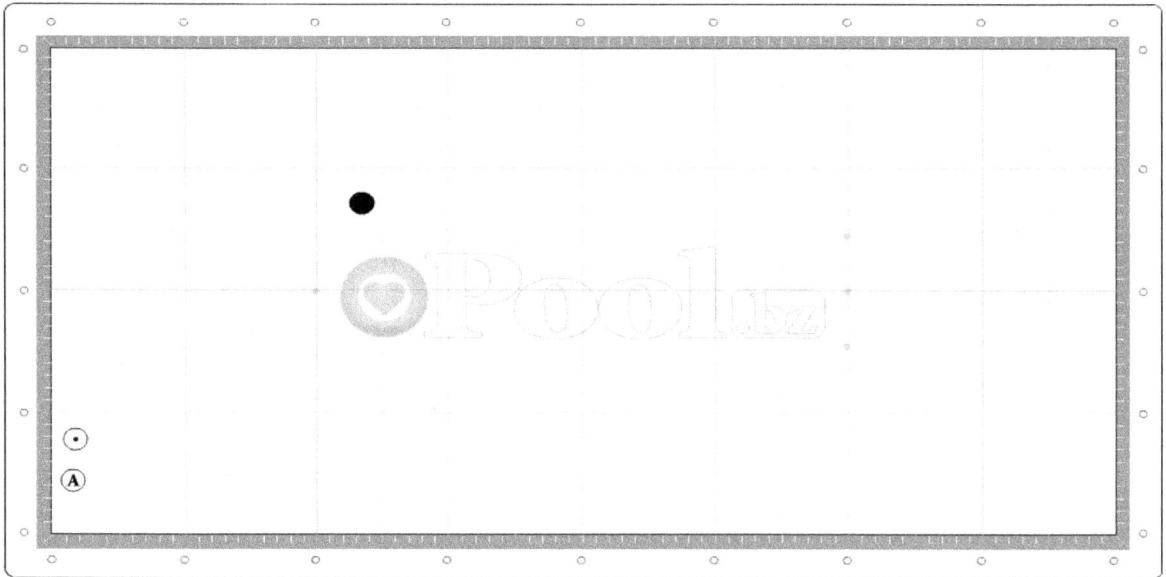

Note e idee:

Modello di colpo

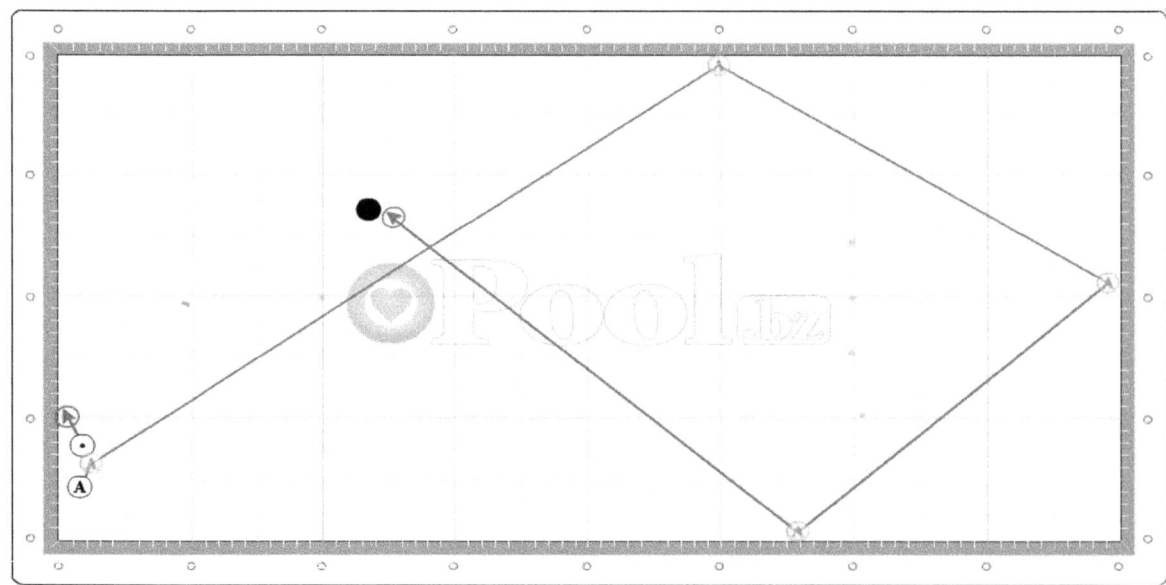

E:2c – Impostare

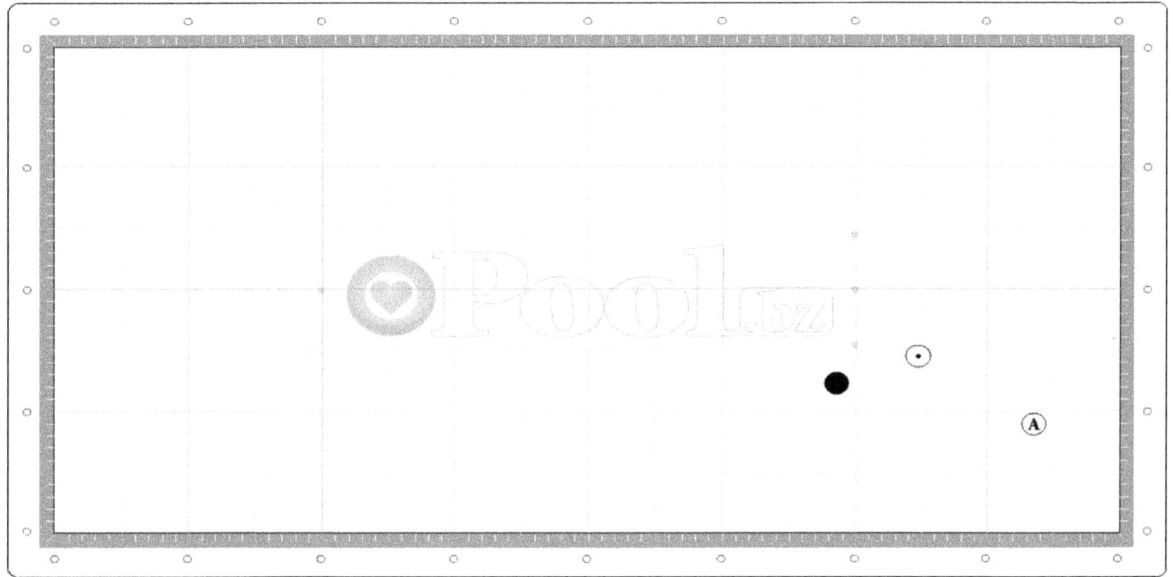

Note e idee:

Modello di colpo

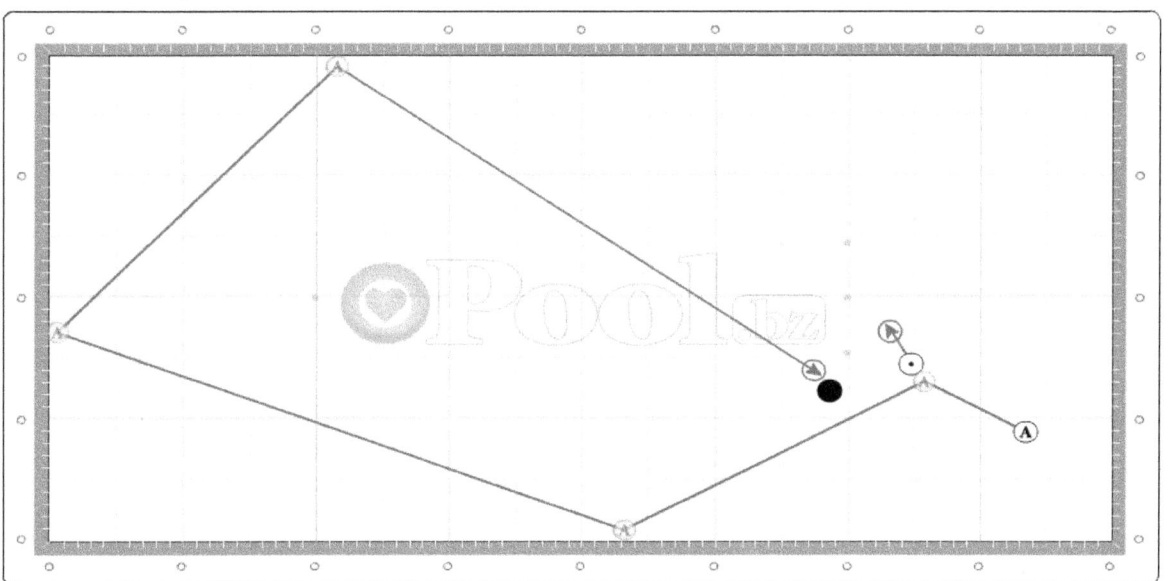

E:2d – Impostare

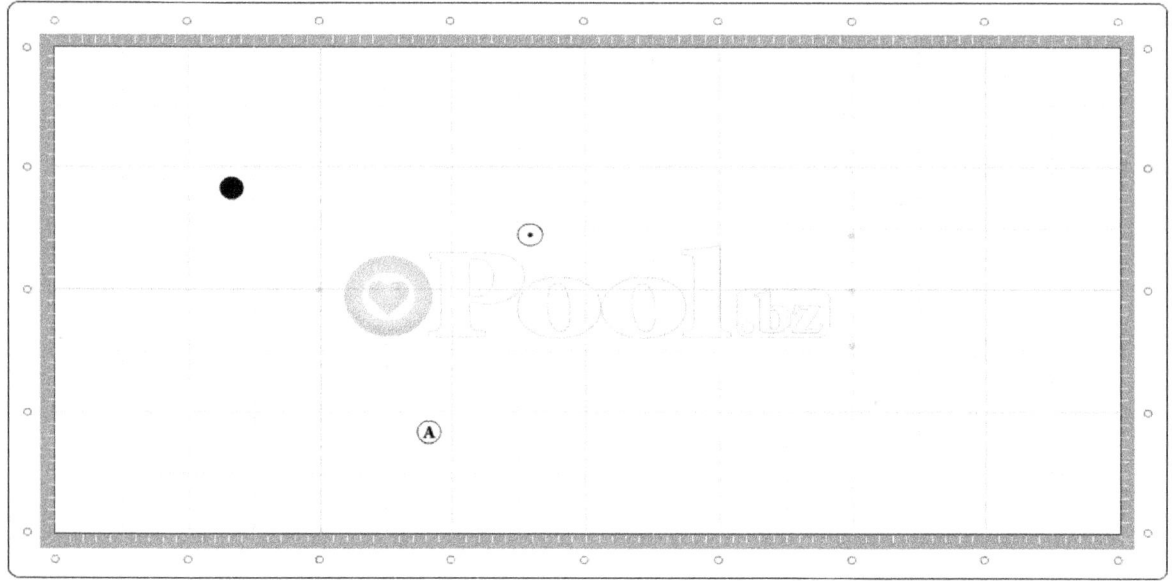

Note e idee:

Modello di colpo

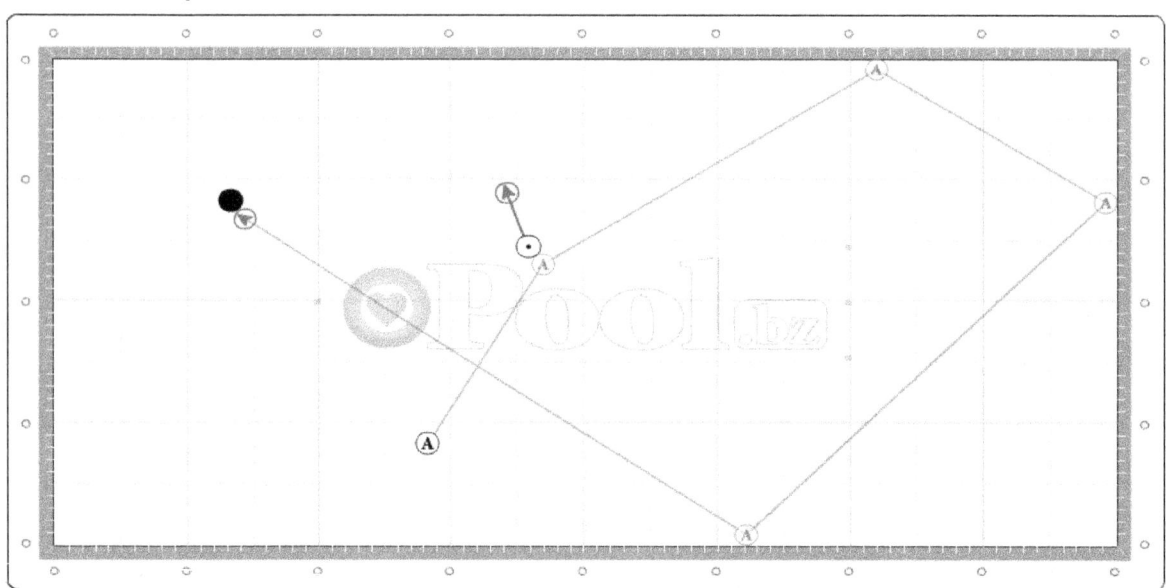

E: Gruppo 3

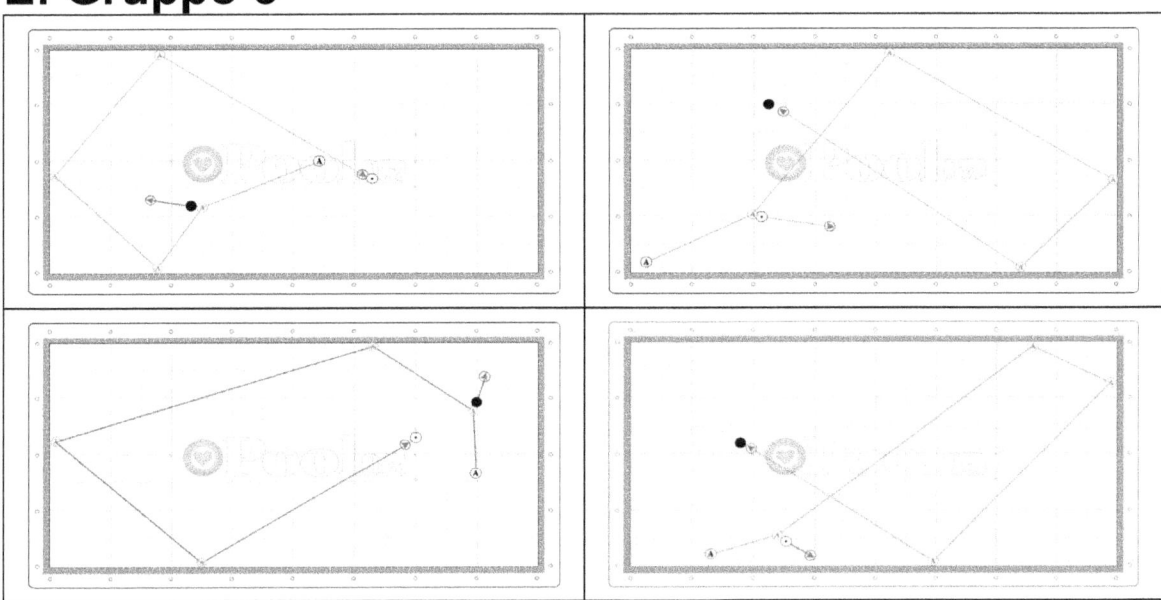

Analisi:

E:3a. _____

E:3b. _____

E:3c. _____

E:3d. _____

E:3a – Impostare

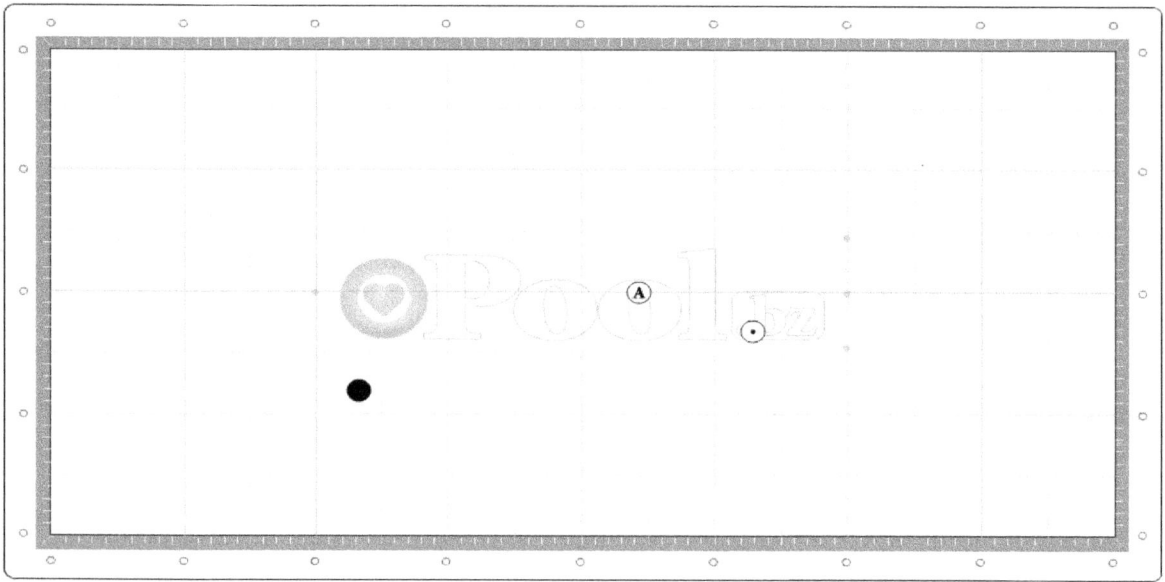

Note e idee:

Modello di colpo

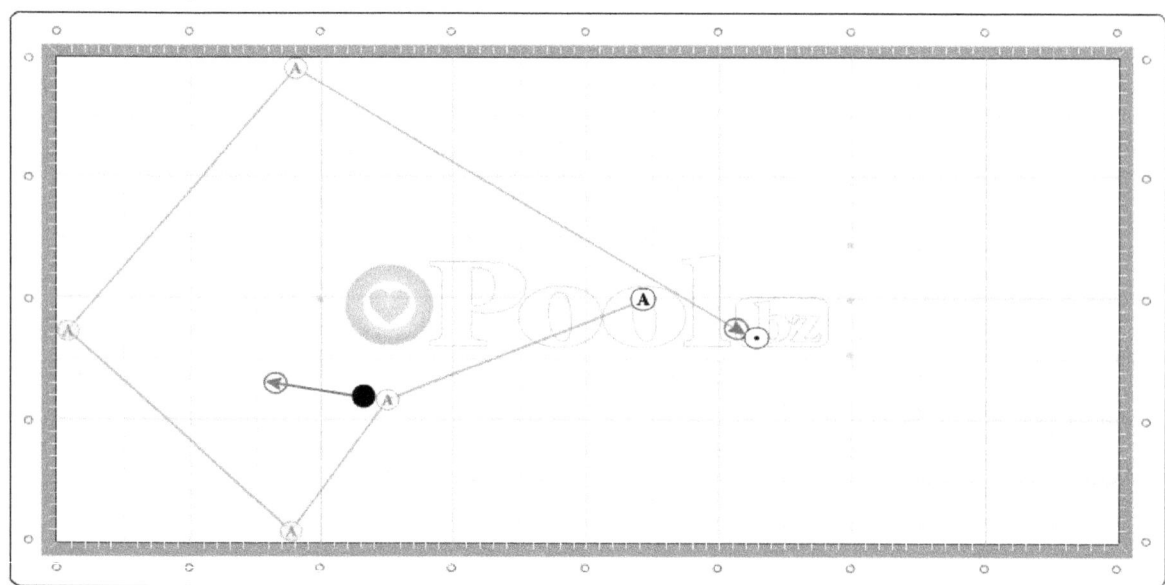

E:3b – Impostare

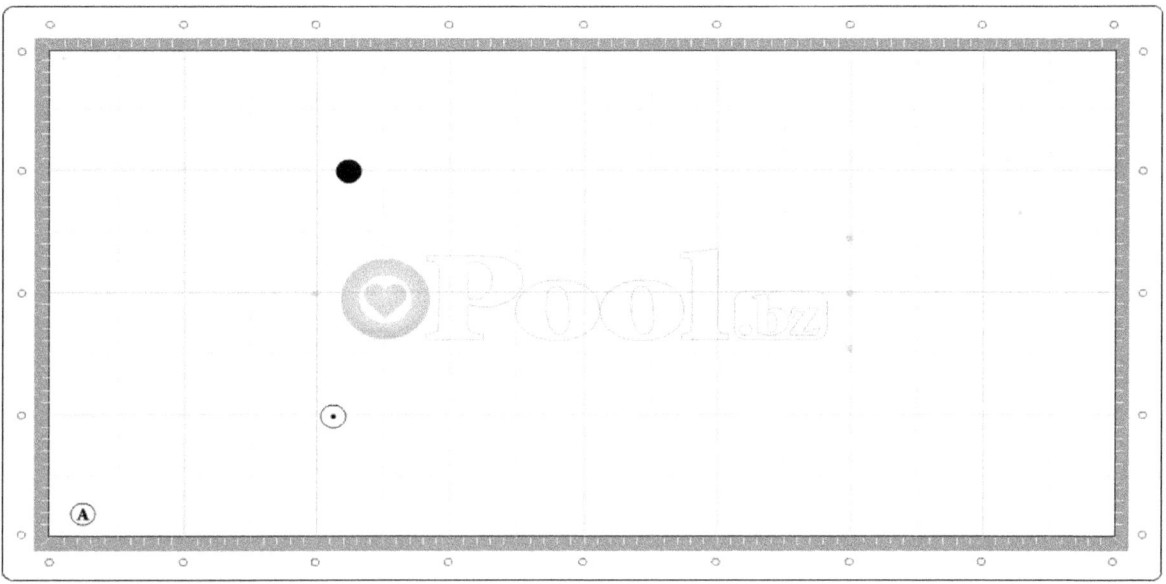

Note e idee:

Modello di colpo

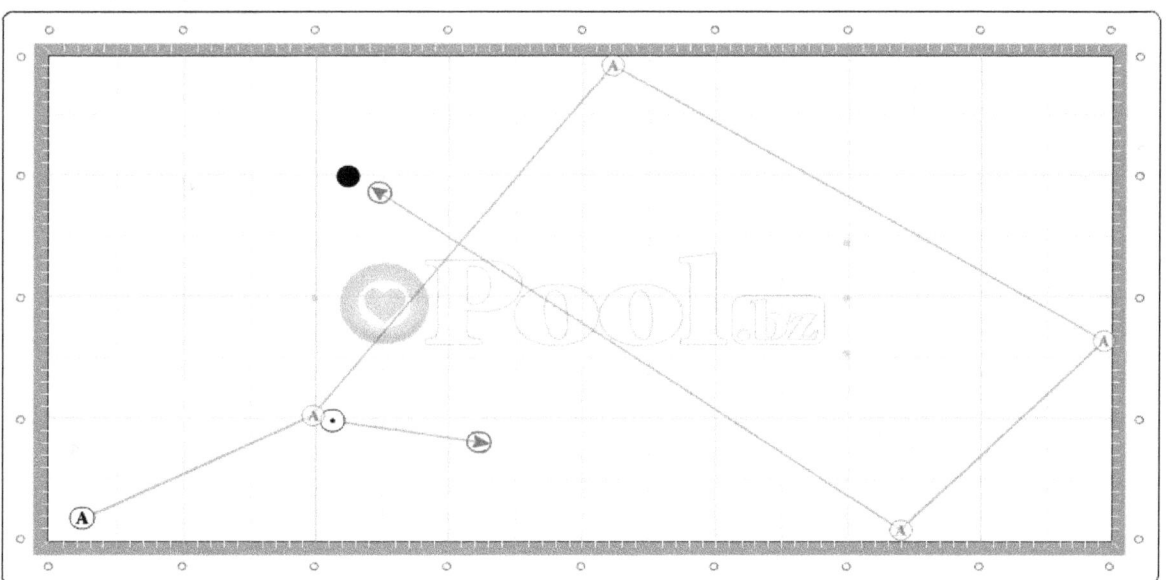

E:3c – Impostare

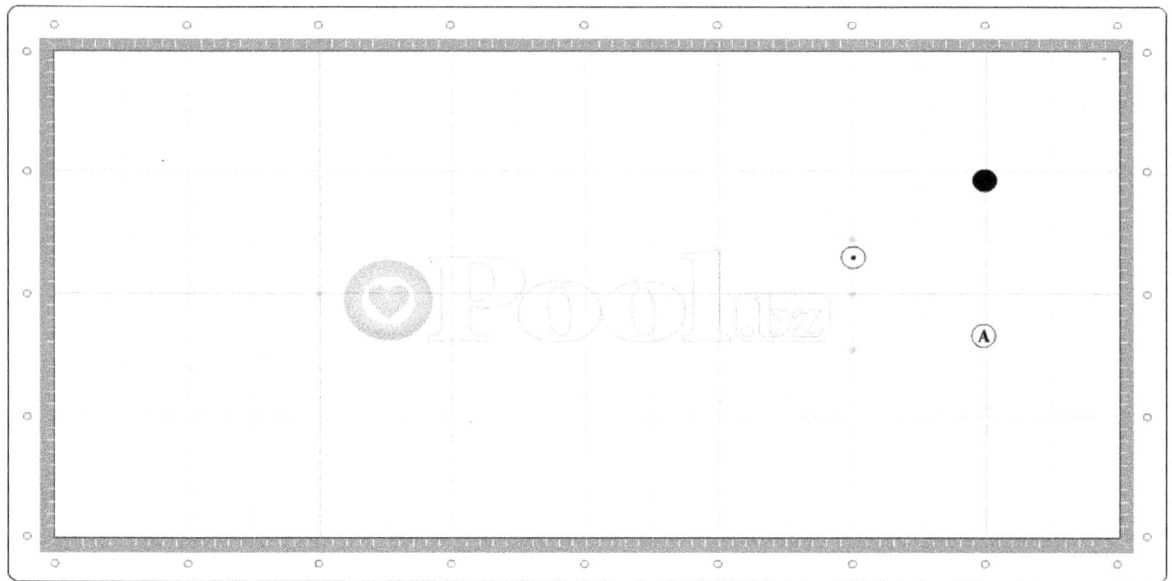

Note e idee:

Modello di colpo

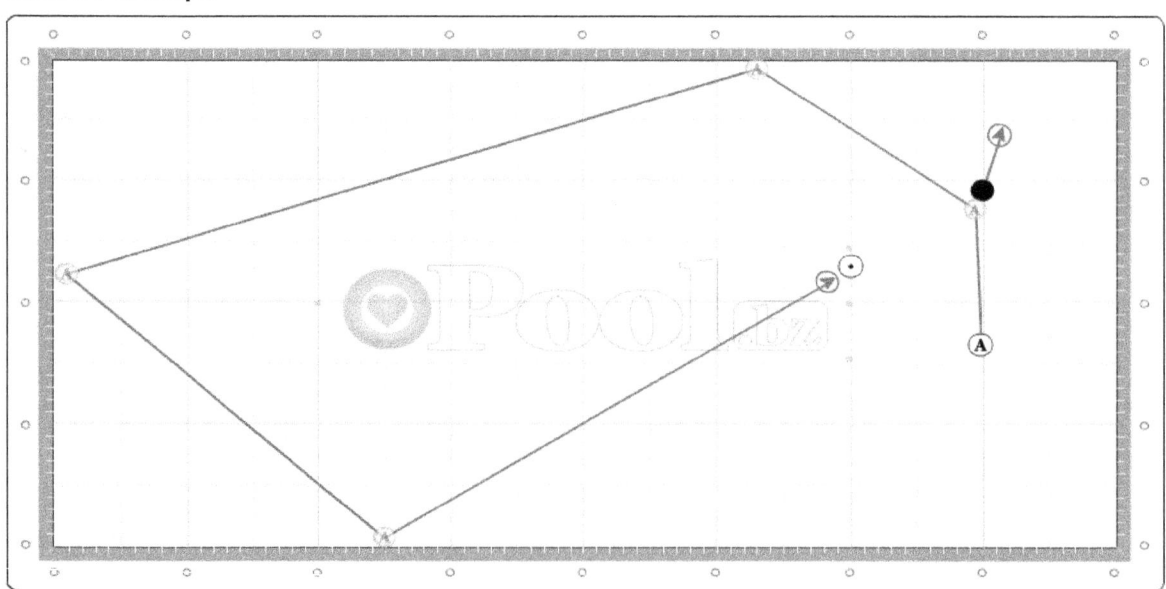

E:3d – Impostare

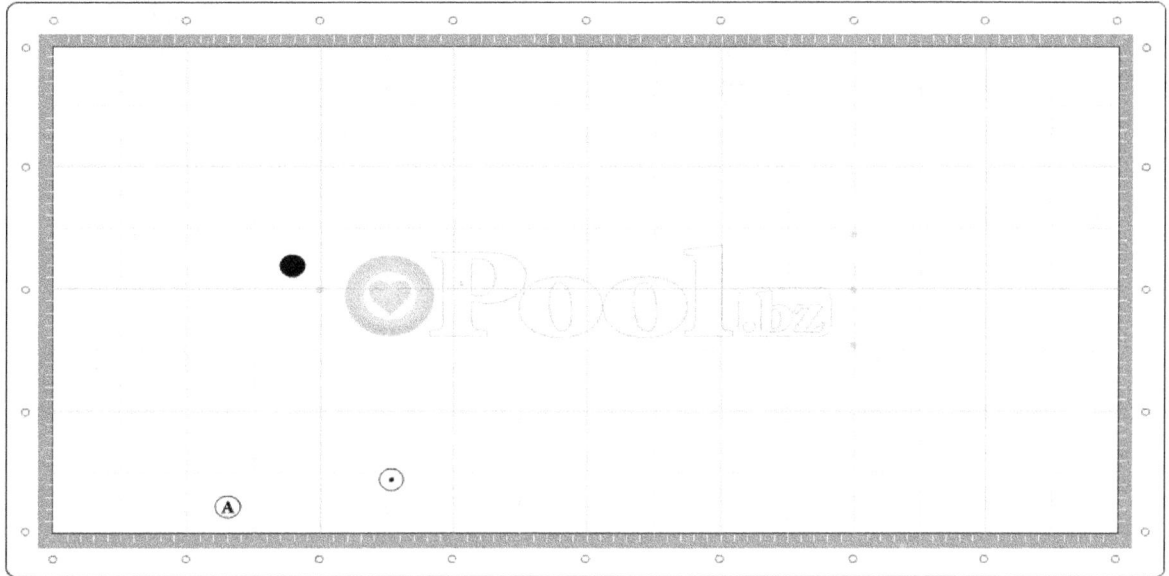

Note e idee:

Modello di colpo

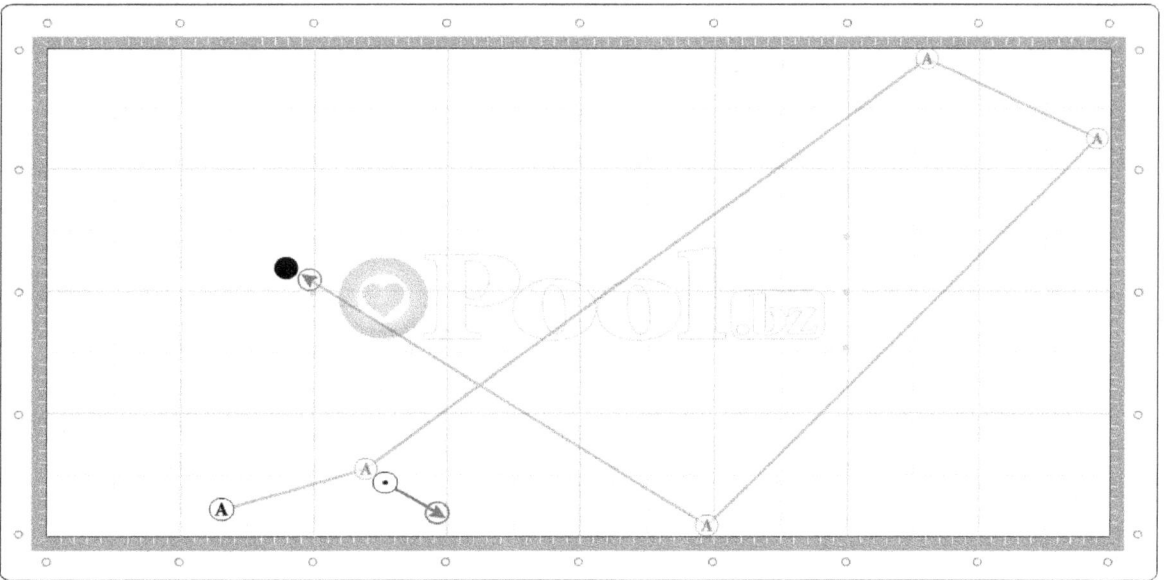

F: Gamba corta (modificato)

Il (CB) entra nel primo (OB) e segue lo standard attorno al modello del mondo. Tuttavia, il modello viene modificato, poiché l'altro (OB) non si trova sul percorso normale nell'angolo di casa. Ciò significa che gli angoli devono essere regolati per realizzare un colpo sull'altro (OB).

Ⓐ (CB) (la tua palla) - ⊙ (OB) (palla dell'avversario) - ● (OB) (palla rossa)

F: Gruppo 1

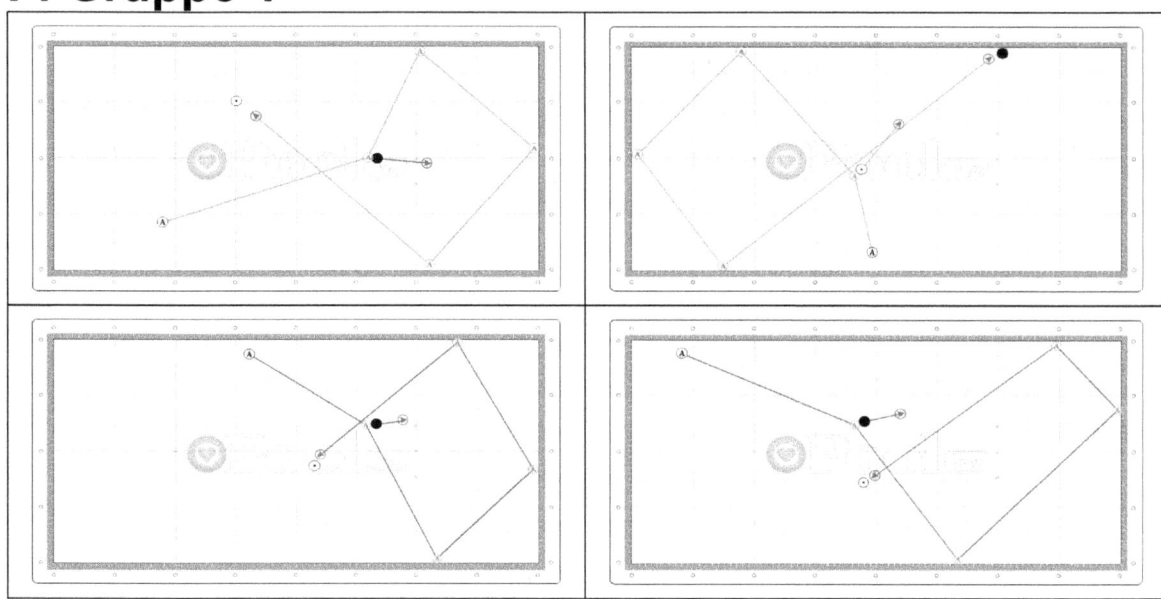

Analisi:

F:1a. _____

F:1b. _____

F:1c. _____

F:1d. _____

F:1a – Impostare

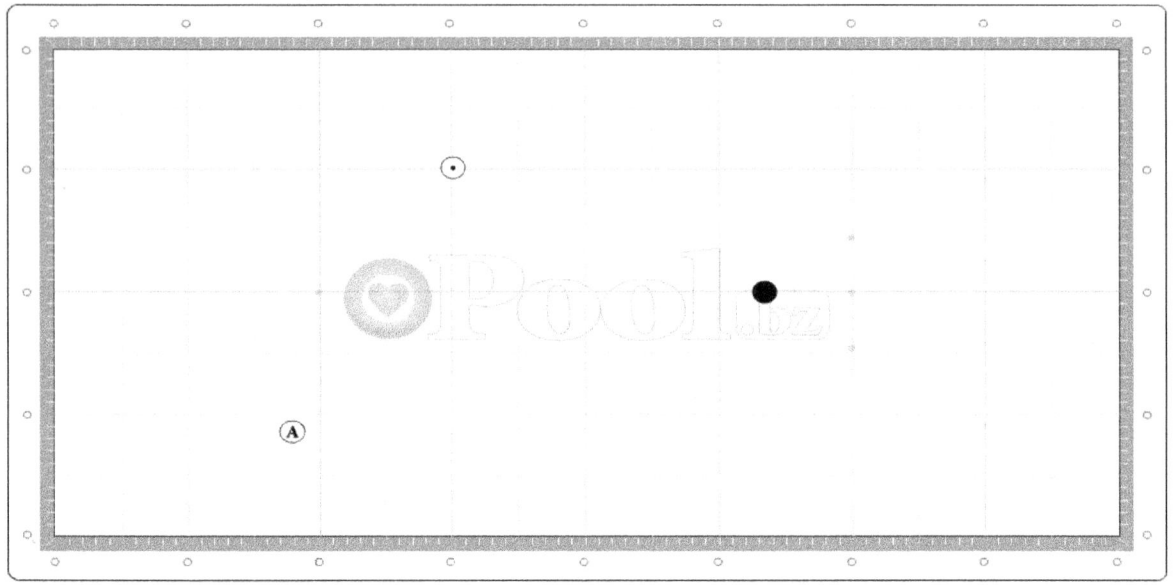

Note e idee:

Modello di colpo

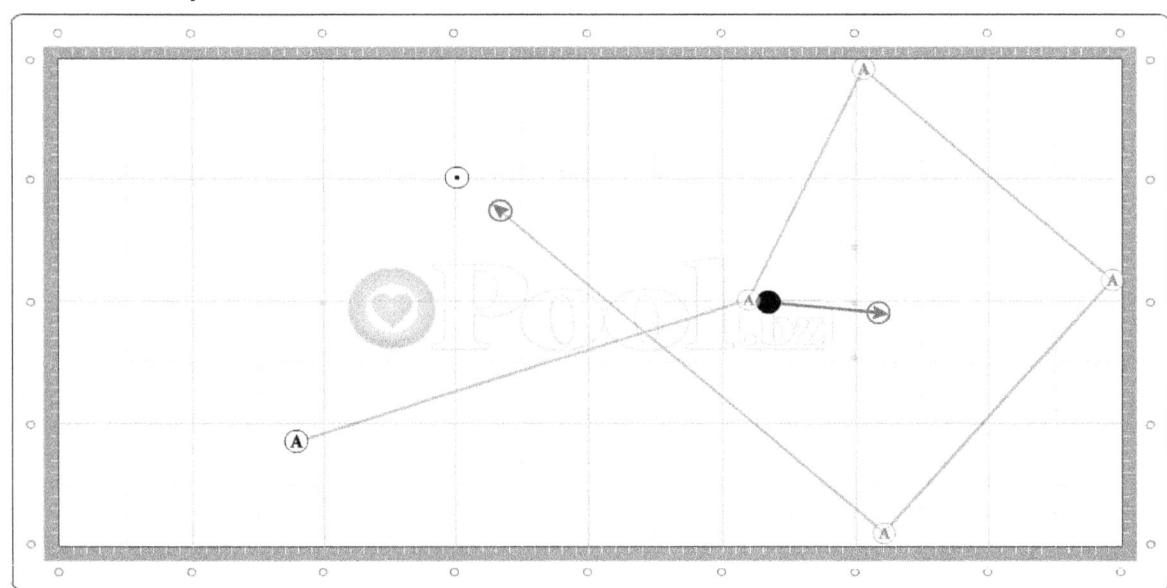

F:1b – Impostare

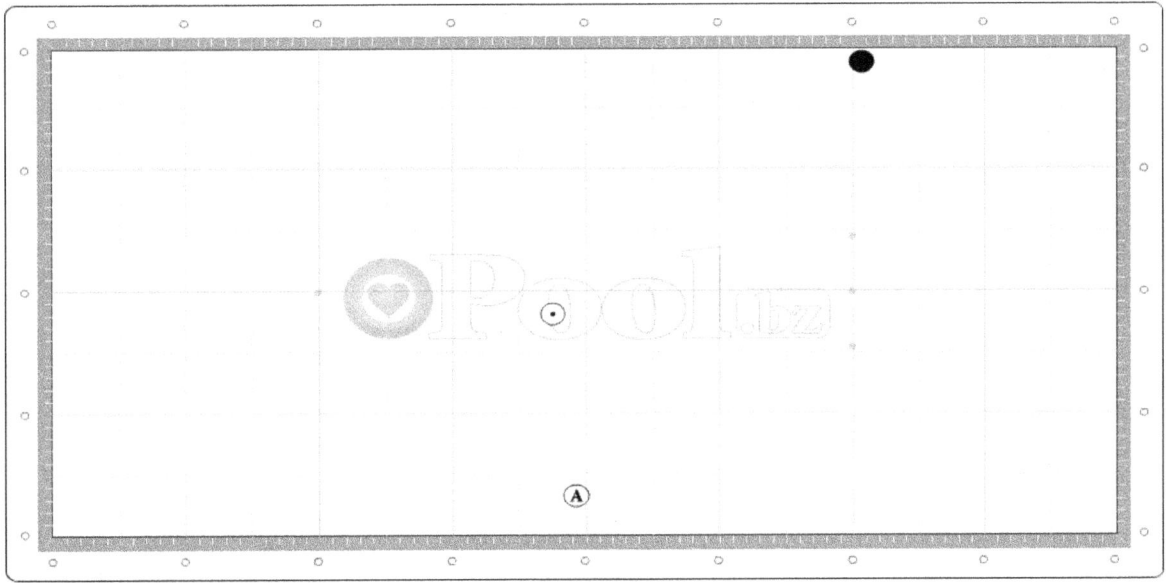

Note e idee:

Modello di colpo

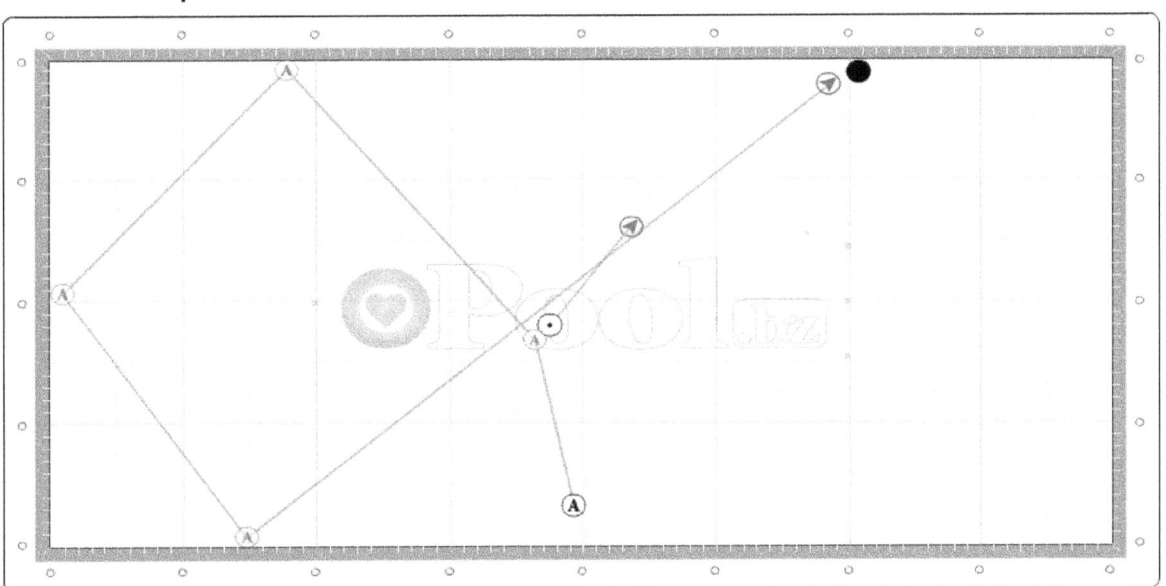

F:1c – Impostare

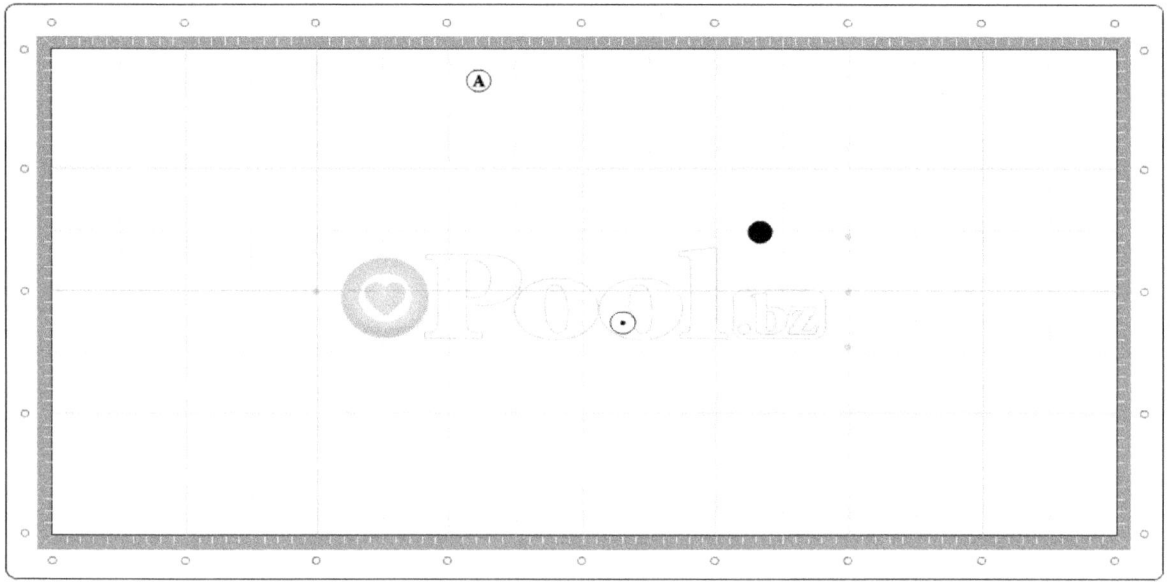

Note e idee:

Modello di colpo

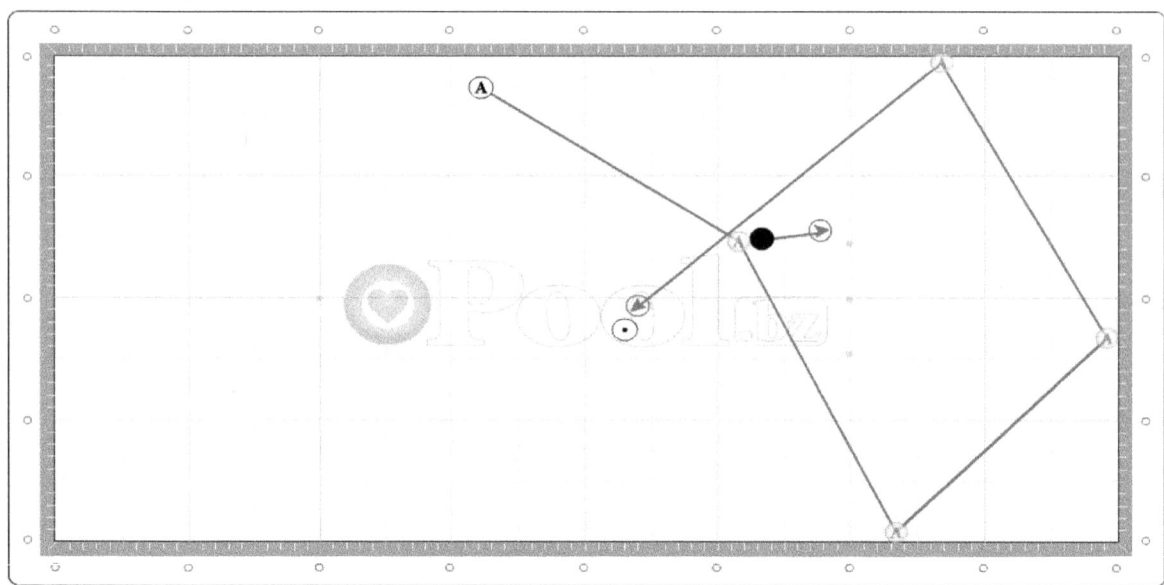

F:1d – Impostare

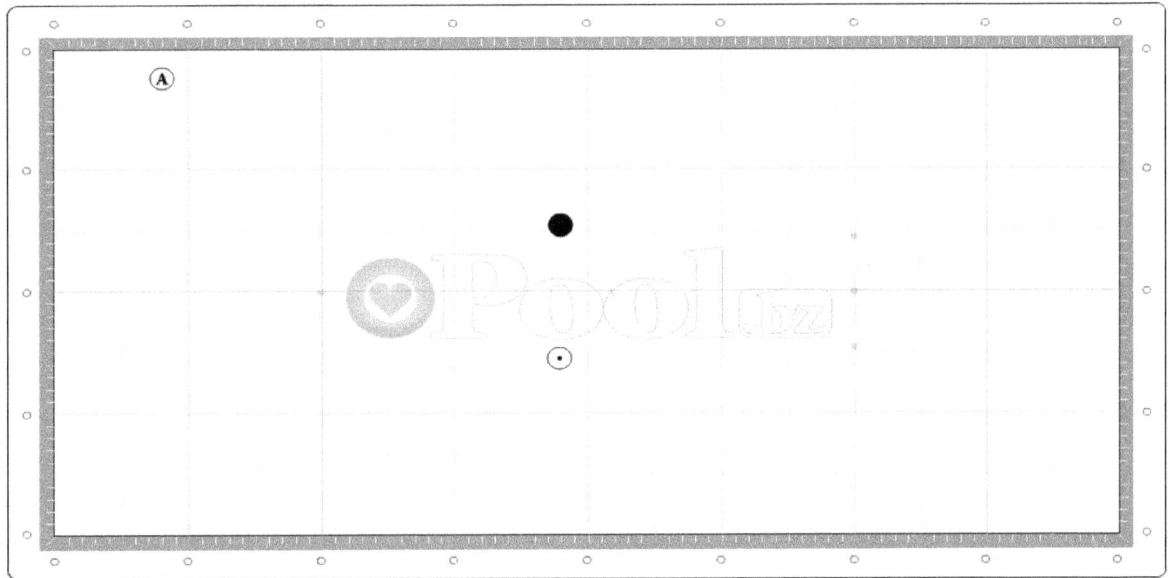

Note e idee:

Modello di colpo

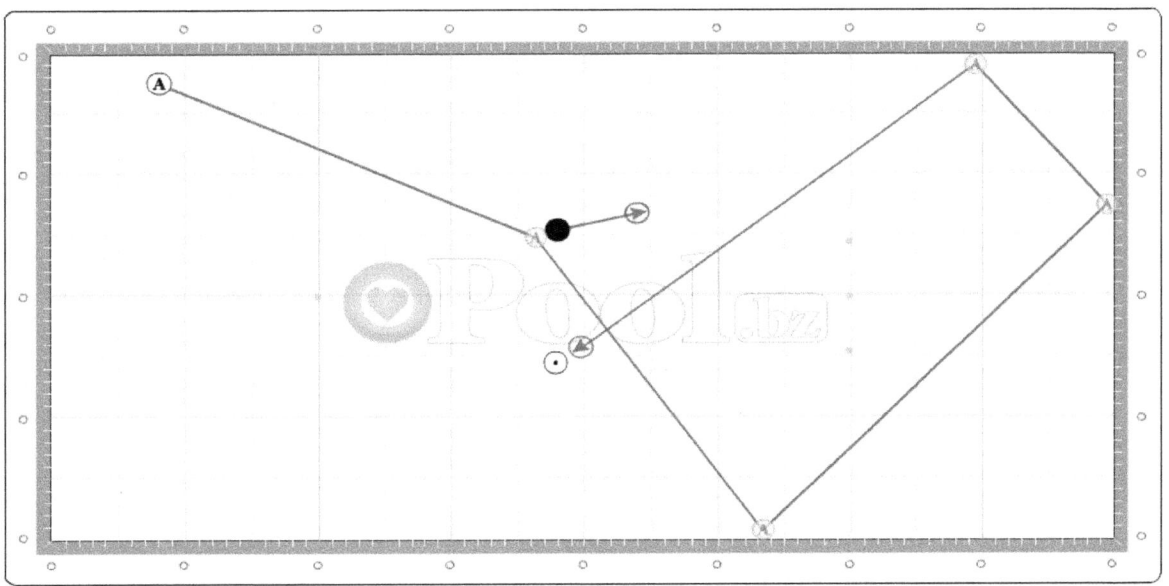

F: Gruppo 2

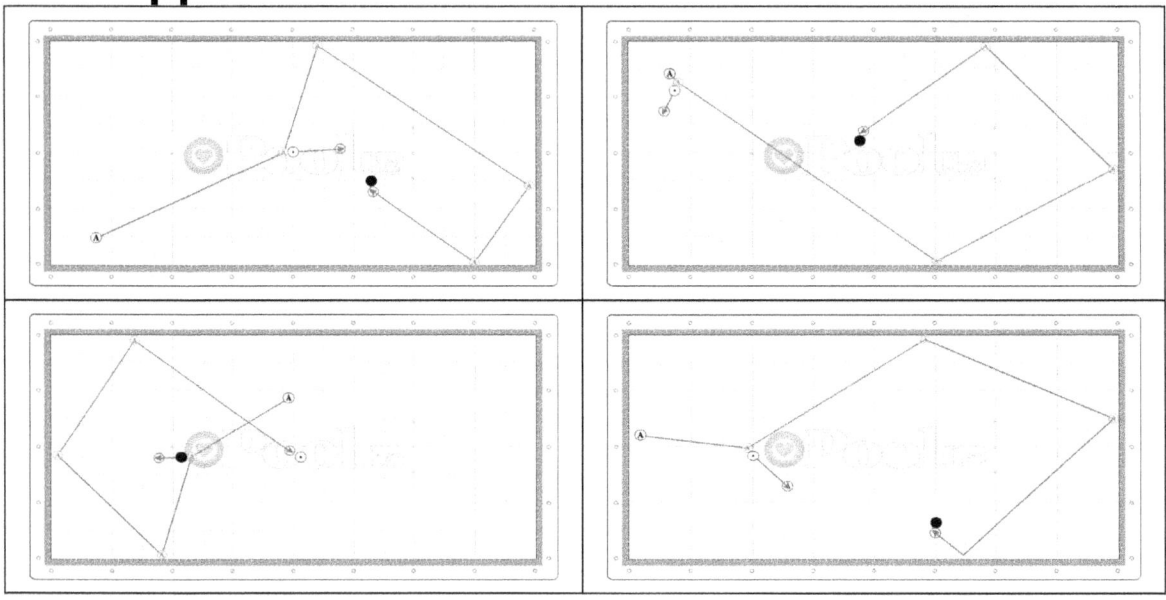

Analisi:

F:2a. _____

F:2b. _____

F:2c. _____

F:2d. _____

F:2a – Impostare

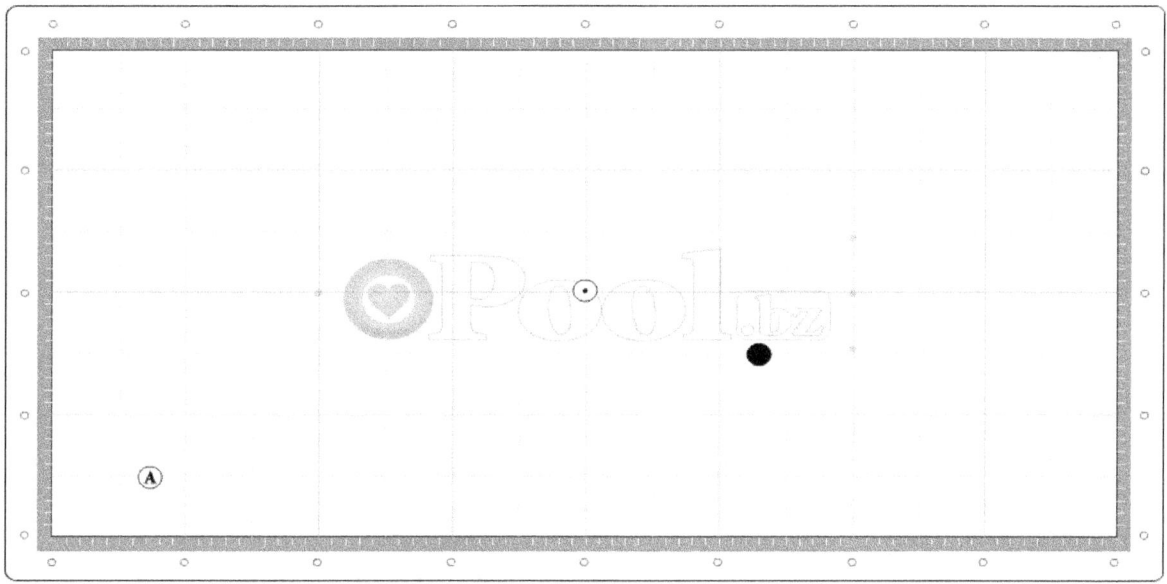

Note e idee:

Modello di colpo

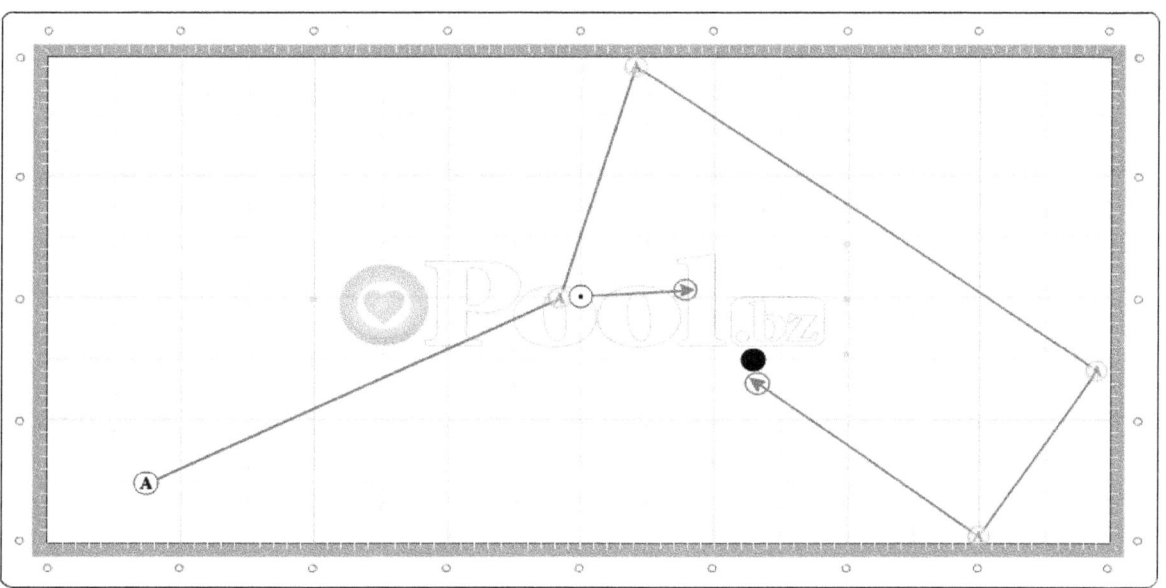

F:2b – Impostare

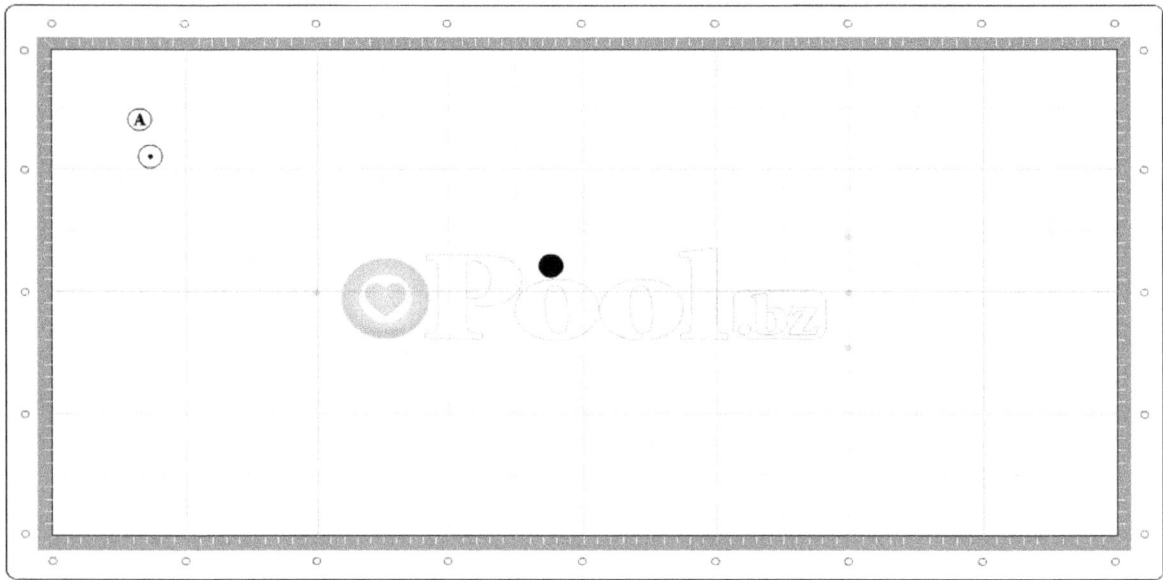

Note e idee:

Modello di colpo

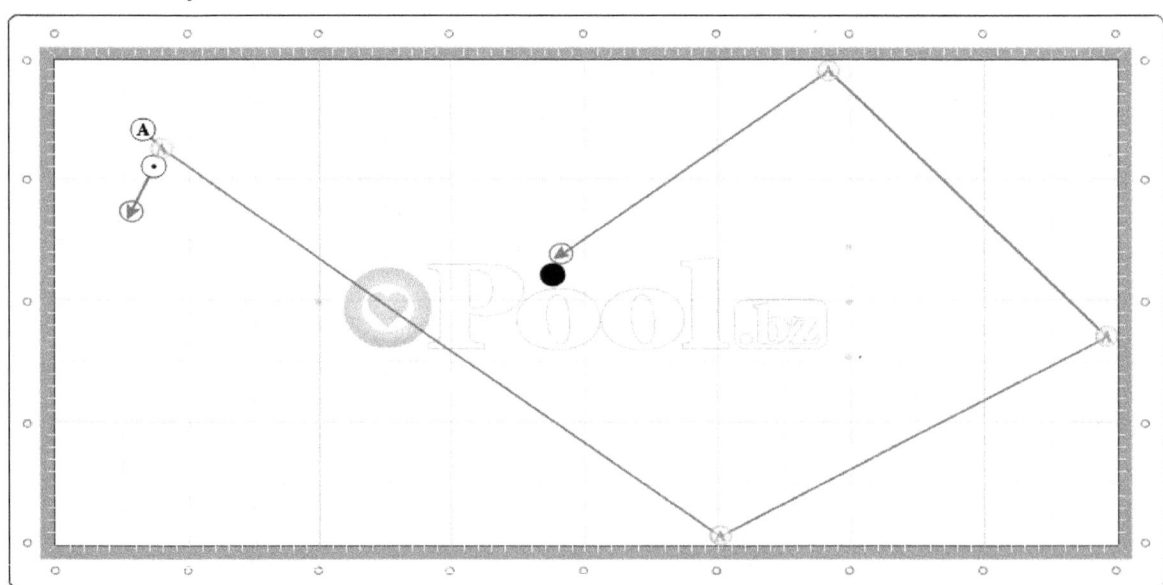

F:2c – Impostare

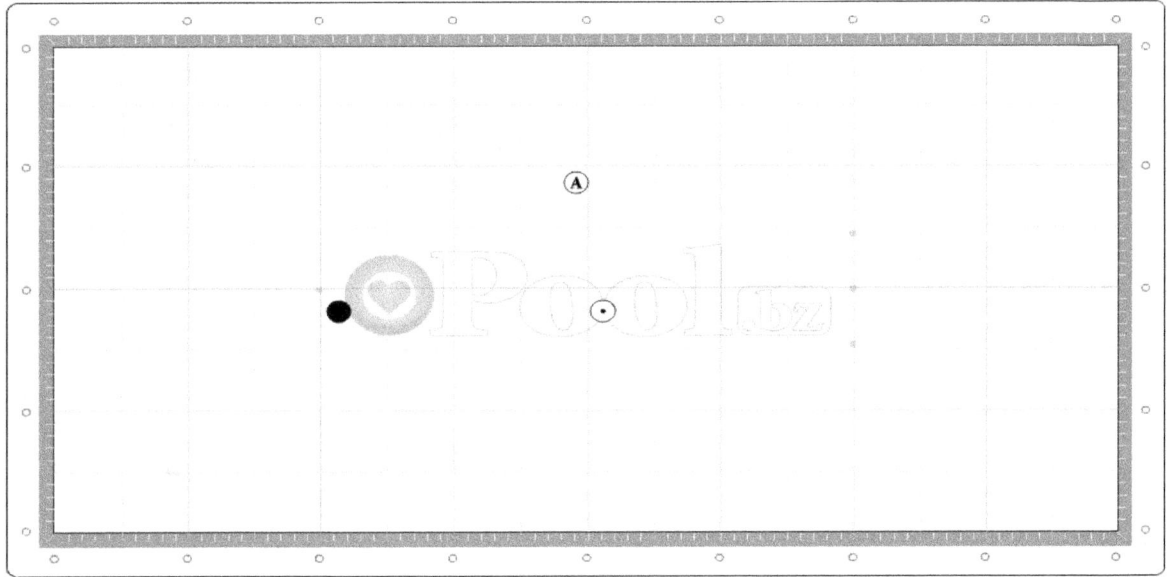

Note e idee:

Modello di colpo

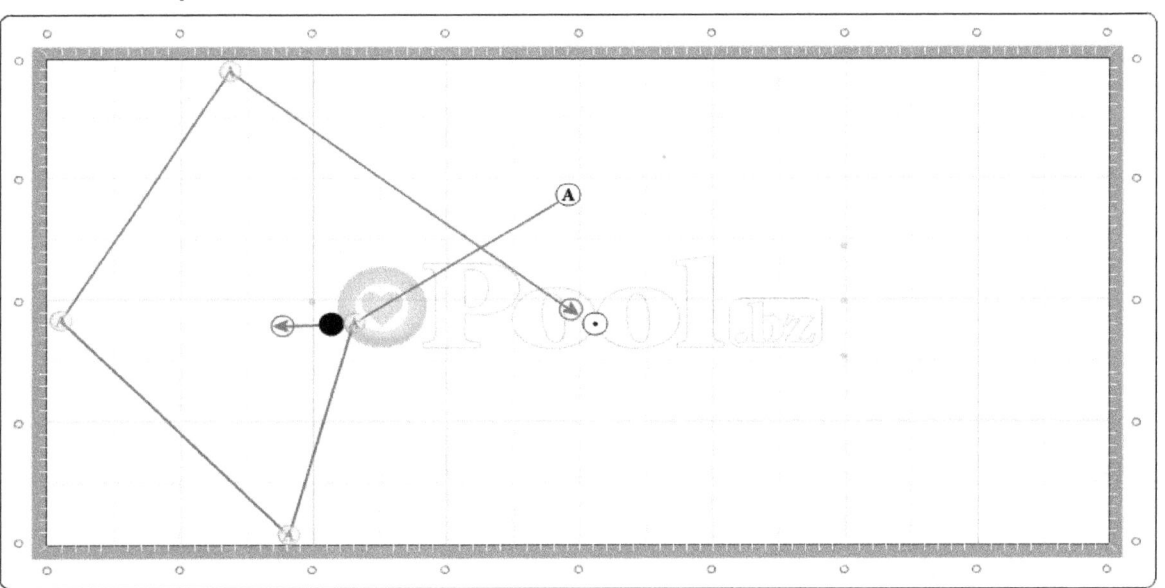

F:2d – Impostare

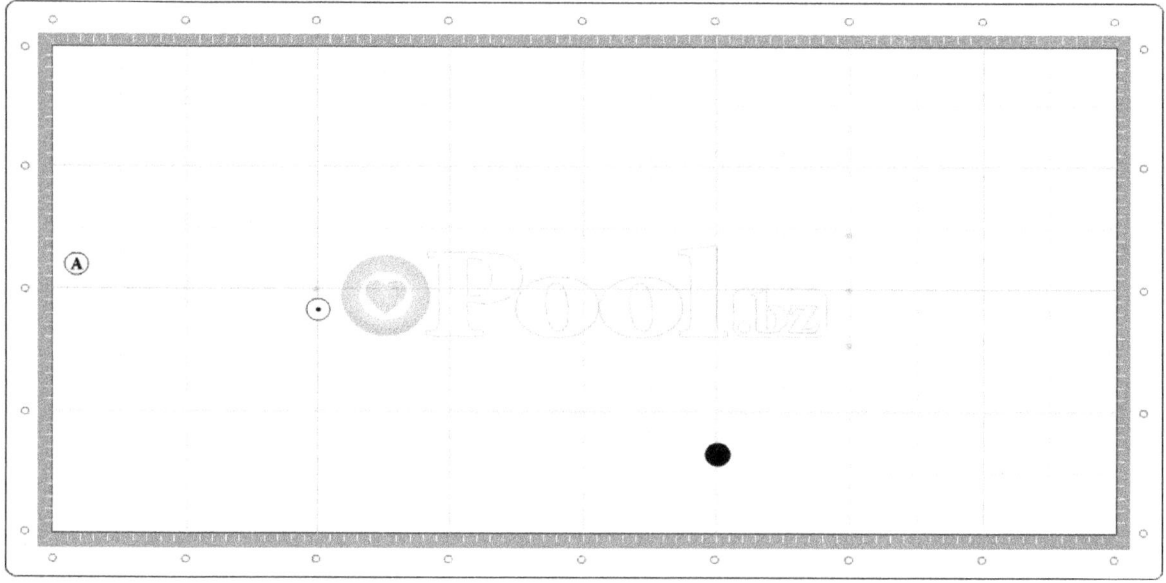

Note e idee:

Modello di colpo

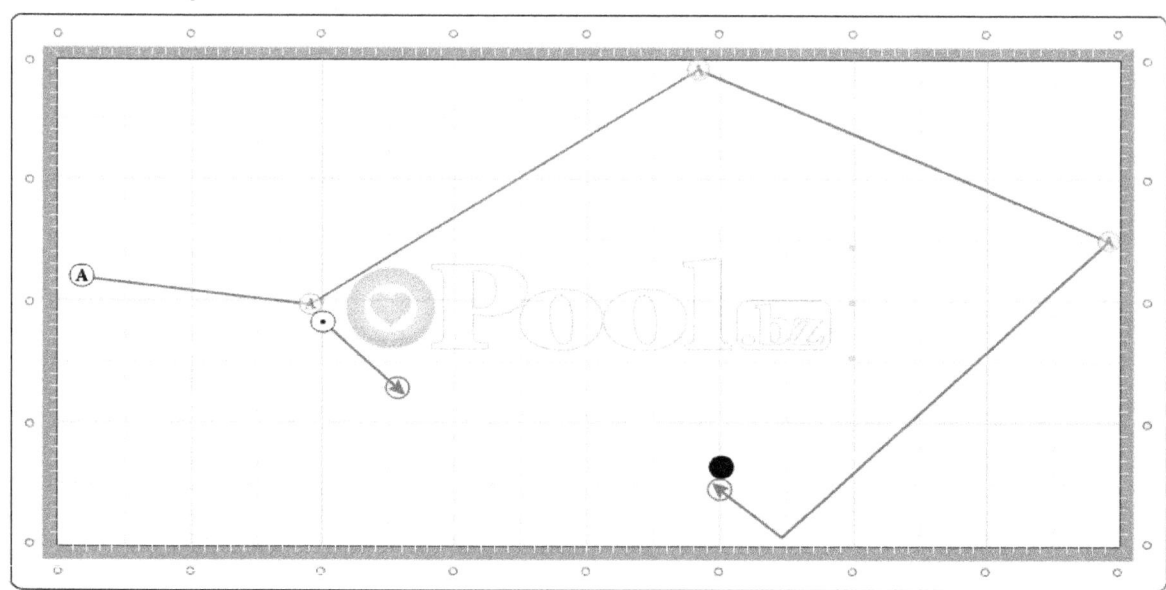

www.ingramcontent.com/pod-product-compliance
Lightning Source LLC
Chambersburg PA
CBHW080921170426
43201CB00016B/2229